本书得到北方民族大学商学院重点建设经费支持；国家民族
农产品营销创新团队”支持；宁夏回族自治区一流课程“商务
北方民族大学课程思政示范项目“商务礼仪”（项目编号：

商务礼仪
实训指南

Training Guidelines of
Business Etiquette

段炜华◎主编

经济管理出版社
ECONOMY & MANAGEMENT PUBLISHING HOUSE

图书在版编目（CIP）数据

商务礼仪实训指南／段炜华主编. —北京：经济管理出版社，2023.6

ISBN 978-7-5096-9265-3

Ⅰ.①商… Ⅱ.①段… Ⅲ.①商务—礼仪—指南 Ⅳ.①F718-62

中国国家版本馆 CIP 数据核字（2023）第 178664 号

组稿编辑：张广花
责任编辑：张广花
责任印制：张莉琼
责任校对：张晓燕

出版发行：经济管理出版社
　　　　　（北京市海淀区北蜂窝 8 号中雅大厦 A 座 11 层　 100038）
网　　　址：www. E-mp. com. cn
电　　　话：（010）51915602
印　　　刷：唐山昊达印刷有限公司
经　　　销：新华书店
开　　　本：720mm×1000mm /16
印　　　张：13. 75
字　　　数：262 千字
版　　　次：2023 年 9 月第 1 版　　 2023 年 9 月第 1 次印刷
书　　　号：ISBN 978-7-5096-9265-3
定　　　价：88. 00 元

在现代社会发展和商务交往中，商务礼仪的重要性不言而喻。随着商业竞争日趋激烈，优雅自信的专业形象和卓越得体的商务礼仪成为竞争中至关重要的环节，商务组织乃至社会各界对商务礼仪的重视程度越来越高。商务礼仪是一门实用性和应用性较强的学科，具有明显的规范性和可操作性。

本书遵循商务礼仪规范细节编写，旨在帮助职场人士和高校学员了解并掌握基本的商务活动礼仪，提高礼仪水准，强化专业素养。在借鉴国内外著名院校商务礼仪教材的知识体系和内容结构的基础上，力求做到理论简约，实务详尽，操作性强，可测评性高。全书共五章，分别为商务礼仪概述、商务形象礼仪、商务言谈礼仪、商务交往礼仪、商务会务礼仪。

与传统学科教材相比，本书在定位与设计方面具有以下三个特点：

第一，"好看"。本书增强了趣味性和可读性，让学员乐学，使其在趣味性和可读性强的学习和阅读中得到思想启迪与礼仪智慧。本书共分五章，将从商务礼仪概述、商务形象礼仪、商务言谈礼仪、商务交往礼仪以及商务会务礼仪五个方面入手，每章均绘制知识结构图，帮助学员梳理重点知识脉络。同时，每章中设置的每个小节均配有相关的礼仪实训以强化学员的理解（课程内容和课时安排建议及礼仪知识巩固答案分别见附录一和附录二）。

第二，"好学"。本书坚持"知识的掌握服务于能力构建"的原则，围绕职业能力的形成组织课程内容，以工作任务为中心整合相应的礼仪知识和技能。力求教学内容先进，重点突出，取舍合理，结构清晰，层次分明，表述深入浅出，用平实的语言阐释礼仪理论和礼仪规范，信息传递高效、简洁。同时，本书还提供商务交往礼仪模拟情景剧、招聘会礼仪与宴请礼仪等情景模拟的案例剧本和实操方法，以供研究和学习商务礼仪课程的学员选用。

第三，"好做"。本书以商务礼仪下属各具体礼仪学习为载体，设计并组织课程内容，形成以具体礼仪学习任务为中心、以礼仪实训为焦点、以商务礼仪理论知识为背景的课程内容结构，实现课程内容由学科结构向任务结构转变，提高可操作性。加强礼仪实训任务与知识、技能的联系，增强学员的直观体验，诱发其学习能动性。在关键环节，有针对性地设置实训练习和课后作业，加大商务礼仪能力培训力度，方便学员将知识转化为专业性的技能和技巧，提高其解决和处理商务礼仪现实问题的综合能力。

此外，本书进一步优化和细化了学员商务礼仪学习质量的评价、考核、反馈等指标体系，配有相关测评表对学员的礼仪学习表现进行测评，以便有针对性地指导学员。

最后，衷心地感谢北方民族大学和商学院的大力支持。本书得到北方民族大学商学院重点建设经费支持；国家民族事务委员会"西部地区特色农产品营销创新团队"支持；宁夏回族自治区一流课程"商务礼仪"项目建设经费支持；北方民族大学课程思政示范项目"商务礼仪"（项目编号：bmdkcsz202208）支持。感谢学院各位领导、各位同仁为本书在撰写、编辑和出版方面提供的帮助。

编　者
2023 年 3 月

CONTENTS **目录** «

Ｉ

第一章
商务礼仪概述

本章导论

礼仪是人们在社会交往中，为表示相互尊重而约定俗成的行为规范。商务礼仪是在商务交往中待人接物的标准化做法。学习商务礼仪，可以充分发挥礼仪宣示价值观、培养大学生礼仪文化自信的教化功能。帮助即将步入职场的大学生了解并掌握基本的商务活动礼仪，提高礼仪水准，强化专业素养，做到在商务场合中事事合乎礼仪、处处表现自如得体，从而提高个人的商务交往效率，以适应社会对大学生基本礼仪素质的要求，形成"重融通、强应用"的"新文科"人才培养特点。本章将带领大家认识和了解商务礼仪的内涵、功能和原则，以及通过章节后的实训内容，巩固和强化商务礼仪理论的实践与应用效果。本章知识要点如图1-1所示。

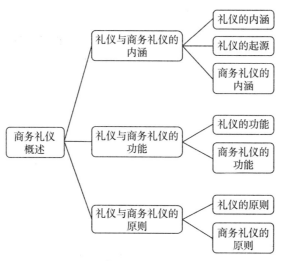

图1-1 本章知识要点

本章引导案例 --- ⟩

学习商务礼仪　自信面向未来

小北是××大学商学院××专业大二学生。小北在学校表现很不错，尊敬师长，团结同学，热爱运动，成绩优秀，专业素质高。对于未来，她有自己的计划。她希望能去自己心仪的公司参加毕业实习，以后有机会能成为该公司的一员。小北对于自己的成绩和专业很有信心，但她深知学校和职场有差距，作为学生只要学习成绩优秀就行，作为职场人必须了解和具备较强的商务礼仪知识和应用能力，而她却对这方面的知识知之甚少。小北找到商学院教授商务礼仪课程的段老师请教有关商务礼仪的问题，并听从段老师的建议选修了商务礼仪课程，开始系统地学习商务礼仪知识，为未来的实习和求职打下良好的礼仪基础。

资料来源：编者根据相关资料整理得到。

通过系统地介绍商务礼仪基本理论和礼仪规范，使学生具有积极的人生态度、健康的心理素质、良好的职业道德和必备的文化基础知识；具有获取新知识、新技能的意识和能力，能适应不断变化的社会；具有良好的礼仪风范和服务意识；具有较强的语言表达能力和人际交往能力，能从事一般性商务礼仪服务工作。使学生树立礼仪文化自信并热爱和主动传承中国礼仪文化，能够自觉维护国家统一、民族团结。

第一节　礼仪与商务礼仪的内涵

■ 一　礼仪的内涵

礼仪：礼节和仪式，是指在人际交往中以约定俗成的和共同认可的行为规范表现出来的律己敬人的具体行为。礼仪一词由礼和仪组成。礼表示尊重他人（内在的内容），仪是指尊重他人的表现形式（外在的规范）。礼仪具体表现为礼节、礼貌、仪态和仪式等。礼仪是人类必须遵循的维持普通社会生活的最低道德规范。对个人而言，礼仪是道德水平、文化修养、沟通能力的外在表现。对社会而言，礼仪是国家社会文明、道德风尚和生活习惯的间接反映。礼仪含义丰富，可分为礼、礼貌、礼节和礼仪四个层次。

（一）礼

《现代汉语词典》中"礼"一词包括下列解释：①社会生活中由于风俗习惯而形成的为大家共同遵守的仪式；②表示尊敬的言语或动作；③礼物；④以礼相待。礼表示敬意、友好，其所涵盖的范围很广。《论语·季氏篇第十六》提到"不学礼，无以立"，这是君子立足于世的准则。"礼"是中华传统文化价值观的核心范畴，也是最高伦理规范和普适性的行为准则。

（二）礼貌

《现代汉语词典》中对"礼貌"的解释是"言语动作谦虚恭敬的表现"，指人们在社会交往过程中向对方表示尊敬、友好的行为，是一个人风度和修养的良好体现。礼貌一定是发自内心的，表面的伪善客套不是礼貌。

（三）礼节

《现代汉语词典》中对"礼节"的解释是"表示尊敬、祝颂、哀悼之类的各种惯用形式，如鞠躬、握手、献花圈、献哈达、鸣礼炮等"。

（四）礼仪

《现代汉语词典》中对"礼仪"的解释是"礼节和仪式"。礼、礼貌、礼节都需要通过礼仪来表现。例如，人们在初次见面时需要握手寒暄、交换名片，在商务宴请时要按照座次安排入座等，这些都是礼仪的具体表现。

礼、礼貌、礼节、礼仪都是礼的范畴。它们之间的关系是层层递进的，内涵逐层缩小，呈现一种三角形的关系。礼是敬意、友好的统称，涵盖内在的风度修养和外在的行为动作，位于金字塔的底端，支撑着所有的礼仪活动。礼貌是指人们在社会交往过程中向对方表示尊敬、友好的行为，是一个人风度和修养的良好体现，位于金字塔的第二层，注重的是人际交往中谦虚敬人的精神面貌。礼节是表示尊敬、祝颂、哀悼之类的各种惯用形式，位于金字塔的第三层，它是礼貌在语言、行为、仪态等方面的具体体现。位于金字塔顶端的是礼仪，礼、礼貌、礼节都需要通过礼仪来表现。

二 礼仪的起源

礼仪作为人际交往中的重要行为准则，既非随意捏造，也非可有可无。了解礼仪的起源有助于理解礼仪的本质，让人们有意识地按照礼仪规范的要求开展人际交往活动。研究人员对礼仪的起源有不同的看法，大致可概括如下：

（一）礼仪起源于人类对天地和神灵的祭祀

东汉徐慎的《说文解字》对"礼"一词的解释是："履也，所以事神致福也。从示从豊，豊亦声。"它意味着实践约定的事情，并向神灵展示以求得神灵赐福保佑。"礼"是一个会意字，"礼"字与古代祭祀神灵的仪式有关。在古代，祭祀活动不是随意进行的，而是严格按照一定的程序和方法进行。

（二）礼仪起源于社会习俗

人类是社会化的群体，在长期的交际活动中，人们逐渐养成了一些约定俗成的习惯。随着时间的推移，这些习惯已经成为人类交往的准则。当这些交往习惯以文字的形式记录下来并被人们所遵守时，它们就逐渐成为人们进行社会交往的固定礼仪。遵守礼仪不仅可以使人们的社交活动有序、有章可循，而且可以使人们在交际中更加友好。

（三）礼仪的存在是为了表达人类的感情

如果没有礼仪，人们在祭祀时根本无法表达他们的敬畏。后来，礼仪出现了，就像语言一样，因为需要而产生。之后发展为向师长、父母行礼以示敬意。

三 商务礼仪的内涵

商务礼仪是指公司、企业以及其他参加经济活动的人士在商务活动中，为塑造良好的个人和组织形象所应共同遵循的礼仪交往的规范和程序，体现了活动主体平等对话、相互尊重的关系。商务礼仪具有较强的约束性和规范性，在正式的商务活动和商务场合中要求使用不同的商务礼仪，参与商务活动的人必须共同遵守，否则就是失礼的行为，将直接影响正在进行的商务交往和商务活动，并对个人和企业的形象造成恶劣的影响。商务礼仪和一般的人际交往礼仪不同，它体现在商务活动的每个环节之中。商务礼仪具有礼仪本身的规范性、实践性、传承性、差异性、互动性、民族性、地域性和时代性等共性特征，以及一些需要强调的特征。

（一）商务礼仪的规范性

商务活动中的礼仪规范有严格的要求。在商务场合进行商务交往，人们的言行举止必须符合商务礼仪的规范和准则。例如，在正式的会议中，就座、发言、上台等活动都有很强的技术性规范。在正式的商务社交晚会中，参与者必须着正装或者晚礼服，如果身着休闲牛仔服赴会，就会被认为失礼，甚至会被谢绝入内。

(二) 商务礼仪的文化性

商务活动一般是文化水平较高的参与者进行商务交往行为的过程。参与者不仅代表个人形象，也代表所在组织的形象。参与人员必须要展现出文质彬彬、礼貌得体的个人风采。"腹有诗书气自华"，商务活动参与人员的文化素养和文化积累是树立个人和组织良好形象的前提和基础。

(三) 商务礼仪的对象性

在商务活动中，要根据交往对象的不同使用不同的礼仪，即商务礼仪要"因人而异"。如在进行商务宴请时，要考虑对方的口味和禁忌。一般情况下，不问对方喜欢吃什么以及想吃什么这样的问题，而是要优先了解对方不能吃什么，不爱吃什么，有什么忌口食物。将禁忌的选项剔除后，在安排菜品时，可以满足大多数人的口味。

(四) 商务礼仪的传承性

礼仪具有世代相传的特征。任何国家的商务礼仪都具有鲜明的国家和民族特色，都是在本国礼仪的基础上传承、发展而来的。离开了本国和本民族既往商务礼仪成果的传承，就不能形成当代的商务礼仪。而对于既往的商务礼仪，要持正确的态度取而用之。不是食古不化、全盘沿用，而应该是有扬弃、有批判、有继承，更有发展。

测验

单选题

商务礼仪基本能力测试

1. 在商务活动中，男士和女士在握手和进行互相介绍时（　　）。

A. 男士需要起立　　　　　　　　B. 女士需要起立

C. 男士和女士都不需要起立　　　D. 男士和女士都需要起立

2. 在商务活动中，商务男士应该做的是（　　）。

A. 为女士把椅子搬过来　　　　　B. 当女士离开时，起立恭送

C. 吃饭后为女士买单　　　　　　D. 以上都不是

3. 为了阅读方便，胸牌(姓名牌)应该戴在自己的 (　　)。

A. 左边　　　　B. 右边　　　　C. 左臂　　　　D. 颈部周围

4. 在商务活动中，结识他人的最好方法是 (　　)。

A. 同身边的人打招呼，互相介绍，轻松聊天

B. 让自己自信些，站在屋子的中间等待对你感兴趣的人跟你打招呼

C. 主动结识单独的一个人，或者主动结识一群人

D. 与和你关系很好的人待在一起，不理睬其他人

5. 当你收到一封不在你职责范围内的商务邮件时，你会 (　　)。

A. 立即转发给职责人

B. 转发给职责人，并附言说明为什么你要转发

C. 当作垃圾邮件删除，并忘记此事

D. 把邮件内容打印出来，放在复印机上，希望其他人处理

6. 当一个气急败坏的用户打电话投诉产品或者服务时，你会 (　　)。

A. 马上把电话转到等待状态，然后去休息室透气

B. 告诉来电者打错电话了，并自我保护般地挂断电话

C. 保持冷静，倾听用户的投诉，尽快尝试帮他/她解决或者找人帮他/她解决

D. 冲他/她大喊大叫，让他/她安分下来，毕竟还没有人能这样跟你说话

7. 如果必须给两个人做介绍，但是你忘记其中一个人的名字，你会通过哪种方式掩饰？(　　)

A. 对自己忘记对方姓名的人说："我们认识吗？"

B. 对要介绍的双方说："你们能互相做个自我介绍吗？"

C. 什么也不说，希望他们自己进行介绍

D. 对自己忘记了姓名的人说："总会有这样的时候，请再告诉我一次你的名字。"

8. 当为客户和自己公司的总经理做商务介绍时，你会 (　　)。

A. 即兴表演

B. 把客户介绍给公司的总经理

C. 把公司的总经理介绍给客户

D. 什么也不做，互相介绍是他们自己的事情

9. 当收到别人的商务礼物，你想表示特别感谢时，你会 (　　)。

A. 发电子邮件，因为这是最快、最有效的方法

B. 寄出一份自己手写的感谢信

C. 在收到礼物的 72 小时内电话致谢

D. 口头上的感谢已经足够了

10. 当你和重要的客户用餐时，有人致电你的手机，你会（　　　）。

A. 两声铃声内接听，并尽快结束通话

B. 不接听，假装是别人的手机在响

C. 向一起用餐的客户表示歉意，并把手机设置成静音模式，优先考虑眼前一起用餐的人

D. 向一起用餐的人表示歉意，离开座位，到洗手间去接听

答案：1. D　2. D　3. A　4. C　5. B　6. C　7. B　8. C　9. B　10. C

计分方法如下：每题10分，90分以上为优秀，80～89分为良好，70～79分为一般，70分以下为不及格。

根据测试，再结合自身情况，分析自己欠缺哪些方面的礼仪知识和技能。

资料来源：[美]杰奎琳·惠特摩尔. 商务礼仪[M]. 姜岩译. 北京：中央编译出版社，2010.

礼仪知识巩固

多选题

1. 礼仪产生于（　　　）。

A. 人类对神灵的祭祀活动　　　　B. 统治阶级的编造

C. 人类群体生活的需要　　　　　D. 人类对自然现象的模仿

2. 礼仪含义丰富，可分为（　　　）等四个层次。

A. 礼　　　　　B. 礼貌　　　　　C. 礼节　　　　　D. 礼仪

3. 商务礼仪的特征包括（　　　）。

A. 规范性　　　　B. 文化性　　　　C. 传承性　　　　D. 对象性

礼仪讨论题

谈谈你对中国"礼仪之邦"美誉的看法。

礼仪实训1-1-1 拍照留存学生素颜照

实训内容：为选修商务礼仪课程的学生拍摄商务礼仪学习前的素颜照。

实训目的：第一节课拍摄学生学习商务礼仪前的素颜照（学生上课时穿着打扮的照片），最后一节课拍摄学生学习商务礼仪后精心打扮的礼仪照（学生学习商务形象礼仪和完成相应的训练之后的照片），将两组照片进行对比，让学生真切感受商务礼仪学习带来的变化。

实训步骤:

(1)教师课前准备好照相机,或者利用手机的拍照功能。

(2)为每位学生拍摄 3~5 张照片,注意要有全身照、上身照、头部照。

(3)由教师/有拍照特长的学生拍摄。

(4)将学生照片保存到以学生名字命名的子文件夹中,并统一保存到"商务礼仪素颜照"的主文件夹中。

注意事项:

课前无须特别交代学生需要拍照,拍摄学生最自然的上课状态为佳。这样与学习商务礼仪之后拍摄的照片进行对比,效果会更明显。

第二节　礼仪与商务礼仪的功能

一　礼仪的功能

礼仪是人类精神文化和物质文明成果中的精髓,其内容丰富,应用广泛,无论是对个人修养的提升,还是对社会的进步与国家经济的发展,都有着极大的促进作用。礼仪的功能主要体现在以下四个方面:

(一)教化功能

礼仪是宣示价值观、教化人民的有效方式。礼仪通过评价、劝阻和示范等教育形式纠正人们错误的行为和习惯。它的教化功能主要体现在三个方面:一是对礼仪的尊重和约束。作为一种道德习俗,礼仪教化影响着全社会的每个人。一个人、一个组织、一个国家的礼仪水准,往往体现了这个人、这个组织、这个国家的文明程度和整体素质。二是礼仪的发展、形成和完善已成为社会传统文化的重要组成部分。三是礼仪具有较强的示范作用,有助于提升个人的气质,人们对于一个具有良好礼仪修养的人会心生羡慕,见贤思齐。

(二)美育功能

礼仪之美在于它帮助人们美化自己、美化生活、美化整个社会。个人容貌、仪表、礼仪、谈吐和教养,都有详细的礼仪规范。因此,学习和运用礼仪有利于人们更加规范地设计和维护自己的形象,提高个人的审美能力，充分展现个人良好的教养和风采。例如，面带微笑礼貌地问候别人、在公共场合轻言细语等，都可以展现个人的美丽形象。当人人都重视美化自身、以礼待人时，人际关系将更加和睦，生活环境更加舒心，社会更加和谐。

(三) 协调功能

人际交往的对象可能是陌生人、朋友、亲人、上级、下属、合作伙伴、竞争对手，甚至是敌人。礼仪作为人们社会生活中逐渐形成的一种行为准则和规范，制约着人们的态度和动机，规范着人们的行为方式，维护着正常的社会秩序，协调着人与人之间的关系，使人与人之间的交往能够顺利进行。我国古代有"两国交兵，不斩来使"的说法，指的是两军在作战期间，双方要派推进协商的代表传达信息。"使"即"使者"，不斩"使者"是自古以来的战争规则，交战双方都得遵守，在战场上的敌对双方不应该伤害对方派来的传达信息的人员。礼仪如同润滑剂，协调着各方关系和立场，保证了交往的顺利进行。

(四) 沟通功能

自觉遵守礼仪规范可以使双方进行良好的沟通，在表达对对方尊重的过程中，收获对方的理解和尊重。例如，社交场合中常见的握手仪式源自远古时代，部落的人们为了表示友好，扔掉工具，摊开手掌，双方拍手，表示手中没有武器，不会互相攻击，后来逐渐演变成会见的双方握着右手、互相问候的礼仪。这种无声的语言在情感交流中起着重要作用。

习近平总书记在党的十九大报告中指出："社会主义核心价值观是当代中国精神的集中体现，凝结着全体人民共同的价值追求。要以培养担当民族复兴大任的时代新人为着眼点，强化教育引导、实践养成、制度保障，发挥社会主义核心价值观对国民教育、精神文明创建、精神文化产品创作生产传播的引领作用，把社会主义核心价值观融入社会发展各方面，转化为人们的情感认同和行为习惯。坚持全民行动、干部带头，从家庭做起，从娃娃抓起。深入挖掘中华优秀传统文化蕴含的思想观念、人文精神、道德规范，结合时代要求继承创新，让中华文化展现出永久魅力和时代风采。"倡导文明礼貌、助人为乐、爱护公物、保护环境、遵纪守法，就是中华优秀传统文化蕴含的思想观念、人文精神、道德规范。礼仪修养既属于道德规范体系中的社会公德，是社会主义精神文明的重要内容，也符合千百年来优良传统的习惯，是和谐社会的基本要求，是不可或缺的行为规范。

一 商务礼仪的功能

礼仪具有教化、美育、协调和沟通等功能，商务礼仪作为礼仪的重要组成部分，也具备这些功能。除此之外，商务礼仪也具有自己独特的功能。

(一)内强素质，外塑形象

学习和运用商务礼仪，有助于人们更好地提升个人素质，塑造个人和组织形象，满足社会对商务人士的定位和要求。商务人士的素质是个人修养和风度的表现，在日常的商务工作和商务交往中，都要恰到好处地展示个人的修养和气质。个人素质和个人形象都在一定程度上反映了所在组织的文明程度、管理方式和道德水平。良好的个人素质和形象无疑传达了无声的商业信息，为以个人为代表的组织宣传了积极、正面的公众形象。在现代市场竞争中，除了产品竞争外，形象竞争也是一个重要的竞争层次。一家具有良好声誉和形象的企业很容易获得社会各方的信任和支持。商务礼仪也是组织文化的重要组成部分，是组织形象的主要依附点。许多国际企业都有很高的礼仪标准，把礼仪作为企业文化的重要组成部分。因此，从组织的角度来看，礼仪可以塑造企业形象，提高企业的知名度和美誉度，最终达到提高企业经济效益和社会效益的目的。

如何强化素质，塑造正面形象呢？对个人而言，良好的修养与风度是必不可少的，真诚待人、谦虚谨慎、谈吐优雅、言行合一、知识渊博、热情有度等都有助于提高个人素质，塑造良好的个人形象。对组织而言，遵纪守法、诚信经营、热心公益、回馈社会、服务人民等都是组织塑造正面且积极的公众形象所必备的优秀品质。

(二)规范行为，传递信息

商务礼仪对商务场合中的各种行为提出了规范化的要求，其具体表现形式是一系列被商界认可的既定行为准则和活动程序。在商业活动中，个人和组织通过执行这些行为准则和活动程序，一方面对参与者表示尊重和友好，另一方面以一定的程序规范确保商业活动顺利开展。例如，着装礼仪向参加正式商务场合的男士和女士提出了基本要求：深色西装、白色衬衫、领带、西装和裙子等。这些典型的商务场合着装元素确保了商务场合的一致性和正式性，提升了商务场合的礼仪感和庄重感。

在商务场合中，每个参与者既是信息发送者，又是信息接收者，人们根据商务礼仪的规范向其他人发送信息，接收者根据商务礼仪的标准对信息进行接收和分析，同时做出积极的回应。不同的礼仪行为传递不同的信息。人们可以通过言语、行为、表情、礼物等礼仪形式来传达信息和表达感情。例如，在问候对方时，目光直视对方，真诚微笑，用表情和语言向对方传达"很高兴见到你"的信息，对方欣然接受这一信息并予以积极回应。如果在问候对方时，目光躲闪，面无表情或者表情怪异，对方接收到信息后，但并不会积极回应，反而在心中留下"此人不懂礼貌，今后需要远离"的不好印象，不利于以后的商务交往。所以利用商务礼仪传递信息，一定要根据当时的环境、对象、时间、地点等，按照正确的商务规范开展商务交往活动。

(三)维护感情，提高效益

商务礼仪是在商务场合开展的社交礼仪，是处理商务场合中人际关系的方法和规则。从心理学角度分析，人际交往之初，交往双方对彼此并不了解，因此容易产生戒备心理和距离感。随着商务交往的深入，双方都能产生一定的情绪体验。一般有两种感情状态：一种是情感共鸣，另一种是情感排斥。在商务交往中，第一印象十分重要。如果交往双方在交往之初就能做到彼此尊重，以礼相待，就可以消除彼此之间的心理隔阂，拉近双方的心理距离，建立良好的人际关系，为下一步商务活动的顺利开展打下基础。反之，如果不讲礼仪，我行我素，粗鄙不堪，就容易引发情感排斥，造成人际关系紧张，影响未来商务活动的进行。

在商务活动中，得体的礼仪表现可以博得对方的好感、信任和尊重，进而推动事业的发展。在商务交往中，衣着整洁、谈吐得体、举止优雅、风度翩翩的人更容易博得对方的好感，展示自己的个人价值，创造良好的效益。正确运用商务礼仪可以树立良好的组织形象，提高组织的声誉和知名度，从而帮助组织建立广泛的合作关系，提高组织的经济效益和社会效益。

测验

自我性格心理测试

1. 测试要求：忠于内心，以第一直觉为主，不修饰自己的想法，注意控制测试时间。

2. 计分方法：以该题项与自己实际情况的符合程度计分，计分情况见下表：

完全符合	比较符合	介于符合与不符合之间	比较不符合	完全不符合
2分	1分	0分	-1分	-2分

3. 测试题：

题目	计分
1. 做事力求稳当，不做无把握的事	
2. 宁肯一个人干事，不愿与很多人在一起	
3. 遇到可气的事就怒不可遏，把心里话全说出来才痛快	
4. 到一个新环境很快就能适应	
5. 厌恶强烈的刺激，如尖叫、危险镜头等	
6. 与人争吵时，总是先发制人，喜欢挑衅	
7. 喜欢安静的环境	
8. 善于同别人交往	
9. 羡慕善于克制自己感情的人	
10. 生活有规律，很少违反作息制度	
11. 在多数情况下抱乐观态度	
12. 碰到陌生人觉得拘束	
13. 遇到令人气愤的事能很好地自我克制	
14. 做事总是有旺盛的精力	
15. 遇到问题常常举棋不定，优柔寡断	
16. 在人群中从来不觉得过分拘束	
17. 当情绪高昂时，感觉干什么都有趣；当情绪低落时，又觉得干什么都没意思	
18. 当注意力集中于一件事时，别的事很难使自己分心	
19. 理解问题总是比别人快	
20. 遇到危险情况，常有一种极度恐怖和紧张感	
21. 对学习、工作、事业怀有很高的热情	
22. 能够长时间地做枯燥、单调的工作	
23. 符合兴趣的事情，干起来劲头十足；否则，就不想干	
24. 一点小事就能引起情绪波动	
25. 讨厌做那种需要耐心、细致的工作	
26. 与人交往不卑不亢	
27. 喜欢参加热烈的活动	
28. 常看感情细腻、描写人物内心活动的文学作品	
29. 工作、学习时间长了常常感到厌倦	
30. 不喜欢长时间谈论一个问题，愿意实际动手干	
31. 宁愿侃侃而谈，不愿窃窃私语	
32. 别人说我总是闷闷不乐	
33. 理解问题常比别人慢些	
34. 当疲倦时，只要短暂的休息就能精神抖擞，重新投入工作	
35. 心里有事宁愿自己想，不愿说出来	
36. 认准一个目标就希望尽快实现，不达目的誓不罢休	

题目	计分
37. 学习、工作同样一段时间后，常比别人更疲倦	
38. 做事有些莽撞，常常不考虑后果	
39. 当老师或师傅在讲授新知识和新技术时，总希望他/她讲慢些，多重复几遍	
40. 能够很快地忘却那些不愉快的事情	
41. 做作业或完成一件工作总比别人花的时间多	
42. 喜欢运动量大的体育运动或参加各种文艺活动	
43. 不能很快地把注意力从一件事转移到另一件事	
44. 接受一项任务后，就希望把它迅速解决	
45. 认为墨守成规比冒风险强些	
46. 能够同时注意几件事情	
47. 当我烦闷时，别人很难使我高兴起来	
48. 爱看情节起伏跌宕、激动人心的小说	
49. 对工作抱认真严谨、始终如一的态度	
50. 和周围人总是相处不好	
51. 喜欢复习学过的知识，重复做已经掌握的工作	
52. 希望做变化大、花样多的工作	
53. 小时候会背的诗歌，我似乎比别人记得清楚	
54. 别人说我出口伤人，可我并不觉得是这样	
55. 在体育活动中，常因反应慢而落后	
56. 反应敏捷，头脑机智	
57. 喜欢有条理而不甚麻烦的工作	
58. 兴奋的事常使我失眠	
59. 当老师讲新概念时，常常听不懂，但是弄懂以后就很难忘记	
60. 假如工作枯燥无味，马上就会情绪低落	

4. 性格类型确定：

第一步	每题得分填入下面表格内相应的题号得分栏并相加，计算出每一种性格类型的总分。							
胆汁质	题号	2	6	9	14	17	21	27	31
	得分								
	题号	36	38	42	48	50	54	58	总分
	得分								

续表

	题号	4	8	11	16	19	23	25	29
多血质	得分								
	题号	34	40	44	46	52	56	60	总分
	得分								
粘液质	题号	1	7	10	13	18	22	26	30
	得分								
	题号	33	39	43	45	49	55	57	总分
	得分								
抑郁质	题号	3	5	12	15	20	24	28	32
	得分								
	题号	35	37	41	47	51	53	59	总分
	得分								

第二步	性格类型的确定。

(1)如果某种类型得分明显高出其他三种,平均高出4分以上者,那么可以确定你就是该种单一性格类型

(2)如果两种类型的总分很接近,两者之间相差小于3分,而又明显高于其他两种类型,其高出部分平均超过4分者,那么为两种性格的混合型,如胆汁—多血质混合型、多血—粘液质混合型、粘液—抑郁质混合型等

(3)如果有三种类型的总分很接近,但又高于第四种超过4分者,那么为三种性格的混合型,如多血—胆汁—粘液质混合型、粘液—多血—抑郁质混合型

(4)如果四种类型的总分很接近,四者之间相差小于3分者,那么为四种性格的混合型,即多血—胆汁—粘液—抑郁质混合型

5. 性格类型行为特征分析:

胆汁质	胆汁质神经活动强而不均衡型性格的主要行为特征是:充满热情,精力充沛,爽朗豁达,动作粗犷有力,说话直截了当,办事果断,勇猛坚强;性情急躁,情绪不稳定,爱冲动,缺乏耐性,不讲究方式方法,容易好心办坏事。对此类性格的人的后天改造不易。这类人适合从事外贸、信息、管理工作
多血质	多血质神经活动强而均衡的灵活型性格的主要行为特征是:活泼开朗,热情奔放,感情比较丰富,待人亲近,富有同情心,思维敏捷,反应迅速,兴趣广泛,健谈,富于幻想,善于交际,接受能力强;情绪易变冷淡,注意力易转移,易见异思迁。对此类性格的人的后天改造较易。这类人适合从事公关、销售等工作

续表

粘液质	粘液质神经活动强而均衡的安静型性格的主要行为特征是：沉着冷静，耐性较强，言行谨慎，情感不易外露，性情比较稳定，善于克制忍让，生活有规律，不为无关事情分心；不够灵活，一般只按指示或经验办事，因循守旧，对事业缺乏热情，不善于交际。对此类性格的人的后天改造较易。这类人适合从事科研、金融、保险、会计等工作
抑郁质	抑郁质神经活动弱而不均衡的抑制型性格的主要行为特征是：感情细腻，执着，善于观察，多思考，喜静少动，敏感多虑，韧性强；易受挫折，孤僻胆怯，疲劳不容易恢复，疑心较重，不善于交际。对此类性格的人的后天改造不易。这类人适合从事制造业
混合型	混合型同时具备混合各种类型的性格特征。在现实生活中，多数人一般是两种性格的混合型，单一型和三种、四种混合型的人较少。性格特征具有先天性，但可以通过后天的环境进行改造，改造的效果因人而异

资料来源：李兰英，肖云林，葛红岩，郑陵红. 商务礼仪（第二版）[M]. 上海：上海财经大学出版社，2012.

礼仪知识巩固

多选题

1. 礼仪的功能有（　　　　）。

A. 教化　　　　　B. 美育　　　　　C. 协调　　　　　D. 沟通

2. 商务礼仪的功能包括（　　　　）。

A. 内强素质，外塑形象　　　　　B. 规范行为，传递信息

C. 维护感情，提高效益

★ 礼仪案例分析

普通高等学校学生管理规定（节选）
第四章　校园秩序与课外活动

第三十九条　学校、学生应当共同维护校园正常秩序，保障学校环境安全、稳定，保障学生的正常学习和生活。

第四十条　学校应当建立和完善学生参与管理的组织形式，支持和保障学生依法、依章程参与学校管理。

第四十一条　学生应当自觉遵守公民道德规范，自觉遵守学校管理制

度，创造和维护文明、整洁、优美、安全的学习和生活环境，树立安全风险防范和自我保护意识，保障自身合法权益。

第四十二条 学生不得有酗酒、打架斗殴、赌博、吸毒，传播、复制、贩卖非法书刊和音像制品等违法行为；不得参与非法传销和进行邪教、封建迷信活动；不得从事或者参与有损大学生形象、有悖社会公序良俗的活动。

学校发现学生在校内有违法行为或者严重精神疾病可能对他人造成伤害的，可以依法采取或者协助有关部门采取必要措施。

第四十三条 学校应当坚持教育与宗教相分离原则。任何组织和个人不得在学校进行宗教活动。

第四十四条 学校应当建立健全学生代表大会制度，为学生会、研究生会等开展活动提供必要条件，支持其在学生管理中发挥作用。

学生可以在校内成立、参加学生团体。学生成立团体，应当按学校有关规定提出书面申请，报学校批准并施行登记和年检制度。

学生团体应当在宪法、法律、法规和学校管理制度范围内活动，接受学校的领导和管理。学生团体邀请校外组织、人员到校举办讲座等活动，需经学校批准。

第四十五条 学校提倡并支持学生及学生团体开展有益于身心健康、成长成才的学术、科技、艺术、文娱、体育等活动。

学生进行课外活动不得影响学校正常的教育教学秩序和生活秩序。

学生参加勤工助学活动应当遵守法律、法规以及学校、用工单位的管理制度，履行勤工助学活动的有关协议。

第四十六条 学生举行大型集会、游行、示威等活动，应当按法律程序和有关规定获得批准。对未获批准的，学校应当依法劝阻或者制止。

第四十七条 学生应当遵守国家和学校关于网络使用的有关规定，不得登录非法网站和传播非法文字、音频、视频资料等，不得编造或者传播虚假、有害信息；不得攻击、侵入他人计算机和移动通讯网络系统。

第四十八条 学校应当建立健全学生住宿管理制度。学生应当遵守学校关于学生住宿管理的规定。鼓励和支持学生通过制定公约，实施自我管理。

资料来源：中华人民共和国中央人民政府. 中华人民共和国教育部令第 41 号［EB/OL］.
https：//www.gov.cn/gongbao/content/2017/content-5220900.htm.

分析讨论：

1.《普通高等学校学生管理规定》的第四章"校园秩序与课外活动"中哪些条款对大学生提出了礼仪要求？体现了礼仪的哪些功能？

2. 除了上述规定之外，你认为当代大学生在进行社交时还需要注意哪些礼仪规范和行为？请谈谈你的看法。

礼仪实训 1-2-1 填写性格与职业匹配分析表

表 1-1　性格与职业匹配分析表

一般情况	姓名		性别		年龄		政治面貌	
	就读学校				所学专业			
	起止时间							
规划总目标	就业（　　） 创业（　　） 具体方向（　　）							
自我分析 （包括现状分析 与潜力测评）	认识自我	我的气质						
		我的性格（见要求 1）						
		我的能力						
		我的兴趣						
		我的职业价值观						
		我心中理想的职业						
他人评价 （包括他人对我的性 格的印象，见要求 2）	他人眼 中的我	我的气质						
		我的性格						
		我的能力						
性格与职业匹配的 SWOT 分析	优势							
	劣势							
	机遇							
	挑战							
结果	评价目前或者 即将从事的工 作是否适合我	是（　　）		否（　　）		不确定（　　）		
未来职业 发展	根据分析，哪 些职业能发挥 我的性格优势?							
	为了达成我的 求职目标，我 应该怎么做?							

要求：

（1）通过完成自我性格心理测试题项，进一步了解自己的性格特征，结合自己从事或者即将从事的职业，认识自己职业性格的优势与劣势，针对劣势设计出解决方案。

（2）听听熟悉你的人（同学、老师、家人、朋友、同事、上司、下属等）及陌生人对你的性格的印象。将自己的优势、劣势、兴趣用列表的形式梳理出来，以此为依据，评价目前或者即将从事的工作是否适合自己。

第三节 礼仪与商务礼仪的原则

一 礼仪的原则

在日常生活中，学习、应用和规范礼仪时有必要掌握一些具有普遍性和指导性的礼仪规律，即礼仪的原则。

(一)尊重原则

尊重原则是礼仪最核心的原则。孟子云："尊敬之心，礼也。"礼仪的核心就是尊敬、尊重。在社会交往中，要常存敬人之心。"尊重"二字，在实际生活中具体体现为：尊重上级，是一个人的天职；尊重下属，是一个人的美德；尊重客户，是一种常识；尊重所有人，是一个人的教养。对待他人要有敬重的态度，不可伤害他人的自尊，更不能侮辱对方的人格。尊重原则也包括尊重自己，维护个人乃至组织的形象，即不得以牺牲他人为代价造福自己。所以，人与人之间相互尊重是人际关系中讲究礼仪的基本出发点。

(二)自律原则

自律原则是礼仪的基础和出发点。学习与应用礼仪最重要的就是要自我要求、自我约束、自我对照、自我反省、自我检查。自律就是自我约束，按照礼仪规范严格要求自己，知道自己该做什么，不该做什么。同时，对待人要一视同仁，这样才能营造出自然、和谐的社交气氛。自律原则要求个人加强自身修养，完善个人人格。古人在书房常悬挂写有"慎独"两字的牌匾，孔子也强调"吾日三省吾身"，这都是修身养性的方法，也是为了时刻提醒自己，独处的时候更要"谨小慎微"。其实，长期的自律能够成为一种自觉，养成良好的习惯，帮助自己成长。

(三)遵守原则

在社会交往中，每个参与者无论身份高低、职位大小、财富多寡，都必须自觉遵守礼仪，用礼仪规范自己在交往活动中的一言一行。遵守原则是行为主体的基本要求，也是人格素质的基本体现。我们只有遵守礼仪规范，才能赢得他人的尊重，确保交往活动达到预期目标。只有人人遵守礼仪，规范使用礼仪，礼仪才能得到推广和应用，从而发挥礼仪促进交流和沟通的价值。

(四)适度原则

在使用礼仪时，应该注意把握分寸、严肃得体。适度就是把握分寸感，如果没有掌握好"度"，过犹不及，施礼可能会变成失礼，从而引起误解。

二 商务礼仪的原则

商务礼仪是礼仪非常重要的一部分，也具有尊重、自律、遵守和适度等礼仪原则。同时，由于商务礼仪是在商务场合中需要遵守和应用的礼仪，因此需要重点强调一些礼仪原则。

(一)判断主客体立场

1. 客随主便(入乡随俗)原则

《礼记》早就明确提出了"入境而问禁，入国而问俗，入门而问讳"的要求。这意味着人们行事交往应该按照礼节，尊重当地习俗。在商务交往中，客方应遵守当地或主人的礼仪习俗，即客随主便，切莫目中无人、我行我素、自高自大、随意批评，否定主人一方的风俗习惯。客随主便的要求使主客双方在进行商务交流时遵守公认的礼仪标准，从而减少盲目性和无序性。当然，客方可能需要暂时放弃他们熟悉的固有礼仪规范，学习、理解和遵循主人一方的比较陌生的新礼仪规范。因此，客随主便强调的是对于客人一方的限制。客随主便的"随"是基于主方对客方人格、民族和国家的尊重。反之，如果是客随主便中的"便"伤害了客方的人格、民族或国家尊严，"客"有权利不随"主"便。

2. 主随客便原则

主人应根据客人的喜好进行招待。不要过于热情，不要强加服务，甚至把自己的想法强加给客人。这体现了现代人对人性化观念的尊重。

3. 平等尊重原则

孔子说："己所不欲，勿施于人。"在西方，也有一句意思相似的谚语："你想让他人怎么对待你，你也要怎样对待他人。"在商务交往中，客随主便和主随客便体现的是礼仪的平等尊重原则，人格平等和相互尊重是礼仪的基础。

(二)诚实守信原则

诚实守信，以诚待人。诚实指待人真诚，童叟无欺，客观公正。守信是指说话算话，言行一致，一诺千金，"言必信，行必果"。古人云，"守礼者，定知廉耻，讲道义"。在商务交往中，由于双方存在长久的合作关系和礼仪关系，双方更加需要遵守诚实守信原则，将商务礼仪的真诚体现在彼此友好合作的商务往来之中。倘若合作双方言行不一，口是心非，弄虚作假，投机取巧，只能"骗得了一时，骗不了一世"，一旦失信，将无法成功。

(三) 遵守时间原则

守时是重要的礼仪之一。遵守时间是一个给人留下深刻印象的简单方法。守时就是准时到达与对方约定的地方。没有例外，没有借口，没有理由，必须做到。即使因为特殊原因不得不取消约会，也应该提前给对方打电话并向对方道歉。这不是一件小事。它代表你的素质和态度。如果你不尊重别人的时间，你就不能指望别人尊重你的时间。一旦你不守时，你就会失去影响力。如果你想要交朋友和结交有影响力的人，你就必须守时。守时是社交礼貌，越先进的国家越重视守时。在商务访问中守时很容易赢得对方的信任。可以说，守时是商务拜访礼仪的首要标准。

(四) 尊重女性原则

国际上公认的一条商务礼仪交际原则是尊重女性。该原则体现在以下两个方面：一是在商务活动和商务交往中对女性的尊重，即倡导和遵守"女士优先"原则。这是专门为男士设置的礼节，体现男士对女士的礼让，是男士绅士风度的体现。二是在商务活动和商务交往中，不要打听女性的隐私，如女性的年龄、恋爱经历、婚姻状况等。尤其需要注意的是，不论关系如何，都不要在女性面前或者与女性谈论敏感的两性话题，以免引起误会和不快，招致女士反感，影响友好氛围。

👤 知识拓展

外交部礼宾司原参赞谈"女士优先"具体怎么做

英文"Lady First"，即"女士优先"，是国际上公认的一条礼仪原则。

女士优先是专门为男士设置的礼节。在公共场合，特别是男女交际时，成年男性对女性应当礼让，应以自己的言行去尊重、关怀、照顾女士，这是绅士风度。

(1) 起源。女士优先发源于西方。有人解释说是中世纪欧洲骑士的遗风，也有人解释说，妇女属于弱者，值得怜悯、同情。另一种说法推及至对母亲的感恩。可笔者认为，女士优先和对母亲的爱戴、感恩是有明显区别的，人们对母亲的爱是情感层面的，而女士优先则是礼节性的。

（2）场合。男士应该在哪些场合让女士优先呢？例如：女士下车，男士开车门；进室内，让女士先进，男士应主动照料，让其先入座；上汽车与电梯时，让女士先上；下车、下楼时男士应走在前面，以便照顾；男女并行，男士应在女士左边（西方国家通行的做法是"以右为上"）；在街上行走，男士应走在有车辆行驶的一侧，保护女士安全；就餐时应让女士先点菜；进剧院、餐厅时，男士应走在前面，为女士找好座位；在机场、车站，男士应主动帮助女士拿行李、办理有关手续。

同女士打招呼，如果男女双方身份相当或男士身份低于女士时，男士应该起立。如果男士身份高或年纪大，在同年纪轻、身份低的女士打招呼时，不必起立。遇有夫妇同在，应先同其夫人打招呼。

（3）差别。女士优先主要流行于西方国家，如欧洲、北美地区以及俄罗斯等地，拉丁美洲、非洲的部分地区，也比较重视此项礼节。在上述国家、地区，如果男士对女士优先原则缺乏了解，在交际应酬中，就会显得"另类"。然而，在阿拉伯世界和南亚、东亚地区，像中国、日本、朝鲜、韩国等，则崇尚本国、本民族的传统文化，在日常交际中，"女士优先"并不普遍，多见于涉外和上层社交场所。

（4）适度。公众场合、交际活动中，男士关怀和照顾女士，要做得自然、恰当、适度，而不能过分与勉强。例如，想帮一位并不太熟悉的女士提拿物品，需征得对方同意，才可实施。如果女士并不想让男士帮忙，男士就不可过分殷勤，贸然行事，否则可能会让其尴尬、不快。特别是女士的手包或挎包，一般并不希望男士去碰。此外，男士还应注意一视同仁，不能单独对某位女士过分热情，而冷淡其他女士，否则会招致非议。

如果女秘书和男老板在一起工作，对女秘书来说，那就谈不上女士优先。但是，在交际场合，男老板有时也让女秘书在众人面前适当"优先"，这未尝不是一种绅士风度的体现。

在我国，不少女士对"女士优先"似乎并不适应，面对男士的关照会感到不好意思或不知所措。其实，女士完全可以泰然受之。对于将要踏出国门或涉及对外交往的女士而言，更应尽快适应这一国际流行的礼节。

资料来源：马保奉.外交部礼宾司原参赞谈"女士优先"具体怎么做[EB/OL].（2012-09-08）.人民网，http://finance.people.com.cn/money/n/2012/0908/c42877-18954069.html，2022-10-08.

礼仪知识巩固

单选题

1. 王经理与客户约好10：00登门拜访，不料路上堵车，无法按时赴约，因此王经理在9：50时给客户打电话道歉，告知情况，并征得客户的同意把拜访时间推迟到10：30，这体现了商务礼仪当中的(　　)原则。

A. 入乡随俗　　　　　　　　B. 主随客便

C. 诚实守信　　　　　　　　D. 遵守时间

2. 某外贸公司的经理苏×接到前往非洲某国家考察市场的任务。去之前，他上网查询了该国的具体资料，对当地的风俗习惯和宗教信仰做了充分的了解，到达之后，苏×换上了当地的民族服装，雇用了两位当地人作为向导和翻译，积极走访当地的企业和社团，还跟随他们参加了当地的宗教仪式，因此很快获得了当地人的认可，市场考察任务获得圆满成功。苏×的做法体现了商务礼仪当中的(　　)原则。

A. 入乡随俗　　　　　　　　B. 主随客便

C. 诚实守信　　　　　　　　D. 遵守时间

3. 小赵是公司的业务主管，有一次和一位女性客户洽谈业务，会谈很顺利，结束时小赵邀请这位女士共进晚餐，女士愉快地答应了。为了表示热情和亲近，小赵邀请女士把她的丈夫一起请来，在遭到女士婉拒后仍然盛情邀请，女士无奈之下才告知她最近刚刚离婚，并突然提出临时有事，匆匆离开了。小赵的做法违反了商务礼仪当中的(　　)原则。

A. 入乡随俗　　　　　　　　B. 主随客便

C. 诚实守信　　　　　　　　D. 尊重女性

⭐ 礼仪案例分析

修养是第一课

有一批应届毕业生22人，实习时被导师带到北京的国家某部委实验室参观。全体学生坐在会议室里等待部长的到来，这时有秘书给大家倒水，同学们表情木然地看着她忙活，其中一个同学还问了句："有绿茶吗？天太热了。"秘书回答说："抱歉，刚刚用完了。"小林听着有点别扭，心里嘀咕："人家给你倒水还挑三拣四。"轮到他时，他轻声说："谢谢，大热天的，辛苦了。"秘书抬头看了他一眼，满含着惊奇，虽然这是很普通的客气话，却是她今天听到的唯一一句客气话。

门开了，部长走进来和大家打招呼，不知怎么回事，大家静悄悄的，没有一个人回应。小林左右看了看，犹犹豫豫地鼓了几下掌，同学们这才稀稀拉拉地跟着拍手。由于不齐，显得有点凌乱。部长挥了挥手："欢迎同学们到这里来参观。平时这些事一般都是由办公室同事负责接待，因为我和你们的导师是老同学，非常要好，所以这次我来给大家讲一些有关情况。我看同学们好像都没有带笔记本，这样吧，王秘书，请你去拿一些我们部里印的纪念手册，送给同学们作纪念。"接下来，更尴尬的事情发生了，大家都坐在那里，很随意地用一只手接过部长双手递过来的手册。部长脸色越来越难看，来到小林面前时，已经快要没有耐心了。就在这时，小林礼貌地站起来，身体微倾，双手接过手册，恭敬地说了一声："谢谢您！"部长闻听此言，不觉眼前一亮，伸手拍了拍小林的肩膀："你叫什么名字？"小林照实作答，部长微笑点头，回到自己的座位上。早已汗颜的导师看到此景，才微微松了一口气。

两个月后，同学们各奔东西，小林的去向栏里赫然写着国家某部委实验室。有几位颇感不满的同学找到导师："小林的学习成绩最多算是中等，凭什么推荐他而没有推荐我们？"导师看了看这几张尚属稚嫩的脸，笑道："是人家点名来要的。其实你们的机会是完全一样的，你们的成绩甚至比小林还要好，但是除了学习之外，你们需要学的东西太多了，修养是第一课。"

资料来源：刘砺，荆素芳，扶齐. 商务礼仪实务教程[M].北京：机械工业出版社，2015.

分析讨论：

1. 小林为什么会成功？
2. 大学生应该具备哪些礼仪素养？
3. 大学生应该如何提高个人修养？

礼仪实训

以下为第一章第三节的两个礼仪实训及操作方法。这两个实训可作为第一章第三节的课后实训，也可作为第一章的课堂学习内容。如果为后者，可在开始第一章的授课之前，提前将该实训发给学生，供学生练习和准备，再由学生在第一章的课堂上进行分享。同时，教师可根据课时和大纲要求灵活安排，指导学生完成其中一个或者两个实训。

礼仪实训 1-3-1 礼仪应用案例分享

实训内容：

学生以小组为单位，走上街头或校园观察并收集礼仪在生活中应用的案例(如宣传标语、口号、广告、礼仪实践等)。

实训目的：通过实地观察了解并制作礼仪应用案例分享，加深学生对礼仪的认识。

实训步骤：

(1)学生以小组完成案例收集后，设计制作 5 分钟左右的 PPT。

(2)各小组依次上台分享 PPT 内容。

(3)集体讨论。

(4)教师进行点评。

注意事项：收集文字、照片、视频等礼仪案例资料。

礼仪实训 1-3-2 商务礼仪重要性采访及分享

实训内容：

以小组为单位，走访一两位商界人士或学校领导，了解他们对商务礼仪的看法及切身经历与体会。

实训目的：通过采访了解并制作礼仪应用案例分享，加深学生对商务礼仪的认识。

实训步骤：

(1)学生以小组完成采访后，设计制作 5 分钟左右的 PPT。

(2)各小组依次上台分享 PPT 内容。

(3)集体讨论。

(4)教师进行点评。

注意事项：

(1)收集文字、照片、视频等采访资料。

(2)整个采访过程(包括联系采访对象、采访中、采访结束后)，学生的态度端正，语言礼貌(多使用您、您好、谢谢、再见等用语)，着装得体。

(3)采访前列出采访提纲，提前到达约定地点，采访结束后道谢。

第二章
商务形象礼仪

本章导论

在商务交往中，商务人员的形象礼仪不仅反映了个人的精神面貌，也反映了个人的道德修养、文化素质和审美情趣。更重要的是，在某种程度上，它也代表了组织形象，甚至国家形象。心理学家认为，一个人对交流对象的印象和评价通常是在初次见面时(大约3秒钟)形成的。在见面后很短的时间内，他/她就对对方产生了独特的看法，这种瞬间的看法不仅形成之后难以改变，而且影响了双方沟通的密切程度。这在心理学上被称为"首因效应"。因此，商务人员注重个人形象礼仪，注重维护个人形象，这是保证双方正常商务沟通的基础。本章将带领大家认识和了解商务形象礼仪的仪容礼仪、仪表礼仪和仪态礼仪，以及如何应用和实践商务形象礼仪理论，打造高雅、大方、得体的职业形象。本章知识要点如图2-1所示。

本章引导案例

过分美丽的小杨

小杨去一家外企进行最后一轮总经理助理的面试。为确保万无一失，这次她做了精心的打扮。一身前卫的衣服、时尚的手环、造型独特的戒指、亮闪闪的项链、新潮的耳坠，身上每一处都是焦点。她的对手只是一个相貌平平的女孩，学历也并不比她高，所以小杨觉得胜券在握。但结果却出乎意料，她并没有被这家外企所认可。主考官抱歉地说："你确实很漂亮，你的服装搭配令我十分欣赏，可我觉得你并不适合干助理这份工作。"你知道小杨被淘汰的原因是什么吗？如果是你，你应该怎么穿衣打扮去参加面试？如果你面试成功了，你希望自己以怎样的个人形象出现在工作岗位上？

资料来源：编者根据相关资料整理得到。

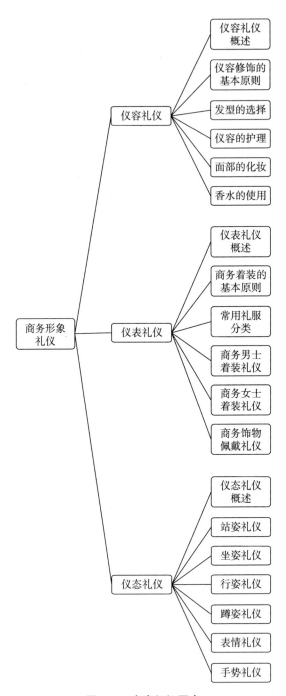

图2-1 本章知识要点

古今中外，个人的仪表体现着社会文化，体现着个人的文化修养与审美情趣，是身份、气质、内在素质的外在表现。从某种意义上说，穿着打扮是一门艺术，它所传达的情感与意蕴甚至难以用言语来表达。在各种正式场合，得体的着装展示仪表美，有助于提升个人魅力，留下良好的职业形象。注重仪表礼仪是每个事业成功者的基本素养。在商务场合，要给他人一种专业、稳重、可靠的个人形象。小杨非常重视这次面试，但是由于缺乏对商务仪表礼仪的认识，穿着打扮不符合自己的身份，由此导致了这次面试的失败。这是一个失败的仪表礼仪案例。

第一节　仪容礼仪

一　仪容礼仪概述

仪容是指人的外观、外貌。仪容礼仪主要包括发型的选择、仪容的护理、面部的化妆、香水的使用四大应用礼仪。仪容美有三个层次：一是自然美——基本层次。虽然人们不能仅从外表来判断美丑，但与生俱来的美丽外表无疑会让人赏心悦目。二是修饰美——提升层次。根据规范和自身条件，对仪容进行必要的修饰，扬长避短，塑造美丽的个人形象。三是内在美——最高层次。通过不断提高个人的文化艺术素养和思想道德水平，以培养高雅气质，陶冶美好心灵，内外兼修，表里如一。真正意义上的仪容是上述三个方面的高度统一，忽视其中任何一个方面都失之偏颇。

二　仪容修饰的基本原则

在商务场合进行商务交往时，仪容的修饰显得非常重要，它直接呈现的是一个人的精神面貌和礼仪素养，是"第一印象"。人们有必要将仪容进行修饰美化，以维护个人和组织形象。仪容修饰有以下四个基本原则：

（一）干净整洁

保持干净整洁是仪容整洁的首要条件。不管是谁，都更愿意和干净整洁的人打交道。商务人士应保持整洁、干净和清爽，做到"三勤"（勤洗澡、勤换衣、勤洗脸）；脸部、颈部、手脚都应保持清洁，无异味；经常清除眼角、嘴角和鼻孔的分泌物。

(二) 和谐统一

仪容美是一种整体的美，与周围环境分割不开。一个人的外表只有整体和谐，与活动场合和周围环境相称，才能体现出真正的外表美。真正懂得美的人，会综合考虑自己的外表、体型和职业，使之与活动场合和周围环境保持和谐统一。只有这样，才能塑造一个美丽的形象。当然，这种审美塑造能力需要良好的培养机制和长期的生活实践。

(三) 崇尚自然

仪容具有情感属性，从衣着上可以大致判断一个人的情感倾向。奇装异服只会让人感到眼花缭乱和反感，也会破坏人的自然美。"清水出芙蓉，天然去雕饰"，是人们对自然美的一种认知。例如，在商务场合中，女性应注意不要留长指甲，不要使用引人注目的指甲颜色。应注意，自然大方并不等于过于随意和邋遢。

(四) 注重修养

仪容美是人的内在美与外在美的统一。真正的美应该是一个人良好内在品质的自然表现。要想在人际交往中拥有良好的形象，给人留下良好的印象，就必须从文明礼貌、文化修养、道德情操、知识能力等方面不断提高自身修养。如果只有外表美而没有内涵作为基础，就会让人觉得矫揉造作，有"金玉其外，败絮其中"之感。

三 发型的选择

(一) 商务女性发型的选择

商务女性在职业场合可以选择多种发型，除了受到个人品位和流行时尚元素的影响外，还必须考虑个人具体情况(如脸型、年龄、身材和职业等)选择发型，力求流畅、简洁。

1. 脸型
人的头发长在头顶，下垂到脸庞，因此发型和脸型相辅相成。商务女性选择合适的发型，不仅能为脸型扬长避短，而且能体现发型和脸型的和谐美感。

2. 年龄

商务女性在选择发型时，要客观地面对自己年龄的实际情况。不要"以不变应万变"，使发型和年龄相去甚远，相互矛盾。例如，如果一位年轻女性把头发梳成马尾辫或辫子，彰显青春活力；但如果年龄偏大女性选择这种发型，则稍显幼稚。

3. 身材

对于高个子的女性来说，发型选择范围较多，比如长直发、烫发等。但要注意的是，发髻不宜过高，以免使人显得过于纤瘦。对于身材娇小的女性，可以通过视觉差异来延长身高，发型应以精致为主，可以选择短发和盘发，但头发不宜过于蓬松或过长，以免显得更加矮小。

4. 职业

商界对所有从业人员的基本要求是：庄重和保守。当商务女性设计发型时，需要实现这一基本要求。如果留长发，建议将其盘起来或扎起来，彰显专业和干练。比较适合商务女性的发型包括精神短发、利落马尾、可爱丸子头（多适用于年轻女性）、适宜的烫卷发和清新盘发等。

（二）商务男士发型的选择

商务男士发型风格也要与自己的职业相协调。从事不同职业的人，可以有不同的风格。例如，从事互联网技术（IT 行业）和时尚行业的男士，适合比较个性和时尚的发型；但如果从事律师行业或在银行工作，最好选择保守的发型。男士发型的选择还要注意与场合、脸型等相协调。以下提供几种男士发型：

1. 无刘海短发

初入职场，无刘海式的短发设计较显男士的干练气质。以 4 厘米左右长度为佳，轮廓分明，样式保守整洁，修剪得体，两侧鬓发不得长于耳垂底部，后面不超过衬衣衣领底线，前面不遮盖眉部，即前不及眉、旁不遮耳、后不及衣领。同时不能留长发、大鬓角；不留络腮胡子或小胡子。干练的短发，加上比较休闲的衣服，会让整个人充满活力，给人一种积极向上的感觉，让职场上的人对其另眼相待。乌黑的露额短发设计，以简单的偏分造型与颊光式的造型设计相搭，这种清新自然的发型再搭配上白色衬衫会更显职场魅力。

2. 大背头发型

这是很多明星或者普通潮人都愿意尝试的造型，带点莫西干风格的发型更显个性，造型感十足，更显男士自信霸气的一面，如果你所在的公司是比较随性的，那么这种发型会让你更有个性，且更容易让人记住。不过，这种发型很考验个人颜值，如果驾驭不了还是尽量避免。

3. 板寸头

一直以来板寸头都是中年男士比较喜欢的简单发型，头型清爽，很方便，不需要过多打理就非常有魅力。干净的短发，穿上正装很有商务老板的风格。

四 仪容的护理

仪容护理主要包括眼部、唇部、鼻子、颈部、脸部、手部和足部等身体部位的精心呵护。

(一) 眼部护理

眼睛是心灵的窗户，一双漂亮的眼睛是每个人梦寐以求的。但眼部周围的皮肤很容易老化起皱，所以护理眼部就显得十分重要。护理眼部可常用手指从内到外轻轻按摩，也可以做眼保健操。21：00 以后不要大量喝水，以免第二天眼部浮肿。人们为了矫正视力、保护眼睛或追求时尚，常常会戴眼镜。在佩戴眼镜的时候，要注意眼镜的质量和款式是否适合自己。同时要保持眼镜的清洁，尤其是隐形眼镜，应经常清洗，不要被细菌感染。

(二) 唇部护理

唇部的护理首先应当注意口腔卫生，避免产生口臭等异味。从保健卫生的角度出发，每天应当刷牙 3 次，至少保证每天早晚各刷一次，同时，每次饮食过后要漱口。这样才能有效清除口腔内的异物，减少细菌的危害，保护牙齿的健康，也可以防止唇部的溃烂。在秋冬干燥的环境下，嘴唇容易开裂爆皮，要常用润唇膏涂抹嘴唇，以保持双唇的滋润和舒适。

(三) 鼻子护理

鼻子周围毛细血管众多，不要用劲挤压鼻梁，以免使鼻子周围生疮、爆皮，甚至出现"黑头"。要及时清理鼻孔里的鼻垢，修剪鼻毛。在清洗鼻梁或涂抹护肤品时，动作要轻，以免损伤鼻子的皮肤组织。

(四) 颈部护理

颈部容易成为人体显现年龄的部位，颈部护理可以做颈部保健五步操，即身体端坐，两手自然垂下，第一步，头尽量前倾后仰；第二步，头向左右两侧摆动；第三步，头向左右两侧扭动，眼睛尽量向后看；第四步，头向左、向右做圆周式的环绕；第五步，耸肩缩脖。每步重复做，每天做 5 次，每次做 5 分钟。之后，辅之以颈部按摩。这样不仅可以锻炼颈部、除皱、光润皮肤，还可以防止颈部骨质增生，有利于大脑供氧、供血的畅通。

（五）脸部护理

脸部肌肤裸露在外，经受风吹日晒，所以每天早晚最好都用洗面乳清洁一次，然后涂抹乳液和面霜。油性肌肤最好选用质地清爽的乳液；干性肌肤则适合质地滋润的面霜。在涂抹乳液或面霜时，用中指和无名指的指腹，以按压的手法由下向上抹，但涂抹鼻子时，方向则应由上向下抹。精华液是一种浓度更高、滋养能力更强的护肤品，通常含有较多的活性分子，且分子小，渗透力强，有防衰老、抗皱、保湿、美白和祛斑等功效，涂抹方法与乳液、面霜相同。

（六）手部护理

人们在商务交往中，常常要握手、拥抱、递送名片和端茶递水等，手成了重要的交际工具。客人也会通过接触我们的手来观察一个人的生活态度和卫生习惯，判断一个人的文明程度。手的护理有以下几个步骤：一是要勤于洗手、修剪指甲，保持手的清洁；二是常擦护手霜，保持手的柔软、细嫩；三是涂抹同指甲颜色相近或者无色的指甲油，使指甲富有光泽。

（七）足部护理

虽然足部不是常年裸露在外的部位，但也一样要注意适时适度的保养与修饰。首先，要注意保持脚部清洁，做到勤于洗脚、勤换袜子、勤换鞋子，以免使脚产生异味，甚至患脚气病等。在人际交往中，有时在室内需要换拖鞋才能进入，干净整洁无气味的双脚不会令人生厌，也不会令彼此尴尬。其次，要经常修剪指甲。要像检查、修剪手指甲一样，经常检查并修剪脚指甲。最后，女士在夏天穿凉鞋时，如果在一般场合不穿袜子，可以美化脚指甲，但注意涂抹的颜色要自然协调。

五　面部的化妆

化妆是用化妆品来修饰自我。在重要场合和社交场合，女性化妆是最基本的礼貌。化妆品分为美容产品、美发产品、护肤产品和除臭剂产品。化妆是礼貌，是尊重交际对象和他人，也是自尊自爱的表现。

（一）化妆原则

化妆的原则包括以下三点：

1. 自然

化妆的基本要求是自然，妆成后似有却无，力求给别人天生丽质的感觉。不宜在商务交际场合化舞会妆、浓妆。唇彩应该考虑服装搭配和肤色，眼影过渡自然，不宜化烟熏妆。一般来说，化妆包括晨妆、晚妆、工作妆、社交妆和舞会妆等形式，其浓淡强度有别。化妆的浓淡需根据时间和场合选择。工作妆应该简约、美丽、优雅，而舞会妆可以浓艳。

2. 和谐

和谐主要指整体和谐，与环境和谐，与身份和谐。

（1）整体和谐包括三个部分：首先，化妆品之间是和谐的，最好是成系列、成套使用。因为不同品牌化妆品的香味类型往往不同，有时会造成冲突，无法取得好的效果。其次，化妆的各个部位也要和谐，眼影、腮红、唇部的颜色要过渡好。最后，妆容要与服饰和谐。如穿礼服一定要化妆，否则整个人气色不佳，与礼服不搭。

（2）与环境和谐。即妆容应区分各种场合并与之保持和谐一致。

（3）与身份和谐。即妆容应符合身份，对自己的身份要有准确的认识和定位。如受邀参加婚礼时，注意装扮有度，不可抢了新娘的风采。

3. 扬长避短

通过化妆突出和美化脸部富有美感之处，掩盖脸部不足，从而达到最佳的化妆效果。商务和工作场合要求妆容庄重保守，不求时尚前卫。化妆应符合传统审美标准。

（二）化妆禁忌

商务人员化妆时应注意避开以下五个禁忌：

1. 忌当众化妆或补妆

不要在公共场合化妆，不要在他人面前化妆或随意补妆。在公共场合众目睽睽之下修饰面容是非常失礼的行为。可以选择更衣室、洗手间进行补妆、化妆。聪明人永远不会在异性面前化妆，因为这样会让他人看到自己的"本色"，让自己黯然失色。

2. 忌化妆妨碍他人

以过度或过浓妆容示人，或者涂抹过量的香水，令人无法呼吸。这种"过量"的化妆，对他人来说是一种妨碍。

3. 忌妆容残缺

如果商务人士化了彩妆，需要有始有终，尽力保持其完整性。用餐之后、休息之后、喝水之后，要经常检查。如果发现妆面有残缺，应采取必要措施及时补救，否则会给他人造成做事缺乏条理、为人懒惰、不善自理的不良印象。

4. 忌用他人的化妆品

使用别人的化妆品很可能成为传播疾病的一种方式。为了自己和他人的健康，不要借用别人的化妆品。小心感染传染病和皮肤病，皮肤敏感的人应特别注意。

5. 忌评论他人的妆容

化妆与否是个人的选择，化妆技巧的高低也是个人的水平体现，应该尊重他人的选择和水平。不应对他人的妆容进行自以为是的评论和非议，更不能嘲笑讥讽。

(三) 化妆基本步骤

化妆包括以下九个基本步骤：

1. 洁面

化妆前必须要进行面部清洁，这项工作十分重要。首先，用洗面奶等清洁类化妆品洗脸，用清水冲净。其次，用化妆棉蘸化妆水轻拍肌肤，待化妆水干后再依序涂以护肤类化妆品，如精华液、乳液、护肤霜、美容蜜等。使用这类基础化妆品的目的有两个：一是润泽皮肤；二是起到隔离作用，防止带颜色的化妆品直接进入毛孔。做好角质清理及按摩，以帮助血液循环良好。

2. 施粉底

使用粉底的目的是遮盖皮肤的瑕疵，统一皮肤色调。根据自己的肤质来选择隔离霜及粉底液颜色，同时应根据自己的脸型施以粉底，突出面部的优点，修饰其不足。要选择接近自己肤色的粉底，否则会让人感到失真。最好是选用两种颜色的底色，在脸部的正面，用接近自己天然肤色的颜色，均匀地、薄薄地涂抹；在脸部的侧面，可用较深底色，从后向前，由深至浅均匀地涂抹。因为深色有后退和深陷的作用，这样做可以增强脸部立体感。在面部需要表现后退和深陷的部位都可以巧妙、自然地使用深底色。打底时最好使用化妆海绵，切勿用手，因为手无法伏贴，推出来的妆会厚薄不均，化妆海绵能在肌肤上薄薄地、均匀地推开。顺序是将粉底霜抹在额头、两颊、鼻梁和下巴，用化妆海绵由内向外抹匀，特别注意发际、鼻侧、鼻翼下、唇角和眼角的涂抹。

3. 修饰眉毛

眉毛的修饰应根据人的脸型特点来确定眉毛的造型。一般是先用眉笔勾画出轮廓，再顺着眉毛的方向一根根地画出眉形，最后把杂乱的眉毛拔掉。女士在修眉时，不要把眉毛修得过细或过粗，过短或过长，过弯或过直。切记不要因为修眉或描眉不当，而使自己显得妖艳或刁钻。一般来看，向心眉显得局促；离心眉显得懈怠；吊眉显得严厉；重眉显得忧郁、杂乱；淡眉显得冷漠。

4. 涂眼影

眼睛是脸上最引人注意的部位。通过涂眼影来为眼部着色，加强眼睛的立体感。眼影有膏状与粉质两种，颜色有亮色和暗色之别。亮色的使用效果是突出、宽阔；暗色的使用效果是凹陷、窄小。眼影色的亮暗搭配，在于强调眼睛的立体感。眼影色彩应力求清淡，尤其是在白天或夏天，颜色不宜过重，上班日、宴会或聚会时不可浓妆艳抹。在职业场合眼影可选择大地色系，如棕色系、褐色系、杏色、藕荷色等温暖、淡雅的颜色。

5. 画眼线

在比较正式或特别的场合，还可为自己画上流行的眼线，增加立体感及神秘的色彩，用眼线笔勾描上、下眼线。眼线液适合浓妆或晚妆使用。画的方式是在最靠近眼睫毛处，沿着睫毛的根部，第一笔从中间1/2处开始，由内往外画线，画出向上拉提的线条。

6. 刷睫毛膏

涂完眼影后一定要刷上睫毛膏，不要小看这轻轻一抹，卷翘浓密的睫毛除了能增添双眸神采外，还会让你的眼睛看起来更大，更有精神。平时上班睫毛膏不宜刷得太浓。在化晚妆时，则可以稍微浓密一些。睫毛膏刷好后不应用力眨眼，最好保持固定不动，以免沾染到脸上。等睫毛膏快干时，可用睫毛梳将多余部分清除，也有定型的效果。

7. 涂腮红

涂腮红既能调整脸型，又能使面部呈现红润健康和立体感。涂腮红的部位以颧骨为中心，根据每个人的脸型而定。腮红的颜色要与眼影、口红色彩相对统一，还要根据肤色、年龄、着装和场合而定。在涂腮红时，内侧不超过眼睛的中线，外侧不超过耳中线，下侧不要超过鼻翼。具体方法：用大号毛刷向鬓发方向刷，颧骨下侧从鬓发边向颧骨方向刷。腮红不宜涂得太浓，与眼角处保留一手指宽度。

8. 涂口红

口红是女性化的象征，是最有精神的点缀。口红按质地可分为唇膏、唇釉、唇彩、唇笔和染唇液等；按效果可分为润泽、哑光、珠光等；按颜色可分为暖色调、冷色调和中性色调。要根据肤色、年龄等选择口红。在涂口红时，先要选择口红的颜色，颜色的选择要搭配服饰和眼影。可以根据嘴唇的大小、形状、薄厚等用唇线笔勾出理想的唇线，然后再顺着唇形涂好，唇线要略深于口红色，口红不得涂于唇线外，唇线要干净、清晰，轮廓要明显。也可以用唇刷、手指或用唇膏直接涂在下唇上，然后抿嘴，使下唇的颜色自然地分布在上嘴唇。选择适合的口红，为美丽加分。

9. 定妆

定妆粉俗称蜜粉、散粉，一般都含精细的滑石粉，可吸收面部多余油脂，令妆容更持久、精致。用粉刷蘸取适量的定妆粉，轻轻扑在脸上。皱纹较多或面部表情丰富的人不宜扑过量的蜜粉，以免使脸部的细纹凸显以及因肌肤过度苍白而不自然。扑粉时，最好从眼部下方的三角开始，然后再蔓延到其他部位，不能从"T"字部位开始，否则容易掉妆。为了增加妆容的持久性，可在定妆粉之后喷定妆喷雾定妆。或者免去定妆粉，直接用定妆喷雾定妆。

以上九个步骤完成后，要全面检查一下整体的化妆效果，在光线较明亮的地方察看妆有没有不均匀，脖子跟脸上的肤色会不会差很多。尽量不要显露出修饰的痕迹，高明的化妆师有妆若无妆，检查一下妆容与衣着、发型是否协调，与自己的身份、气质、年龄以及场合是否相宜。如果一切都完美无瑕，那么装扮自己的任务就完成了。

(四) 卸妆的步骤

卸妆的正确步骤是非常重要的，如果卸妆不彻底会导致肌肤慢慢地受到化妆品的摧残，变得暗沉粗糙，产生很多肌肤问题。

1. 眼部卸妆

第一步，将化妆棉浸透卸妆品，轻轻按在眼皮上3~5秒，然后向外轻轻擦去眼妆。第二步，用化妆棉边角轻拭睫毛根部，去除残留的眼线和睫毛膏。如果使用了防水型睫毛膏，则需要进一步清洁，可用棉签滚动擦拭。

2. 唇部卸妆

第一步，用纸巾轻压嘴唇，吸掉唇膏里的油分，做初步清洁。第二步，用蘸满卸妆油的化妆棉轻敷唇部30秒左右，溶解唇妆。第三步，微笑以舒展唇纹，再用化妆棉轻拭，卸除唇纹内和嘴角的残留彩妆。第四步，唇妆卸掉后，嘴唇会处于相对缺水的状态，最好能尽快涂抹润唇膏保湿，以免加深唇纹。

3. 脸颊卸妆

第一步，给肌肤升温。卸妆前可先用热水冲手，提升掌心温度，但注意要擦干湿手再开始卸妆；可将卸妆品挤在手心或化妆棉上，记得加入按摩动作，充分按摩可有效打开毛孔溶出彩妆，同时避免毛孔粗大。第二步，清洁死角。鼻翼两侧、发际、鬓角、唇周等都算易疏漏的"死角"处，将面部卸妆后别忘记这几处再清洁一下。第三步，用大量清水清洗干净。在脸颊完成卸妆后，可用清水洗净脸部，确保无化妆品残留。

4. 全脸清洁

卸妆完成后，再使用质地温和的洁面乳进一步清洁。面部清洁完成后，可及时补充水乳和精华(如敷补水面膜)，使脸部肌肤保持水润。

六 香水的使用

香水被誉为"液体的钻石"。在商务交往中，使用正确的香水，可以成为专属符号，给对方留下深刻的印象，让香水成为商务人士特别的"气味名片"。

(一) 香水的分类

香水是将香料溶解于乙醇中的制品，有时根据需要加入微量色素、抗氧化剂、杀菌剂、甘油、表面活性剂等添加剂。香水具有芬芳浓郁的香气，主要作用是喷洒于衣襟、手帕及发际等部位，散发怡人香气，是重要的化妆品之一。香水按照香精浓度分成五大类，即香精(浓香水)、淡香精(香水)、淡香水(淡香露)、古龙水和清香水，具体如表2-1所示。

表2-1　香水的分类及区别

种类	香精浓度	保持时间	适用场合	价格等级
香精(浓香水)	15%~25%	5~7小时	晚宴、舞会	5(最昂贵)
淡香精(香水)	10%~15%	5小时左右	白天宴会、外出	4
淡香水(淡香露)	5%~10%	3~4小时	办公室、日常	3
古龙水	3%~5%	1~2小时	男性沐浴后或运动前后	2
清香水	1%~3%	1小时左右	刮须水、体香剂等	1(最便宜)

资料来源：徐建华，罗阿玲. 现代商务礼仪教程[M]. 北京：科学出版社，2016.

1. 香精(Parfum)

一般习惯称为浓香水，香精浓度为15%~25%，香气可持续时间为5~7

小时，香精浓度最高，香味品质最好，香味持续时间长。通常只需一滴就能派上足够的用场。大部分香精为女性香水才有，男性香水较少有香精等级。适合夜晚外出或宴会、正式场合使用。售价非常昂贵，常见的香精包装容量为7.5毫升、10毫升、15毫升。

2. 香水(Eau de Parfum, EDP 或 E/P)

又称香氛，一般习惯称淡香精，浓度为10%~15%，香气可持续时间为5小时左右。与香精相比在量和价格上比较划算，这也是香水受欢迎的秘密所在。女士用的香水较多，适合白天的宴会或外出时使用。香水爱好者较多地使用这一等级的香水，常见的包装容量以30毫升及50毫升居多。

3. 淡香水/淡香露(Eau de Toilette, EDT 或 E/T)

浓度为5%~10%，香气可持续时间为3~4小时，是近年来最受欢迎的香水种类。香味的变化较为柔和、清爽，适合在办公室和日常使用及刚开始接触香水的使用者使用。国内一般习惯称其为淡香水而不叫淡香露。常见的容量为30毫升、50毫升、75毫升及100毫升。

4. 古龙水(Eau de Cologne, EDC 或 E/C)

在欧洲，男性香水大多属于这个等级，而女性香水中这个等级的非常少，所以古龙水几乎成了男性香水的代名词，因此在国内，许多人都以为古龙水是男性香水的意思，其实不然。古龙水的浓度为3%~5%，香气可持续时间为1~2小时，成分主要是酒精和蒸馏水，所用酒精浓度在60%~75%，香料浓度低，香水的量和价格最为经济，可以尽情地喷满全身。古龙水使用起来较为爽快，有使人焕然一新的感觉，适合男人沐浴后、运动前后使用。请注意，古龙水不是一个品牌而是一个香水的级别。

5. 清香水/清凉水(Eau Fraiche)

香精含量最低，在1%~3%。香味持续时间为1小时左右，刮须水和体香剂都属此类。多为单花香型，极少用于喷洒或涂抹，个别人用来喷厕所或当空气清新剂。

(二)香水的使用原则

香水以迷人的芬芳给使用者增添风采，使其充满自信，也给交往对象带来清香，使其好感倍增。但是香水的使用有一定的原则，如果滥用香水，不仅达不到增添美的效果，反而让人心生厌恶，感到俗不可耐。因此，在使用香水时，注意以下六项原则：

1. TPO 原则

香水的使用应注意 TPO 原则(时间、地点、场合)。工作时，应尽量使用清淡、中性的香水。郊游和运动时应使用清爽的香水。晚餐时使用淡香水比较好。跳舞时，最好在腰部和裙子下面部分喷香水。

2. 与化妆品香味协调

随着香料科学的发展，除香水外，护肤、护发、洗涤用品都在使用大量的香水。使用香水时，注意香味应与这些气味相协调。建议在洗头和沐浴1小时后喷香水。为了充分表达个人品位和个性，可购买使用无香味的洗漱用品，以确保香水的纯度。

3. 出门前20分钟使用

大多数香水分为前调、中调和后调，前调持续时间约为10分钟，中调持续时间约为2小时，这是香水的灵魂时段。后调时间为2小时或更长时间，与肌肤融合后的香味就是这款香水的独特香味，称为后味，即所谓的余香或体味。鉴于香水的特点，建议出门前20分钟使用，以给人最完美的香味。

4. 避免阳光直射

紫外线会引起香水有机成分的化学反应，引起皮肤过敏。使用香水时，应注意涂抹部位避免阳光直射。

5. 不要直接接触金银首饰

香料是有机成分，容易与金、银和珍珠发生化学反应，造成饰品褪色和损坏，因此香水不能直接喷在饰品上。建议可以先喷香水，再佩戴首饰。

6. 避免使用廉价的劣质香水

廉价的劣质香水气味刺鼻，在社交场合易让人产生不悦。

(三) 香水的使用方法

香水能放松自己，展现个人品位和成就感。以下提供三种香水使用方法，分别为喷雾法、七点法、穿衣法。

1. 喷雾法

穿衣服前，将香水喷雾器距离身体10~20厘米处喷洒香水，喷洒范围越宽越好，然后以站立或转圈的方式待在香雾中10~30秒钟。或者把香水喷到空气中，然后慢慢地穿过薄雾。这样可以使香水均匀地洒在身上，留下淡淡的清香。这种方法比较费香水。

2. 七点法

先在左右手腕动脉处喷洒香水，双手中指和无名指触碰对应的手腕动脉(第一点)；然后轻轻触碰双耳后侧和后颈部(第二点)；轻拢头发，并在头发末端停留一段时间(第三点)；用双手手腕触碰相应肘部的内侧(第四点)；将香水喷在腰部左右两侧(第五点);用手指触摸腰部,然后用手指触摸膝盖内侧(第六点);脚踝内侧(第七点)。

3. 穿衣法

许多人喜欢让自己的衣服也有香水的味道,可以在衣服上喷洒香水。但需注意,高浓度的香水对衣服有一定的伤害,不能直接接触到衣服。普通香水可以少量喷洒在衣领、裙摆等部位。

礼仪知识巩固

判断题(正确的做法画√,错误的做法画×)

(1)王女士在一家高级餐厅等朋友共进晚餐,朋友还没有到,王女士拿出自己的化妆包开始补妆。(　　)

(2)男士应养成每天修面剃须的好习惯。(　　)

(3)现代商务场合,男士可以通过化妆来修饰面容以提升自信,表达对对方的尊重。(　　)

★ 礼仪案例分析

会打扮有形象　勤工作获好评

小赵是某高校人力资源管理专业高才生,毕业后就职于一家公司做HR。为适应工作需要,上班后,她毅然放弃了"青春少女妆",化起了整洁、漂亮、端庄的"白领丽人妆"(不脱色粉底液,修饰自然、稍带棱角的眉毛,与服装色系搭配的灰度高偏浅色的眼影,紧贴睫毛根部描画的灰棕色眼线,黑色自然型睫毛,再加上自然的唇型和略显浓艳的唇色),虽化了妆,却好似无妆,整体妆容清爽自然,尽显自信、成熟、干练的气质。但在公休日,她又来了个大变脸,化起了久违的"青春少女妆"(粉蓝或粉绿、粉红、粉黄、粉白等颜色的眼影,彩色系列的睫毛膏和眼线,粉红或粉橘的腮红,自然系的唇彩),看上去娇嫩欲滴,鲜亮淡雅,身心倍感轻松。心情好,自然工作效率就高。工作一年来,小赵以得体的外在形象、勤奋的工作态度和骄人的业绩,赢得了公司同事的好评。

资料来源:编者根据相关资料整理得到。

分析讨论:

1. 如何评价小赵的两种妆容。

2. 谈谈职场中化妆的重要性和必要性。

礼仪实训 2-1-1 学生仪容互查

实训内容：由学生两两组合进行仪容的互查，至少持续 5 周。

实训目的：提高学生的仪容礼仪意识，帮助学生养成仪容整洁的好习惯。

实训步骤：

(1)上课后，利用 5~10 分钟让学生以两人为一组，组合性别不限，但不可重复组合，即学生甲和学生乙只能互查一次。

(2)操作时两人相隔一臂距离，面对面进行仪容互查。

(3)根据如下的检查项目打出相应的分数并签名(见表 2-2)。

检查项目及要点(每项 10 分)：

①整体清新整洁；②发型合格，头发干净；③脸部干净；④耳朵清洁；⑤鼻毛不外露；⑥口气清新；⑦手干净温润；⑧指甲合格；⑨衣领干净挺括；⑩身体气味清新。

表 2-2　仪容互查检查

检查项目	第 1 次检查得分	第 2 次检查得分	第 3 次检查得分	第 4 次检查得分	第 5 次检查得分	总评
整体印象 10 分						
头发 10 分						
脸部 10 分						
耳朵 10 分						
鼻子 10 分						
口腔 10 分						
手 10 分						
指甲 10 分						
衣领 10 分						
气味 10 分						
总分						
检查人姓名						
检查日期						

注：此表由被检查人自行打印，每次互查结束后自行保管，等候提交通知，作为课程学习成果证明和期末考查成绩来源。

第二节　仪表礼仪

一　仪表礼仪概述

仪表着装是人体形象的延伸，包括衣服、裤子、裙子、帽子、鞋、包等。在商务场合中，服饰不仅起到御寒、美化自己的作用，而且有助于人们建立自信，展现个人气质、品位、个性、社会经济地位和企业形象。商务仪表礼仪是指一个人的仪表要与其年龄、体形、职业和所在的商务场合吻合，表现出一种和谐，这种和谐给人以美感，从而增进彼此好感。在商务场合，商务人士的服饰和打扮是否得体关系到其所在组织的整体形象，仪表礼仪对商务人士的服饰和着装有着明确的要求。

二　商务着装的基本原则

（一）TPOP 原则

从礼仪的角度来看，着装能体现仪表美，除了整齐、整洁、完好外，还应同时兼顾"TPOP"原则。TPOP 是四个英文单词的缩写，分别表示时间（Time）、地点（Place）、目的（Objective）、个性化（Personal），即着装应与当时的时间、地点和场合相协调，还应体现个性化特征。

1. 时间原则

在着装时要考虑时间因素，随"时"更衣。在工作时间段，应根据服务对象和工作场景，以体现专业、庄重为原则，不宜标新立异、打破常规。夏季应以清爽、简洁的着装为主，而褶皱过多、色彩过重的衣物不仅使本人燥热难耐，也会影响客户的感官，从而降低工作效率。冬季应以保暖、轻便的着装为主，避免臃肿不堪，也不能"只要风度，不要温度"。例如裙装，夏季应穿面料轻薄的，而冬季应穿面料较厚的，如毛呢面料。男士拥有一套很好的深色西装或中山西装，几乎适用所有场合。而女士的衣服则应随着时间的推移而改变。白天工作时，女性应穿正式西装，以体现职业精神；如果在晚上参加鸡尾酒会或者商务聚会，那么必须增加一些装饰，例如，换一双高跟鞋，戴上闪亮的饰物，系上漂亮的丝巾等。此外，服装的选择也应适合季节性气候的特点，并跟上潮流。

2. 地点原则

根据所处位置、场所不同，着装也应相应予以区别，特定的环境配以相协调的服饰。如在办公场所，需穿着职业正装；但在户外公司举办的联谊活动，则需穿休闲装。会见客户和参加正式会议时，着装要庄重；如果去听音乐会或观看芭蕾舞表演时，应该像往常一样穿正式的衣服。当出席正式宴会时，女士应穿中式旗袍或西式长裙及晚礼服。在朋友聚会和郊游等场合，衣服应该轻便舒适。试想一下，如果每个人都穿休闲服，而你却穿着职业套裙，显然不太合适。同样，如果你穿着便服参加正式宴会，那么显得不尊重主人。在正式场合，即使是夏天，女士也不宜穿着露脚趾的皮鞋。在公司年会或其他庆典活动中，服饰应不同于职业装的沉稳，可选择鲜明的颜色，并佩戴饰品。只有与地点、场所的氛围相一致，才能更好地展现自我。

3. 目的原则

从目的来讲，人们的着装往往体现着其一定的意愿。即自己对着装留给他人的印象如何，是有一定预期的。着装应适应自己扮演的社会角色。服装的款式在表现服装的目的性方面发挥着一定的作用。如为了表达自己悲伤的心情，可以穿着深色、灰色的衣服。一个人身着款式庄重的服装前去应聘新职、洽谈生意，说明其郑重其事、渴望成功。而在这类场合，如果选择款式暴露、性感的服装，那么表示其自视甚高，对求职和生意的重视远远不及对其本人的重视。

4. 个性化原则

着装时可依据个人的性格、年龄、身材、爱好、职业等要素，力求反映个性特征。选择服装因人而异，力求展示所长，遮掩所短，显现个性魅力和最佳风貌。现代人的服饰呈现出越来越强的表现个性的趋势。个性化原则有三个要点：一要注意时代特点，体现时代精神；二要注意个人性格特点；三要符合自己的身体条件。

(1)公务场合。在处理办公室公务、参加会议、进行商务谈判与签约、出席典礼仪式时，着装的基本要求是庄重保守，男士要穿正装，女士要穿套装、套裙，还可以穿制服。如果天气炎热，或者没有套装和制服时，也可以穿长衣、长裤、长裙，但不能穿短裤、短裙、拖鞋、凉鞋等休闲场合穿戴的服饰。

(2)社交场合。社交场合指的是宴会、舞会、音乐会和朋友之间的聚会，以及各种各样的聚会沙龙。在这种场合的着装要求是时尚、个性、与众不同。

工作场合讲究的是庄重保守、整齐划一，以表现团队精神。而社交场合的要求是与众不同，突出时尚与个性化特征，可以穿时装、礼服、民族服装等。如果打扮得过分正规，反而不适宜。

（3）休闲场合。休闲场合指的是在家休息、观光旅游、逛街购物、健身锻炼等个人活动场合。在这种情况下，着装的基本要求是舒适、自然。只要不触犯法律，不违背伦理道德，自己感觉随意就好。如牛仔服、运动装、沙滩装、T恤、短裤、短裙、拖鞋等，随便怎么穿都行。不要穿得太正规，否则与所处的环境和表现的仪态不协调。

（二）整体性原则

搭配得体的服饰必须从整体考虑服装的款式、色彩、质地、配饰、工艺等方面的和谐。穿西装，必须穿不露脚趾的皮鞋，不能穿休闲的凉鞋、旅游鞋、拖鞋或布鞋等；也不可穿着西服上衣，系着领带，下身则穿着运动裤、短裤等休闲装。服饰的效果只有整体和谐，才能显出一个人良好的气质。

1. 合"礼"原则

合"礼"，即要符合礼仪规范。例如，在喜庆场合不宜穿得素雅、古板；在庄重场合不能穿得太宽松、随便；在悲伤场合不能穿得鲜艳。服装和配饰的搭配要尊重他人。例如，电视台新闻联播的女播音员穿着庄重，可其佩戴的漂亮的吊坠耳环却随着播音不停地晃动，让观众烦躁，这是对观众的不敬，是不合"礼"的行为。

2. 三色原则

三色原则是选择正装色彩的基本原则。它要求着装的色彩整体上以少为宜，最好控制在三种颜色以内。这样可使正装保持庄重、保守的整体风格，同时使正装在色彩上显得规范、简洁、和谐，从而提升西装的档次。

（三）适己原则

着装除了要注意 TPOP 原则之外，还要注意适己原则，不过分照抄别人的搭配，总体表现为以下六个方面。

1. 与性别、年龄相适宜

着装应与自己的性别、年龄相适宜。例如，男士不适合选择颜色过于鲜艳、有花朵图案的服装；中老年女士不适合穿短裙。

2. 与体型相适宜

着装应与自己的体型相适宜。着装在颜色、款式方面选得好，可以很好地体现个人体型的优点或者遮盖体型的缺陷。例如，脖子短的女士就不适合穿高领的礼服,肥胖者不适合穿收腰紧身衣。

3. 与肤色相适宜

着装应与自己的肤色相适宜。皮肤白皙者可以穿各色衣服;皮肤偏暗或发红者最好不要穿深色服装;皮肤发黄者,最好不要穿黄色系服装。

4. 与个性气质相适宜

着装应与自己的个性气质相适宜。每个人的气质都不一样,搭配得好,服装会彰显我们的气质;搭配得不好,就会适得其反。例如,如果一位气质端庄稳重的女士穿着颜色艳丽、活泼可爱的裙装,就会让人感觉不协调。

5. 与职业身份相适宜

着装应与自己的职业身份相适宜。行业不同,身份不同,着装也应不同。

6. 与妆容、配饰相适宜

着装应与自己当天的妆容、配饰相适宜。商务场合衣着应简单大方,配合淡妆,配饰也不能太多,彼此和谐为一体。

三 常用礼服分类

商界人士参加十分隆重的会议、宴会及欣赏高雅的文艺演出时,为体现自身形象和表示对他人的尊重,应穿着礼服出席。当今,虽然许多国家对于服饰的要求有逐渐简化的趋势,但商界人士仍要对礼服做必要的了解,以便选择和这类场合相协调的礼服。

(一) 男士礼服

男士礼服分为晨礼服、小礼服、大礼服和中山装等。

1. 晨礼服

晨礼服,又名常礼服。为日常穿的礼服,上装为灰色、黑色,后摆为圆尾形,其上衣长与膝齐,胸前仅有一粒扣,下装为深灰色条纹裤子,一般用背带;着装时配白衬衫,灰色、黑色、驼色领带,可穿黑袜子、黑皮鞋,可戴黑礼帽。晨礼服是白天穿的正式礼服,适合参加典礼、婚礼等活动。

2. 小礼服

小礼服,也称小晚礼服、晚餐礼服或便礼服。这是晚间聚会最常用的礼服,其上衣与普通西装相同,通常为全黑或全白,衣领镶有缎面,下装为配有缎带或丝腰带的黑裤;系黑领结,穿黑皮鞋,一般不戴帽子和手套。这种礼服适用于晚上举行的宴会、晚会、音乐会等场合。

3. 大礼服

大礼服，也称燕尾服。黑色或深蓝色上装，前摆齐腰剪平，后摆剪成燕尾状，翻领上镶有缎面；下装为黑色或蓝色配有缎带、裤腿外侧有黑丝带的长裤，一般用背带；系白领结，可戴大礼帽配黑皮鞋、黑丝袜，戴白手套。大礼服是一种晚礼服，适合于晚宴、舞会和招待会等场合。

4. 中山装

中山装是中国男士的传统服装，适用于一切正式场合。商界男士可穿一套合身的上下同质同料的毛料中山装，配上黑皮鞋。注意中山装的风纪扣和封闭式领口，以及上下左右共 4 个衣袋，在穿着时，要扣好扣子和领钩，衣袋不要装得鼓鼓囊囊。

(二) 女士礼服

女士礼服分为晨礼服、小礼服、西式大礼服和旗袍等。

1. 晨礼服

晨礼服，也称常礼服。晨礼服均为质料颜色相同的上衣与裙子，也可以是单件连衣裙，一般以长袖为多，同时肌肤暴露得很少，可戴帽子和手套，也可携带一只小巧的手包或挎包。晨礼服主要在白天穿，适合于参加在白天举行的庆典、茶会、游园会和婚礼等。

2. 小礼服

小礼服，也称小晚礼服或便礼服。一般为长至脚背而不拖地的露背式单色连衣裙式服装，其衣袖有长有短，着装时可根据衣袖的长短选配长短适当的手套，通常不戴帽子或面纱。小晚礼服的地位仅次于大礼服，主要适合于参加 18：00 以后举行的宴会、音乐会或观看歌舞剧时穿着。

3. 西式大礼服

西式大礼服，也称大晚礼服。这是一种袒胸露背的、拖地或不拖地的单色连衣裙式服装，可配以颜色不同的帽子或面纱、长纱手套以及各种头饰、耳环、项链等首饰。大礼服适合于官方举行的正式宴会、酒会、大型正式的交际舞会等场合。

4. 旗袍

旗袍是我国女士的传统服装，它的线条明朗、贴身合体，充分展现了女性的曲线美。现代旗袍更是我国女士最为理想的礼服，甚至连一些外国女士也争相穿着。旗袍紧扣的高领给人以雅致而庄重的感觉，微紧的腰身体现出腰臀的曲线，特别是两边的开衩，行走时下角微微飘动，具有优雅之感。穿着旗袍可配高跟或半高跟皮鞋，或配面料高级、制作讲究的绒布鞋。

四　商务男士着装礼仪

西装又称西服、洋服。它起源于欧洲，目前是全世界流行的一种服装。正装西装的造型典雅高贵，它拥有开放适度的领部、宽阔舒展的肩部和略加收缩的腰部，使穿着者显得英武矫健、风度翩翩、魅力十足。西装是在较为正式的商务场合男士着装的首选。人们常说："西装七分在做，三分在穿。"商界男士要想使西装穿着有韵味，要注意西装的穿法和其他衣饰的搭配，严格遵守相关的礼仪规范。

(一)西装的选择

1. 版型

所谓版型，指的是西装的外观轮廓。严格地讲，西装有四大基本版型：欧版西装、英版西装、美版西装和日版西装。

(1)欧版西装流行于欧洲大陆，例如，意大利、法国。欧版西装的基本轮廓是倒梯形，双排扣、收腰、肩宽，这与欧洲男士高大魁梧的身材相吻合。欧版的西装分正装和休闲装两种，欧版休闲装相对来说比较肥大，但显得有派头，适合成功人士穿着。

(2)英版西装又有"正式西装"的美称，它是单排扣式，领子比较狭长，一般是三个扣子的居多，其基本轮廓也是倒梯形。

(3)美版西装的基本轮廓特点是 O 型。它宽松肥大，适合于休闲场合穿。所以美版西装往往以单件者居多，一般都是休闲风格。美国人一般着装的基本特点可以用四个字来概括，就是宽衣大裤，强调舒适、随意。

(4)日版西装的基本轮廓是 H 型的，它没有宽肩，其基本轮廓也是倒梯形，适合亚洲男士的身材。一般而言，它多是单排扣式，衣后不开叉。

2. 颜色

从色彩的角度来讲，正装西装的基本特点是单色的、深色的。正装西装一般是蓝、灰、黑等几种颜色，黑色西装一般是当作礼服穿着的。而休闲西装，色彩上就会异彩纷呈，可以是单色的，如宝蓝、灰蓝、浅蓝、咖啡色；可以是艳色的，如粉色、绿色、紫色、黄色，还可以是多色的、格子或条纹的，比较随意。在一般情况下，蓝色、灰色、黑色的西装，应为商界男士所常备。

3. 面料

正装西装一般都是纯毛面料，或者是含毛比例较高的混纺面料，这些面料垂顺、挺括、透气，显得外观比较高档、典雅，当然其价格也比较贵。商界男士应该穿着正装西服，面料力求高档，做工考究精细，休闲西装可以个性化，其面料品种繁多，有皮、麻、丝、棉等。

4. 款式

款式是正装西装和休闲西装最大的区别。正式西装上衣与裤子成套，其面料、色彩、款式一致，风格上相互呼应。商务西服要成套穿着，即搭配同料西裤。而休闲西装则是单件，可搭配异色、异料裤。

(二)西装的穿着

1. 西装必须合体

合体是保证西装挺拔的基本条件。合体的西装要求上衣盖过臀部，四周平整无皱褶，手臂伸直时，袖子长度应到手虎口处，领子应紧贴后颈部，衬衣的领子应露出西装上衣领子约 1.5 厘米，衬衣的袖口应比外衣的袖口长出约 1.5 厘米，以显示衣着的层次。与上衣相配的通常是面料相同的西裤，其应有合适的腰围和长度，合适的腰围应是裤子穿在身上，并在拉上拉链、扣好扣子后，衣腰处还能伸进一只五指并拢的手掌，合适的裤长应该是裤子穿上后，裤脚下沿正好触及脚面，并保证裤线笔直。如果裤子太长，裤线就会弯曲，从而影响西裤的挺括；如果裤子太短，坐下或蹲下时容易露出皮肤，显得不雅观。实际上，一件西装上衣最好配两条裤子，因为裤子比上衣容易起皱，更应该经常更换，而裤线保持笔挺，会使人显得精神抖擞。

2. 西装的衬衫

穿着西装时一定要穿带领的衬衣，做到挺括整洁、无皱褶，尤其是领口，衬衣最好不要太旧。衬衫下摆要塞进西裤，袖口需扣上不得翻起。系领带时，衬衣的第一颗纽扣要扣好。领子不要翻在西装外。与西装搭配的衬衫，应当是正装衬衫。

正装衬衫要具备以下四个特征：一是正装衬衫要选用精纺的纯棉、纯毛面料。以棉、毛为主要成分的混纺衬衫，亦可酌情选择。二是正装衬衫必须为纯色。在正式的商务活动中，白色衬衫是男士的最佳选择。除此之外，蓝色、灰色、棕色有时亦可考虑。三是正装衬衫一般没有复杂的花纹和图案，某些细条纹的衬衫可在一般的场合中穿着。花衬衣配单色的西装效果比较好，单色的衬衣配条纹或格纹西装比较合适；方格衬衣不应配条纹西装，条纹衬衣不要配方格西装，条纹衬衫也不能与条纹西装相搭配。四是正装衬衫的衣领多为方领、圆领和长领。在选择时，要考虑本人的脸型、颈长以及领带结的大小。

(三)领带的搭配

男士穿西装时最重要的配件就是领带。在欧美各国，领带与手表、装饰性袖扣并称为"成年男子的三大饰品"。男士在挑选领带时，要注意以下七点。

1. 面料

好的领带多采用真丝面料，适合各种季节。以涤丝制成的领带售价较低，易于打理，有时也可以使用。除此之外，由棉、麻绒、皮、革、珍珠等制成的领带，在正式场合里均不宜佩戴。

2. 颜色

在正式场合里，蓝色、灰色、棕色、黑色等单色领带都是十分理想的选择，切勿使自己佩戴的领带多于三种颜色。同时，也应尽量少系浅色和颜色鲜艳的领带。一般而言，杂色西装应配单色领带，而单色西装则应配花纹领带；驼色西装应配金茶色领带，褐色西装则需配黑色领带等。

3. 图案

男士的西装主要是以单色无图案的领带为主，有时也可选择以条纹、圆点、方格等几何形状为主的领带。

4. 款式

领带的款式往往受到时尚潮流的影响。因此，职业人士应注意以下四点。

(1)领带有箭头与平头之分。下端为箭头的领带，显得比较传统、正规；下端为平头的领带，则显得时髦、随意一些。

(2)领带有宽窄之别。除了流行的因素外，领带的宽窄最好与本人的胸围和西装上衣的衣领形状相一致。

(3)简易式的领带，如"一拉得"领带、"一挂得"领带等，均不适合在正式的场合中使用。

(4)领结宜与礼服、翼领衬衫搭配，并且主要适用于出席宴会等重要社交场合。

5. 质量

一条好的领带，其质量必须符合以下要求：外形美观、平整、无跳丝、无疵点、无线头，衬里不变形，悬垂挺括，质地厚重。

6. 长度

领带的长度要适当，以达到皮带扣处为宜，如果穿毛衣或毛背心，应将领带下部放在毛衣领口内。

7. 领带夹的用法

领带夹应在穿西装时使用，也就是说仅仅单穿长袖衬衫时没必要使用领带夹，更不要在穿夹克时使用领带夹。穿西装时使用领带夹，应将其别在特定的位置，即从上往下数，在衬衫的第四颗与第五颗纽扣之间，然后扣上西装上衣的扣子，一般从外面应当看不见领带夹。因为按照装饰礼仪的规定，领带夹这种饰物的主要用途是固定领带，如果稍许外露还说得过去，但把它别得太靠上，甚至直通衬衫领口，就显得过分张扬。

(四)鞋袜的搭配

穿西装必须穿皮鞋，黑色的皮鞋素雅大方，容易搭配，因此比较流行。不能穿旅游鞋、轻便鞋或布鞋、露脚趾的凉鞋。皮鞋一般选择牛皮鞋和羊皮鞋，至于鹿皮鞋、磨砂皮鞋、翻毛皮鞋等大都属于休闲皮鞋，不适合在正式场合穿着。男士在穿皮鞋时应做到鞋内无味、鞋面无尘、鞋底无泥。

男士在穿西装、皮鞋时所搭配的袜子以深色和单色为宜，与西装同色系比较讨巧。最佳的做法是比西装稍深一些，使袜子在皮鞋与西装之间显示一种过渡。不穿白色袜子和色彩鲜艳的花袜子。一般来说，男士宜穿深色线织中筒袜，切忌穿半透明的尼龙或涤纶丝袜。同时注意袜子要干净，袜子要做到一天一换，洗涤干净，以防止其有异味使自己难堪、令他人难受。袜子要完整、成双。穿袜之前，一定要检查它有无破洞、跳丝、不同色。如果发现有，应及时更换。袜子要合脚。在正式场合穿的袜子，其大小一定要合脚，不能穿太小、太短的袜子。袜子太小，不但易破，而且容易从脚跟下滑；袜子太短，则时常会使脚踝外露出来。一般而言，袜子的长度不宜低于自己的踝骨，袜口不要露在裤脚之外。

(五)西装的纽扣

穿西装时，上衣、马甲与裤子的纽扣都有一定的系法。通常，单排两粒扣式的西装上衣，讲究"扣上不扣下"，即只系上边那粒纽扣，或全部不系敞开穿。单排三粒扣式的西装上衣，可以系上面两粒纽扣或只系中间那粒纽扣。在较正式的场合，一般要求把扣子系上，坐下时应解开。双排扣的西装上衣则必须系上所有的纽扣，以示庄重。穿西装马甲时，不论是将其单独穿着，还是与西装上衣配套，都要认真地系上纽扣。在一般情况下，马甲只能与单排扣西装上衣配套。马甲也分为单排扣式和双排扣式两种。根据着装惯例，单排扣式西装马甲的最下面那粒纽扣可以不系，而双排扣式西装马甲的纽扣则必须全部系上。目前，西裤的裤门上有的设计为纽扣，有的设计为拉链。

前者较为正统，后者使用起来更加方便。不管穿何种西裤，都要时刻提醒自己，将纽扣全部系上，或是将拉链认真拉好。

(六)西装的口袋

男士穿西装时千万不要放太多的东西在口袋里，否则既不美观，又失礼仪，还会使西装变形。西装上衣口袋只作为装饰，不放东西，必要时，也仅仅装着好看的花式手帕，不应再放其他东西，尤其不应当放钢笔或挂眼镜。西装左胸内侧口袋可以装记事本、信封式钱包、票夹、小计算器等。西装右胸内侧衣袋可以装名片夹、香烟、打火机等。西装外侧下方的两个口袋原则上不放任何东西。除此以外，西装马甲的口袋只起到装饰作用。除可以放怀表外，不宜再放别的东西。而西装裤子侧面的口袋只能放纸巾、钥匙包或者钱包。其后侧的口袋一般不放任何东西。裤兜与上衣口袋一样，不能装物，以求裤形美观。

皮鞋、皮带、公文包被称为"男士三宝"。这三种物件的颜色最好统一，而且首选黑色。男士所选择的公文包以黑色和棕色的牛皮、羊皮制品为最佳。在款式上，手提式的长方形公文包是最适宜的选择。

五 商务女士着装礼仪

"云想衣裳花想容"，相对偏于稳重的男士着装，商界女士的着装则亮丽、丰富得多，得体的穿着不仅可以使职业女性显得更加美丽，还可以体现出职业女性良好的修养和独到的品位。女士在较为宽松的职业环境下，可选择造型感稳定、线条感明快、富有质感和挺括感的服饰，以较好地表现女性的婉约美。而在商务场合中，女性应选正式的职业套裙，显示端庄、持重的气质和风度。

(一)套裙

套裙是西装套裙的简称。其上身为一件女式西装，下身是一条半截式的裙子，穿着套裙可以让一位职业女士显得与众不同，并且能够恰如其分地展示其认真的工作态度与温婉的女性美。因此，在所有适合商界女士在正式场合所穿着的裙式服装中，套裙是名列首位的选择。平时，商界女士所穿着的套裙大致上可以分为两种基本类型：一种是用女式西装上衣同随便的一条裙子所进行的自由搭配与组合，称为"随意型"；另一种是女式西装上衣和与之同时穿着的裙子为成套设计，称为"成套型"或"标准型"。

1. 套裙的选择

正式的西服套裙，首先应注重面料，最佳面料是高品质的毛纺和亚麻，注重平整、挺括、贴身，可用较少的饰物和花边进行点缀。女士所选择的套裙中较为普遍的色彩是黑色、灰色、棕色、米色、宝蓝色等单一色彩，以体现着装者的典雅、端庄和稳重。在正式的商务场合中，无论什么季节，正式的商务套装都必须是长袖。套裙的上衣最短可以齐腰，上衣的袖长要盖住手腕。衣袖如果过长，甚至在垂手而立时挡住大半个手掌，往往会使着装者看上去矮小而无精神；衣袖如果过短，动不动就使着装者将其手腕完全暴露，则显得滑稽而随便。裙子要以窄裙为主，并且裙长要到膝或过膝。裙子最长可以达到小腿中部，如果裙子下摆离膝盖的长度超过10厘米，就表示这条裙子过短或过窄。

2. 套裙的穿着

要让套裙烘托出职业女性的庄重、优雅，穿着时要注意以下三点。

（1）穿着到位。商界女士在正式场合穿套裙时，上衣的领子要完全翻好，衣袋的盖子要拉出来盖住衣袋；不允许将上衣披在身上，或者搭在身上；上衣的衣扣只能一律全部系上，不允许将其部分或全部解开，更不允许当着别人的面随便将上衣脱下来。裙子要穿得端端正正，上下务必对齐。商界女士在正式场合露面之前，一定要抽出一点时间仔细地检查自己所穿的衣裙的纽扣是否系好、拉锁是否拉好。在大庭广众之下，如果上衣的衣扣系得有所遗漏，或者裙子的拉锁忘记拉上、稍稍滑开一些，都会令着装者无地自容。

（2）协调妆饰。高层次的穿着打扮讲究的是着装、妆容与配饰风格统一、相辅相成。因此，在穿着套裙时，商界女士必须具有全局意识，将其与妆容、配饰一起通盘考虑。商界女士在工作岗位妆容的色彩应与套裙色彩协调。商界女士在穿套裙时，配饰少而精致，不允许佩戴有可能过度张扬的首饰。

（3）兼顾举止。套裙最能够体现女性的柔美曲线，这就要求商界女士举止优雅，注重个人的仪态。当穿上套裙后，要站得又稳又正，不可以双腿叉开或东倒西歪。就座以后，不要翘起一条腿，抖动脚尖，更不可以脚尖挑鞋甚至当众脱鞋。走路时，不要大步地奔跑，步子要轻而稳。

（二）衬衫

在严谨、格式化的套装限制下，衬衣自然成了白领丽人体现个性和展示女人味的最佳选择。

1. 衬衣的选择

与职业套裙搭配的衬衣从面料上讲，要求轻薄而柔软，故真丝、麻纱、府绸、罗布、花瑶布、涤棉等都可以用作其面料。颜色要求雅致而端庄，并且不失女性的妩媚。除了作为"基本型"的白色之外，其他色彩，包括流行色在内，只要不过于鲜艳，并且与同时所穿的套裙的色彩不相互排斥，均可用作衬衫的色彩。图案可以选择一些简单的线条、角格或圆点。要注意，应使衬衫的色彩与同时所穿的套裙的色彩互相匹配，可以外深内浅或外浅内深，形成两者之间的深浅对比。与套裙配套穿的衬衫不必过于精美，领形等细节上也不宜夸张。衬衫的款式要裁剪简洁，不要有过多的花边和皱褶。

2. 衬衣的穿着

穿着衬衫时，下摆必须掖入裙腰之内，不得任其悬垂于外或是将其在腰间打结。纽扣要一一系好，除最上端一粒纽扣按惯例允许不系外，其他纽扣均不得随意解开，以免在他人面前显示不雅之态。专门搭配套裙的衬衫在公共场合不宜直接外穿，尤其是身穿紧身而透的衬衫时，特别须牢记这一点。

3. 鞋、袜被称为商界女士的"腿部景致"

鞋、袜是人们对个人成就、社会背景、教养等方面的一个检验标准。鞋、袜穿着得体与否，还与穿鞋者的可信度成正比。因此，每一位爱惜自身形象的女士切不可对其大意。

（1）鞋子。其一，鞋子的选择。商务场合套裙配套的鞋子宜为皮鞋，并且以牛皮鞋、羊皮鞋为上品，应该是高跟、半高跟的船式皮鞋。系带式皮鞋、丁字式皮鞋、皮靴、皮凉鞋等都不宜在正式场合搭配套裙，露出脚趾和脚后跟的凉鞋和皮拖鞋更不适合商务场合。黑色的高跟或半高跟船鞋是职场女性必备的基本款式，几乎可以搭配任何颜色和款式的套装。也可使鞋子的颜色与手袋保持一致并且要与衣服的颜色相协调。鞋子的图案与装饰均不宜过多，免得"喧宾夺主"。加了网眼、镂空拼皮、珠饰、吊带、链扣、流苏、花穗的鞋子，或印有时尚图案的鞋子不适合出现在正式的场合中。越是正式场合，鞋子的款式也越要求简洁和传统。其二，鞋子的穿着。鞋子应当大小相宜、完好无损。如果鞋子开线、裂缝、掉漆、破残，应立即更换。皮鞋要上油擦亮，不留灰尘和污迹。鞋子不可当众脱下，有些女士喜欢有空便脱下鞋子，或是处于半脱鞋状态，是极其有失身份的。

（2）袜子。其一，袜子的选择。袜口，即袜子的上端，不可暴露于外。将其暴露在外，是一种公认的既缺乏服饰品位又失礼的表现。商界女士穿套裙时应自觉避免这种情形的发生，而且在穿开衩裙时也应当注意，即使在走动之时，也不应当让袜口偶尔现于裙衩之处。因此，高筒袜和连裤袜是与套裙的标准搭配，而中统袜、低筒袜不宜与套裙同时穿着。穿套裙时所穿的袜子最适用的颜色是透明的素色。素色的好处在于低调，且品位上乘，易于与服饰颜色搭配，可有肤色、黑色、浅灰、浅棕等几种常规选择。多色袜、彩色袜，以及白色、红色、蓝色、绿色、紫色等色彩的袜子，都是不适宜的。穿套裙时，需有意识地注意一下鞋、袜、裙三者之间的色彩是否协调。鞋、裙的色彩必须深于或略同于袜子的色彩。其二，袜子的穿着。丝袜容易划破，如果有破洞、跳丝，要立即更换，不要打了补丁再穿。可以在办公室或手袋里预备好一两双袜子，以备替换。袜子不可随意乱穿，不能把健美裤、羊毛裤当成长筒袜来穿。

 **知识拓展**

商务着装的六大禁忌

（1）过于杂乱。这里所说的杂乱是指着装的各方面搭配不合理。包括款式杂乱：礼服与便服混搭；颜色杂乱：服装颜色过多；饰物杂乱：首饰、耳环、项链等佩戴过多；等等。杂乱的着装很容易给人留下不好的印象，降低自身形象。身上配件过多，这一点尤其经常发生在女性身上。女性佩戴过多的饰品容易给人浮夸的感觉。简约干净的职场装束易建立果断利落的风格，这将为你的职业生涯增加亮点。一般情况下，女性可以佩戴手表（但要注意手表的款式，切忌太过浮夸）、小巧的锁骨项链（精致的项链不仅有显瘦的效果，而且还可以彰显女性美丽的锁骨）、耳环（应注意与项链搭配，以小巧为主，切忌浮夸）。

（2）过于艳丽。商务秘书在商务场合切忌穿着过于艳丽，例如，大红大紫、款式过于奇异、图案繁杂，等等。这样的穿着不适用于商务场合，着装色彩过于繁杂，颜色过于鲜艳，太过抢眼，不利于自身良好形象的树立，容易给人一种花枝招展的感觉。穿着过于繁杂的服装，或者选择的服装颜色过于耀眼亮丽，这都会影响注意力。但是也得注意不要只穿黑白灰。以衬衫为例，下半身可以选择白色或者黑色的半裙，因为比较百搭，而上半身就可以搭配黑色衬衫、蓝色衬衫、香槟色衬衫等，另外，还可以适当加上丝巾或者蝴蝶结，做到温婉又大方。

（3）过于暴露。在正式的商务场合，通常要求"三不露"（不暴露胸部，不暴露肩部，不暴露大腿）。商务秘书在职场上不能穿无袖装，不能穿低胸装，更不能穿袒胸露背、露脐露肩等过于性感的服装。

(4)过于透视。商务秘书在工作和社交场合都不能穿过于轻薄、透视的服装，这是对别人的不尊重。许多人觉得穿透视装是性感的一种表现，但其实对其他人来说是很尴尬的。而且，服装过于透视容易给人留下轻浮的形象。

(5)过于紧身。紧身的服装能够展示出自身的身材，虽然看起来会比较性感，但是在商务场合就有失庄重。紧身的服装可以勾勒出曼妙的身材，但这却不能出现在商务场合中。所穿服装可以修身，但是不能过于紧身。

(6)过于短小。在正式场合，商务人员的着装不可过于短小，男士不能穿短裤，女士不能穿短裙或超短裙，在工作场合不能穿露脐装。这里的短小指的无非就是超短裙、短裤、露脐装、短袖衬衫等服装，这些服装在很正式的场合中都是不被允许的，在对方看来，这是自己没有得到应有尊重的体现，那么双方之间贸易上的往来很有可能被搞砸。不要觉得这是在夸大事实，很多时候细节决定成败！

资料来源：刘砺，荆素芳，扶齐. 商务礼仪实训教程[M]. 北京：机械工业出版社，2015.

六 商务饰物佩戴礼仪

饰品是指能起到装饰和点缀作用的物件，主要包括服装配件(如帽子、领带)、首饰(如戒指、胸花、项链等)两类。装饰分为两种：一种是实用型，如男士的手表、钢笔、打火机；另一种是装饰型，如女士的耳环、脚链、手套等。

(一) 饰物的种类

本书将饰物大致分为三大类。

1. 首饰

首饰泛指耳坠、项链、手镯、戒指、发卡、头簪等小型装饰品。现代生活中，眼镜、手表、胸花、发带之类也延伸到首饰系列中。但首饰的价值主要体现在原材料的珍贵上，而眼镜、手表、发带则重在色泽和款式上。

2. 衣饰

衣饰一般指项巾、领带、腰带、头巾、披肩、纽扣等。它们的艺术气质主要来源于色彩、质地和造型。

3. 带物

带物是指挎包、提包、雨伞、扇子之类物品。这些本是实用型物品，但随着技术美学的兴起，这些东西正日益起着不能忽视的装饰作用，饰物重在塑造整体效果，应避免喧宾夺主和堆砌。装饰不等于奢侈，女性佩戴饰物时可以着眼于款式和色彩，不必一定追求原材料贵重。

(二)饰物佩戴的原则

1. 场合原则

一般来说，在较为隆重、正规的场合，选用的饰品都应当档次高一些。如果用于公共场合，那么不应过于鲜艳新潮，应精致而传统。在商务场合，色彩鲜艳亮丽、造型新潮夸张的饰物容易让人产生不信任感；而保守传统、做工精细的高档次饰物则会给人稳重的印象。

2. 材质原则

商务女士佩戴的首饰应尽量保持同一材质，如商务女士佩戴钻石项链时，应搭配钻石戒指。商务女士在自身经济状况许可的范围内，选择质地上乘、做工精良、精致细巧的首饰可增添气度、提高品位。切忌佩戴粗制滥造的假首饰及造型夸张、奇异的首饰，宁缺毋滥。

色彩和款式要协调。戴黄金胸针，戒指和项链也要是黄金材质。时下流行戴白金戒指，那么戴项链也要是白金材质，礼仪中称作同质同色规则。戴两种或两件以上的首饰，专业戴法、专业水准是"同质同色"。

3. 数量原则

商界人士佩戴的首饰要符合身份，数量以少为佳，一般全身不超过三种，每种不超过一件。有的女士一次佩戴太多的首饰，如同时佩戴了项链、耳坠、戒指、手链甚至再加上一枚胸针，整个人看起来既累赘又缺乏品位，也会分散对方的注意力。就首饰而言，一般不多于三种，每种不多于两件。一般场合下，女士身上的饰物在三种之内最好，每一种首饰不多于两件最正规。

4. 色彩原则

戴饰品时，应力求同色，如果同时佩戴两件或两件以上饰品，应使色彩一致或与主色调一致，千万不要打扮得色彩斑斓。商界人士佩戴的眼镜、戒指若为银色，手表也应选择银色，皮包的金属标志最好也选银色。在全身色彩搭配时，商务场合的着装应谨记"三色原则"，即全身上下的颜色尽量不要超过三种，否则容易给人眼花缭乱之感。

5. 性别原则

饰物对于男士而言象征着权贵，要求少而精，佩戴一枚戒指和一块手表就够了。饰物对于女士而言则是点缀，女士可佩戴各种饰物，这是其审美品位和生活质量的展示。但女士一次佩戴的饰物数量有限，尽量不要超过三件。饰物多了，容易喧宾夺主。

6. 体形原则

脖子粗短者，不宜戴多串式项链，而应戴长项链；相反，脖子较细瘦者，可以戴多串式项链，以缩短脖子长度。宽脸、圆脸型和戴眼镜的女士，不要戴大耳环和圆形耳环。

7. 季节原则

首饰也有季节走向，春夏季可戴轻巧精致的首饰，以配合衣裙和缤纷的季节；秋冬季可戴庄重和典雅的首饰，可以衬出毛绒衣物的温暖与精致。例如，夏天女性的手提包适合选择色彩淡雅的，而冬天适合选择深色的。饰品要与身份和服饰搭配，还应考虑所处的季节、场合、环境等因素。

8. 协调原则

佩戴饰品的关键就是将其与整体服饰搭配统一起来。佩戴饰品的风格与服装的风格相协调。例如，一般领口较低的袒肩服饰必须配项链，而竖领上装可以不戴项链。再如，穿着套裙时，宜佩戴珍珠项链，木质挂件、石头坠饰则不相配。佩戴饰品要扬长避短，与自己的身材特点吻合，如脖子粗短的人不选择粗大厚重的项链。

9. 凸显个性原则

饰品不仅起到辅助装饰的作用，搭配得当也能成为彰显个性的点睛之笔，如根据场合和交往目的选择胸针。

礼仪知识巩固

讨论题

在一个阳光明媚的春天，处处鸟语花香，某公司计划在总裁的私人花园里举办一次盛大的商务酒会，时间定在13：30到16：30。

问题：

1. 与会的男士和女士应如何穿戴入场？

2. 商务着装的TPOP原则是什么？在本题中如何体现？

⭐ 礼仪案例分析

改变形象走向成功

有位女职员是财税专家，她有专业的学历背景，常能为客户提供很好的建议，在公司里表现一直很出色。但当她到一家较著名的公司为客户提供服务时，对方主管却不太注重她的建议，因而没有机会发挥她的才能。为此，她很苦恼。

一次偶然的机会，一位时装设计师结识了这位女职员，时装设计师指出了女职员在着装方面的缺陷：她 32 岁，身高 152 厘米，体重 48 公斤，圆圆的娃娃脸看起来很可爱，且她平时也喜欢穿可爱型的服装，像个十六七岁的少女。其外表与她所从事的工作相去甚远，导致客户对于她所提供的建议缺乏安全感、依赖感，所以难以发挥她的才能。时装设计师建议她用服装来强调财税学者和专家的气势，用深色的套装、对比色的上衣、镶边帽子来搭配，甚至戴上稳重大方的眼镜，女职员认真照办。结果，三个月后客户的态度有了明显的转变。很快，她便成为公司重要的董事之一。

资料来源：编者根据相关资料整理得到。

分析讨论：

1. 时装设计师的建议你认同吗？为什么？
2. 你对职业女性的着装有什么建议？

礼仪实训 2-2-1 学生个人职场形象展示

实训内容：由学生分别或集体展示自己的形象设计成果。

实训目的：检测学生形象礼仪规范掌握情况，锻炼学生打造职业形象的能力。

实训步骤：
(1)学生上课前精心准备好个人形象设计，在课堂上分别或集体展示。
(2)学生说明是如何根据自身的特点进行修饰的。
(3)师生点评并提出建议，打出相应的分数(见表 2-3)。
(4)最后评选出几名最佳职业形象奖(具体获奖人数可由教师根据上课人数的比例进行规定)。
(5)给获奖学生颁奖。

考核内容(总分 100 分)：
①服装选择及穿着规范；②发型规范；③妆容规范；④配饰规范；⑤创意；⑥整体造型印象；⑦现场答辩；⑧小组主持人(小组展示)或解说员(个人展示)表现。

表 2-3 职场形象设计评价评分

被考评学生姓名		学号		班级		
考评地点		考评时间			最终得分	
考核项目	考核内容	分值	学生自评分	同伴评分	教师评分	实际得分（自评30%+互评30%+师评40%）
职场形象设计	1. 服装选择及穿着规范	30				
	2. 发型规范	10				
	3. 妆容规范	15				
	4. 配饰规范	10				
	5. 创意	10				
	6. 整体造型印象	10				
	7. 现场答辩	10				
	8. 小组主持人(小组展示)或解说员(个人展示)表现	5				
	合计	100				

第三节　仪态礼仪

一　仪态礼仪概述

仪态是指在商务交往过程中个人呈现出来的各种姿态和风度。姿态是指身体所呈现的样子，风度则属于内在气质的外化。商务人员需要注意的仪态礼仪包括挺拔的站姿、端庄的坐姿、自然的行姿、优雅的蹲姿、真诚的微笑、恰当的手势和亲切的眼神，等等。人们常说"站有站相，坐有坐相"。不同的仪态传递着不同的信息，得体优雅的仪态体现个人修养和气质，在商务场合中可产生积极作用。

二　站姿礼仪

站姿是人们平时经常采用的一种静态姿势，是发展其他姿态的基础。正确的站姿有益于身体健康，让身体各关节受力均匀。抬头提胸时，胸口开阔，呼吸更为顺畅，让身体得到充足的氧气，展示良好的精神面貌。优美得体的站姿最能体现个人的风度和气质，给人自信、意气风发之感。

(一)站姿的基本要求

古人在很早时就对人的举止行为做过要求，对站姿的要求是"站如松"，其意是站得要像松树一样挺拔，同时还要注意站姿的优美和典雅。站姿的基本要求如下：

1. 头正

面部朝向正前方，双眼平视，嘴微闭，下颌微微内收，颈部挺直。表情自然，稍带微笑。

2. 肩平

两肩平正，微微放松，稍向后下沉。

3. 臂垂

两臂自然下垂，手指并拢自然微屈，中指对准裤缝。

4. 躯挺

胸部挺起、腹部往里收，腰部正直，臀部向内、向上收紧。

5. 腿并

两腿立直，膝盖相碰，脚跟靠拢，身体重心落在两脚正中。从整体上产生一种精神饱满的体态。

(二)站姿的种类

由于性别的差异，男女的基本站立姿势各有不同。在商务工作中，对男士的要求是稳健，对女士的要求是优雅。基本要求可概括为八个字"抬头，挺胸，收腹，提臀"。

1. 男士站姿

在商务场合，男士站立的姿态一般有以下六种。

(1)垂手侧放式站姿(基本站姿)。身体立直，抬头挺胸，下颌微收，双目平视，嘴角微闭，面带微笑，双手自然垂直于身体两侧，双膝并拢，两腿绷直，脚跟靠紧，脚尖呈小"V"字形，中指对准裤缝，两脚并拢。

(2)腹前叉手式站姿。两手在腹前交叉。男士右手握住左手手掌，两脚分开，距离不超过20厘米，呈大"V"字形。此站姿端正中略有自由，郑重中略有放松。站立中身体重心可以在两脚间转换，以减轻疲劳。

(3)背手式站姿。背手站姿(后搭手站姿)双手在身后交叉，右手握住左手手腕，放置后背中间。两脚可分可并。分开不超过肩宽，脚尖展开，两脚夹角成60°，挺胸立腰，收颌收腹，双目平视。此站姿优美中略带威严，易产生距离感。如果两脚改为并立，则突出了尊重的意味。

（4）背垂手式站姿：一只手背在后面，贴在臀部，另一只手自然下垂，手自然弯曲，中指对准裤缝，两脚可以并拢也可以分开，也可以成小丁字步。一般左脚在前，则左手臂下垂，呈右背手站姿；反之，则右手臂下垂，左手背后，呈左背手站姿。这种站姿显得自然大方、洒脱。

（5）单臂前驱式站姿：一只手弯曲，手心向内放在胸腹部，另一只手自然下垂。一般左脚在前，则左手臂下垂，呈右前手站姿；反之，则右手臂下垂，左手手心向内放于胸腹部，呈左前手站姿。

（6）脚位。男士站立时可采取以下三种脚位。①大"V"型：站立时，两脚分开，距离不超过20厘米，脚位呈"V"字形。②小"V"型：站立时，脚后跟并拢，脚尖分开，距离为7～10厘米（一个拳头的距离），脚尖呈"V"字形。③两脚平行：站立时，双脚平行分开，但不得超过肩宽。

2. 女士站姿

在商务场合中，女士站立的姿态一般有以下六种。

（1）垂手侧放式站姿（基本站姿）。身体立直，抬头挺胸，下颌微收，双目平视，嘴角微闭，面带微笑，双手自然垂直于身体两侧，双膝并拢，两腿绷直，脚跟靠紧，脚尖分开呈小"丁"字形或小"V"字形。

（2）腹前叉手式站姿。身体立直，抬头挺胸，下颌微收，双目平视，嘴角微闭，面带微笑，两脚尖略分开，右脚在前，将右脚跟靠在左脚脚弓处，脚尖分开呈小"丁"字形，双手自然并拢，右手握住左手手指尖，轻贴于腹前，身体重心可放在两脚上，也可放在一脚上，并通过重心的移动减轻疲劳。

（3）背手式站姿。背手站姿（后搭手站姿）双手在身后交叉，右手握住左手手腕，放置后背中间。两脚可分可并。分开不超过肩宽，脚尖展开，两脚夹角成45°～60°，挺胸立腰，收颌收腹，双目平视。

（4）背垂手式站姿。一只手背在后面，贴在臀部，另一只手自然下垂，手自然弯曲，中指对准裤缝，两脚可以并拢也可以分开，也可以成小丁字步。一般左脚在前，则左手臂下垂，呈右背手站姿；反之，则右手臂下垂，左手背后，呈左背手站姿。

（5）单臂前驱式站姿。一只手弯曲，手心向内放在胸腹部，另一只手自然下垂。一般左脚在前，则左手臂下垂，呈右前手站姿；反之，则右手臂下垂，左手手心向内放于胸腹部，呈左前手站姿。

（6）脚位。女士站立时可采取以下四种脚位。①大"V"型：站立时，两脚分开，距离不超过 20 厘米，脚位呈"V"字形。②小"V"型：站立时，脚后跟并拢，脚尖分开，距离为 7~10 厘米（一个拳头的距离），脚尖呈"V"字形。③两脚平行：站立时，双脚平行分开，但不得超过肩宽。④小"丁"字形：两脚尖略分开，右脚在前，将右脚跟靠在左脚脚弓处，脚尖分开呈小"丁"字形。

（三）商务场合的不当站姿

商务场合不当站姿包括以下八种情况：

（1）站立时，切忌东倒西歪，无精打采，懒散地倚靠在墙上、桌子上。

（2）低着头、歪着脖子、含胸、端肩、驼背。

（3）将身体的重心明显地移到一侧，只用一条腿支撑着身体。

（4）身体晃动，或下意识地做小动作。

（5）双脚左右开立时，注意两脚之间的距离过大，挺腹翘臀。

（6）两腿交叉站立。

（7）手位，作叉腰状（含有进犯之意）、叉抱胸前（有消极之嫌）、插入衣袋或裤袋（显得拘谨小气）、玩弄小物品（如打火机、香烟盒、衣带等）。

（8）脚位，不宜作内八脚、蹬踏式。

三　坐姿礼仪

坐姿是指人在就座以后身体所保持的一种静态的姿势。坐姿是人们将自己的臀部置于椅子、凳子、沙发或其他物体之上，以支持自己身体重量，双脚则需放在地上。对于商务人士而言，不论是工作还是休息，坐姿都是其经常采用的姿势之一，应该采取合适的坐姿，塑造沉着、稳重、典雅、端庄的个人形象。

（一）坐姿的基本要求

（1）入座时要稳、要轻，就座时要不紧不慢，大大方方地从座椅的左后侧走到座位前，轻稳地坐下。若是穿着裙装，应用手将裙摆稍稍拢一下，不要坐下来后再站起来整理衣服。

（2）面带笑容，双目平视，嘴唇微闭，微收下颌。

（3）双肩放松平正，两臂自然弯曲放于椅子或沙发扶手上。

（4）坐在椅子上，要立腰、挺胸，上体自然挺直。

（5）双膝自然并拢。双腿正放或侧放，双脚平放或交叠。

（6）坐在椅子上，至少要坐满椅子的 2/3，脊背轻靠椅背。

(二) 坐姿的种类

1. 标准坐姿

入座时走到座位前，转身后把右脚向后撤半步，轻稳坐下，然后把右脚与左脚并齐。坐在椅上。上体自然挺直，头正。表情自然亲切，目光柔和平视，嘴微闭，两肩平正放松，两臂自然弯曲放在膝上，也可以放在椅子或沙发扶手上，掌心向下，两脚平落地面。起立时右脚先后收半步然后站起。一般来说，在正式社交场合，要求男性两腿之间可有一拳的距离，女性两腿并拢无空隙。两腿自然弯曲。两脚平落地面，不宜前伸。在日常交往场合，男性可以跷腿，但不可跷得过高或抖动，女性大腿并拢，小腿交叉，但不宜向前伸直。

2. 男士坐姿

男子就座时，双脚可平踏于地，双膝也可略微分开，双手可分置左右膝盖之上，男士穿西装时应解开上衣纽扣。一般正式场合，要求男性两腿之间可有一拳的距离。在日常交往场合，男性可以跷腿，但不可跷得过高或抖动。

欧美国家的男士叠腿而坐时，是把小腿部分放在另一条腿的膝盖上，大腿之间是有缝隙的，但注意脚不要跷得太高，以免鞋底正对旁边的客人。在与欧美国家人士交往时，需注意对方的习俗，这样更有助于双方的沟通。

3. 女士坐姿

女子就座时，双腿并拢，以斜放一侧为宜，双脚可稍有前后之差，如果两腿斜向左方，那么右脚放在左脚之后；如果两腿斜向右方，那么左脚放置右脚之后。这样人正面来看双脚交成一点，可延长腿的长度，也显得颇为娴雅。女士分腿而坐显得不够雅观，腿部倒 "V" 字式也是不提倡的，如果女士穿裙装，那么应有抚裙的动作。一般来说，在正式社交场合，要求女性两腿并拢无空隙，两腿自然弯曲，两脚平落地面，不宜前伸。在日常交往场合，女性大腿并拢，小腿交叉，但不宜向前伸直。

女士怎样才能做到优雅地叠腿而坐呢？在基本坐姿的基础上，双腿可略向前伸直，脚踝相叠，保持坐姿平稳，双腿同时轻轻离地向回收，相叠部位由脚踝过渡到膝盖，双腿向一侧倾斜，略微调整。在美观的基础上，以稳定、舒适为宜。

4. 八种常用坐姿

(1) 正襟危坐式。又称基本坐姿，适用于最正规的场合。要求上身与大腿、大腿与小腿、小腿与地面都应当成直角。双膝双脚完全并拢。

(2) 垂腿开膝式。多为男性所使用，也较为正规。要求上身与大腿、大腿与小腿皆呈直角，小腿垂直地面。双膝分开，但不得超过肩宽。

　　(3)双腿叠放式。它适合穿短裙子的女士采用，造型极为优雅，有一种大方高贵之感。要求将双腿完全地一上一下交叠在一起，交叠后的两腿之间没有任何缝隙，犹如一条直线。双腿斜放于左右一侧，斜放后的腿部与地面呈45°夹角。叠放在上的脚尖垂向地面。

　　(4)双腿斜放式。适用于穿裙子的女性在较低处就座使用。要求双膝先并拢，然后双脚向左或向右斜放，力求使斜放后的腿部与地面呈45°角。

　　(5)双脚交叉式。它适用于各种场合。男女皆可选用。要求双膝先要并拢，然后双脚在踝部交叉。交叉后的双脚可以内收，也可以斜放。但不宜向前方直伸。

　　(6)双脚内收式。适合一般场合，男女皆宜。要求两大腿首先并拢，双膝略打开，两小腿分开后向内侧屈回。

　　(7)前伸后屈式。女性适用的一种优美的坐姿。要求大腿并紧之后，向前伸出一条腿。并将另一条腿屈后，两脚脚掌着地，双脚前后要保持在同一条直线上。

　　(8)大腿叠放式。多适用男性在非正式场合采用。要求两条腿在大腿部分叠放在一起。叠放之后位于下方的一条腿垂直于地面，脚掌着地。位于上方的另一条腿的小腿则向内收，同时脚尖向下。

(三)商务场合的不当坐姿

　　(1)脚跟触及地面。坐后如果以脚触地时，通常不允许仅以脚跟触地，而将脚尖翘起。

　　(2)随意架腿。坐下之后架起腿未必不可，但正确的做法应当是两条大腿相架，并且不留空隙。如果架起"二郎腿"，即把一条小腿架在另一条大腿上，并且大大地留有空隙，就不妥当了。

　　(3)腿部抖动摇晃。在别人面前就座时，切勿反复抖动或摇晃自己的腿部，免得令人心烦意乱，或者给人以不够安稳的感觉。

　　(4)双腿直伸出去。在坐下之后不要把双腿直挺挺地伸向前方。身前有桌子的话，则要防止把双腿伸到其外面。不然不但损害坐姿的美感，而且还会有碍于人。

　　(5)腿部高跷蹬踩。为了贪图舒适，将腿部高高跷起，架上、登上、踩踏身边的桌椅，或者盘在本人所坐的座椅上，都是不妥的。

　　(6)脚尖指向他人。坐后一定要使自己的脚尖避免直指别人，跷脚之时，尤其忌讳这一动作。令脚尖垂向地面，或斜向左、右两侧，才是得体的。

　　(7)双腿过度分开。面对别人时，双腿过度地叉开是极不文明的。不管是过度地叉开大腿还是过度地岔开小腿，都是失礼的表现。

四 行姿礼仪

行姿是人们最常用的一种姿势，是一种动态美，最能体现一个人积极向上的精神风貌。正确的行姿是要以正确的站姿作为基础的。走路时，上身应挺直，头部要保持端正，微收下颌，两肩应保持齐平，应该挺胸、收腹、立腰。双目也要平视前方，表情自然，精神饱满。男士要稳定、矫健，女士要轻盈、优雅。

(一)行姿的基本要求

"行如风"是用来形容轻快自然、有节奏感的步伐。正确的行姿能够体现一个人积极向上、朝气蓬勃的精神状态。

1. 头

两眼平视前方，收颌，表情自然平和。

2. 上身

上身挺直，收腹立腰，重心稍前倾。

3. 肩稳

肩平稳，不要高低不平、前后晃动。

4. 双臂

双臂在身体两侧前后自然摆动，前后幅度在30°左右。

5. 行走

起步时，身体微向前倾，脚尖微向外或正前方伸出，跨步均匀。身体重心落于前脚掌，行走中身体的重心要随着移动的脚步不断向前过渡，而不要让重心停留在后脚，并注意在前脚着地和后脚离地时伸直膝部。男士行走时两脚尖略开，步履稳重大方；女士行走时两脚尽量踏在一条直线上(简称"一字步")，步履均匀轻盈。

6. 步幅

步幅的大小应根据场合和着装的不同而进行调整。女性在正式场合或半正式场合穿裙装、旗袍或高跟鞋时，步幅应小一些；在休闲运动场合穿休闲装、长裤时，步幅就可以大一些。

(二)行姿的种类

不同的行姿可以反映出一个人的性格特点、基本素质、精神状态等。行姿主要有以下三种。

1. 前行时的行姿

迈出的脚应该脚跟先着地，将身体的重心移至全脚，再由脚跟向脚尖方向提起。男士行走时，两脚保持平行线，步幅在 50 厘米左右；女士两脚尽量在一条直线上，步幅在 30 厘米左右。

2. 后退时的行姿

用于告别、离开别人房间等情况。一般和别人说完"再见"扭头便走是不礼貌的，应该面向对方小幅度后退两三步，先转身再转头。

3. 引导时的行姿

尽可能走在宾客的左前方 1 米左右，身体转向宾客。遇到楼梯、拐弯或进门时伸出左手示意，提醒对方"这边请""有台阶，请小心"。

知识拓展

不同场合的行姿

（1）喜庆活动。参加喜庆活动，步态应轻盈、欢快、有跳跃感，以反映喜悦的心情。

（2）吊丧活动。参观吊丧活动，步态要缓慢、沉重、有忧伤感，以反映悲哀的情绪。

（3）展览、探望。参观展览、探望病人时，环境安谧，不宜发出响声，脚步应轻柔。

（4）办公场所。进入办公场所，登门拜访，在室内脚步应轻而稳。

（5）会场。走入会场、走向话筒、迎向宾客时，步伐要稳健、大方、充满热情。

（6）重大场合。举行婚礼、迎接外宾等重大正式场合，脚步要稳健，节奏稍缓。

（7）部门往来。办事联络、往来于各部门之间时，步伐要快捷又稳重，以体现办事者的效率、干练。

资料来源：刘砺，荆素芳，扶齐. 商务礼仪实训教程[M]. 北京：机械工业出版社，2015.

（三）商务场合的不当行姿

（1）行走时切忌摇头晃脑，身体不能左右摆动，脚尖不能向内或向外；切忌弓背弯腰，六神无主。

（2）走路时不要弯腰驼背、低头无神、步履蹒跚。

（3）行走时切忌双手乱放，没有规律，双手插在衣服口袋、裤袋之中，双手掐腰或倒背双手；切忌东张西望，左顾右盼，指指划划，对人品头论足。

（4）与几个人一路同行时，切忌勾肩搭背、蹦跳或者大喊大叫。

五 蹲姿礼仪

商务场合的蹲姿主要是为了拾取地上的物品。为了保持形象，必须运用得体的蹲姿。

（一）蹲姿的基本要求

下蹲时应注意两腿靠近，臀部始终向下。

1. 上体不弯，臀部不翘

下蹲时不要低头弓背，在下蹲过程中要尽量保持上身的平稳和直立；下蹲忌讳翘起臀部，应该臀部向下，基本上以后腿支撑身体。

2. 下蹲

下蹲过程要沉着缓慢，不要突然下蹲，下蹲时一脚在前、一脚在后，使用腿部力量屈膝，前脚全着地，小腿基本垂直于地面，后脚脚跟提起，脚尖着地。女性应靠紧双腿，男性则可适度将其分开。同时，女士在下蹲时要注意用手遮掩胸部和裙摆处，以免因走光而失态。

（二）蹲姿的种类

蹲姿主要分为以下三种。

1. 半蹲式蹲姿（男女通用）

这种姿势基本上是半立半蹲，下蹲时上身稍许弯下，但不宜与下肢构成直角或锐角，双膝略微弯曲，其角度根据需要可大可小，但一般均应为钝角，身体的重心应放在一条腿上。男士两腿可分开适当距离。如果女士穿裙装应该在下蹲时用双手拢一下裙摆，以免裙子起皱或因拖地而弄脏。

2. 交叉式蹲姿

当下蹲时右脚在前，左脚在后，右小腿垂直于地面，全脚着地。左膝由后面伸向右侧，左脚跟抬起，脚掌着地。两腿靠近，合力支撑身体。臀部向下，上身稍前倾。此蹲姿比较适合女性。

3. 高低式蹲姿（多适用于男性）

当下蹲时右脚在前，左脚稍后，两腿靠近向下蹲。右脚全脚着地，小腿基本垂直于地面，左脚脚跟提起，脚掌着地。左膝低于右膝，左膝内侧靠于右小腿内侧，形成右膝高左膝低的姿态，臀部向下，基本上以左腿支撑身体。

(三) 商务场合的不当蹲姿

(1) 突然下蹲。蹲下来时，不要速度过快。在行进中需要下蹲时，要特别注意这一点。

(2) 离人太近。在下蹲时，应和身边的人保持一定距离。与他人同时下蹲时，更不能忽略双方的距离，以防彼此"迎头相撞"或发生其他误会。

(3) 方位失当。在他人身边下蹲时，最好是与他人侧身相向。正面他人或者背对他人下蹲通常都是不礼貌的。

(4) 毫无遮掩。在大庭广众之下，尤其是身着裙装的女士，一定要避免在下身毫无遮掩的情况下大腿叉开。

(5) 蹲在凳子或椅子上。有些人有蹲在凳子或椅子上的生活习惯，但是在商务场合这么做的话，是不能被接受的。

六　表情礼仪

在人际交往中，表情真实可信地反映着人们的思想、情感及其心理活动变化。美国心理学家艾伯特·梅拉比安把人的感情表达效果总结为一个公式：感情的表达=语言(7%)+声音(38%)+表情(55%)。商务场合的表情礼仪包括眼神、微笑等。

(一) 眼神

1. 目光

眼神能够最明显、最自然、最准确地反映出一个人的心理活动。目光是否运用得当会直接影响沟通的效果。

(1) 注视的时间。注视对方时间的长短是十分有讲究的。

(2) 表示友好。向对方表示友好时，应不时地注视对方。注视对方的时间约占全部相处时间的1/3。

(3) 表示重视。向对方表示关注时，应常常把目光投向对方，注视对方的时间约占相处时间的2/3。

(4) 表示轻视。目光常游离于对方，注视对方的时间不到全部相处时间的1/3，就意味着轻视。

(5) 表示敌意。目光始终盯在对方身上，注视对方的时间在全部相处时间的2/3以上，被视为有敌意，或有寻衅滋事的嫌疑。

(6) 表示感兴趣。目光始终盯在对方身上，偶尔离开一下，注视对方的时间在全部相处时间的2/3以上，同样也可以表示对对方较感兴趣。

2. 注视的角度

当注视别人时，目光的角度，即目光从眼睛里发出的方向，表示与交往对象的亲疏远近。

(1)平视也叫正视，即视线呈水平状态，常用在普通场合与身份、地位平等的人进行交往时。

(2)侧视。是平视的一种特殊情况，即位于交往对象的一侧，面向并平视着对方。侧视的关键在于面向对方，若斜视对方，即为失礼之举。

(3)仰视。即主动居于低处，抬眼向上注视他人，以表示尊重、敬畏对方。

(4)俯视。即向下注视他人，可表示对晚辈宽容、怜爱，也可表示对他人的轻慢、歧视。

3. 注视的部位

允许注视的常规部位有：

(1)双眼(关注型注视)。注视对方双眼，表示自己重视对方，但时间不要太久。

(2)额头(公务型注视)。注视对方额头，表示严肃、认真、公事公办。

(3)眼部——唇部(社交型注视)。注视这一区域，表示礼貌、尊重对方。

(4)眼部——胸部(亲密型注视)。注视这一区域，多用于关系密切的男女之间，表示亲近、友善。

(5)任意部位(随意型注视)。对他人身上的某一部位随意一瞥，多用于在公共场合注视陌生人，最好慎用。

(二)笑容

笑容，即人们在笑的时候的面部表情。利用笑容可以消除彼此间的陌生感，打破交际障碍，为更好沟通与交往创造有利的氛围。

1. 笑的种类

在商务交往中，合乎礼仪的笑容大致可以分为以下五种。

(1)含笑。不出声，不露齿，只是面带笑意，表示接受对方，待人友善，适用范围较为广泛。

(2)微笑。唇部向上移动，略呈弧形，但牙齿不外露，表示自乐、充实、满意、友好，适用范围最广。

(3)轻笑。嘴巴微微张开一些，上齿显露在外，不发出声响，表示欣喜、愉快，多用于会见客户、向熟人打招呼等情况。

(4)浅笑。笑时抿嘴，下唇大多被含于牙齿之中，多见于年轻女性表示害羞之时，通常又称为抿嘴而笑。

（5）大笑。大笑太过张扬，一般不宜在商务场合中使用。

2. 笑的方法

笑的共性是面露喜悦之色，表情轻松愉快。但是如果发笑的方法不对，要么笑得比哭还难看，要么会显得非常假，甚至显得很虚伪。

（1）发自内心。笑的时候要自然大方，显示亲切。

（2）声情并茂。笑的时候要做到表里如一，使笑容与自己的举止、谈吐呼应。

（3）气质优雅。笑的时候要讲究笑得适时、尽兴，更要讲究精神饱满、气质典雅。

（4）表现和谐。从直观上来看，笑是人们的眉、眼、鼻、口、齿以及面部肌肉和声音所进行的协调行动。

3. 商务场合的不当笑容

（1）假笑。即笑得虚假，皮笑肉不笑。

（2）冷笑。即含有怒意、讽刺、不满、无可奈何、不屑一顾、不以为然等容易使人产生敌意的笑。

（3）怪笑。即笑得怪里怪气，令人心里发麻，多含有恐吓、嘲讽之意。

（4）媚笑。即有意讨好别人，非发自内心，具有一定的功利性目的的笑。

（5）怯笑。即害羞、怯场，不敢正视他人交流视线，甚至会面红耳赤地笑。

（6）窃笑。即偷偷地笑、洋洋自得或幸灾乐祸地笑。

（7）狞笑。即面容凶恶地笑，多表示愤怒、惊恐、吓唬。

七　手势礼仪

人在紧张、兴奋、焦急时，手都会有意无意地表现着。手势是人们交往时不可缺少的动作，是具有表现力的一种"体态语言"。俗话说："心有所思，手有所指。"作为仪态的重要组成部分，手势应该得到正确的使用。

（一）手势要领

商务场合中手势要规范、自然，动作幅度不宜过大，次数不宜过多，不宜频繁重复。在做出手势时，要目视对方、面带微笑，体现出对客人的尊重，同时使手势更加协调大方。要避免不稳重的手势及对他人失敬的手势。服务场合要注意多使用柔和曲线手势，少用生硬的直线条手势，以更好地拉近彼此的心理距离。

（二）手势的种类

1. 指引时手势

"指引"手势指人、物或者方向时，应当是掌心向上，四指并拢，拇指自然分开，手掌和手腕伸直，使手与小臂成一条直线，由身体一侧抬起，指向目标。同时配以"请""您好"等语言以表达对对方的尊重。"指引"手势主要分为以下四种。

(1)"横摆式"手势。"横摆式"手势常表示"请进"。即五指伸直并拢，然后以肘关节为轴，手从腹前抬起向右摆动至身体右前方，不要将手臂摆至体侧或身后。同时，脚站成右丁字步，左手下垂，目视来宾，面带微笑。商务秘书应注意，一般情况下要站在来宾的右侧，并将身体转向来宾。当来宾将要走近时，向前上一小步，不要站在来宾的正前方，以避免阻挡来宾的视线和行进的方向，要与来宾保持适度的距离。上步后，向来宾施礼、问候，然后向后撤步，先撤左脚再撤右脚，将右脚跟靠于左脚心内侧，站成右丁字步。

(2)"直臂式"手势。"直臂式"手势常表示"请往前走"。即五指伸直并拢，屈肘由腹前抬起，手臂的高度与肩同高，肘关节伸直，再向要行进的方向伸出前臂。在指引方向时，身体要侧向来宾，眼睛要兼顾所指方向和来宾，直到来宾表示已清楚了方向，再把手臂放下，向后退一步，施礼并说"请您走好"等礼貌用语。切忌用一根手指指指点点。

(3)"曲臂式"手势。"曲臂式"手势常表示"里边请"。当左手拿着物品，或推扶房门、电梯门时，而又需引领来宾时，即以右手五指伸直并拢，从身体的侧前方，由下向上抬起，上臂抬至离开身体45°的高度，然后以肘关节为轴，手臂由体侧向体前左侧摆动呈曲臂状，请来宾进去。

(4)"斜摆式"手势。"斜摆式"手势常表示"请坐"。当请来宾入座时，先用双手扶住椅背将椅子拉出，然后一只手屈臂由前抬起，再以肘关节为轴，前臂由上向下摆动，使手臂向下成一斜线，表示请来宾入座。

2. 介绍时手势

(1)介绍自己：右手五指并拢，用手掌轻按自己的左胸。

(2)介绍他人：掌心向上，五指并拢，手心向上与胸齐，以肘为轴向外转，手掌抬至肩的高度，并指向被介绍人的一方。当你介绍别人时，不能用手对对方指点，显得很无理。当别人介绍到你或对方向你进行自我介绍时，你应该向对方微笑，和其握手或点头示意。如果你正坐着，应该起立；如不便，则应稍起欠身，以示对对方的尊重。

(3)介绍的顺序：先介绍位卑者给位尊者。将男士介绍给女士；将年轻的介绍人给年长的人；将自己公司的同事介绍给别家公司的同事；将职位稍低者介绍给职位较高者；将公司同事介绍给客户；将非官方人士介绍给官方人士；将本国同事介绍给外国同事；如果身边各有一人，先介绍右边的人，再介绍左边的人。

3. 鼓掌时手势

鼓掌时，面带微笑，抬起左手手掌到胸前位置，以右手除拇指外的其他四指轻拍左手中部。节奏要保持平稳、频率一致。

(三)手势的注意事项

1. 注意区域性差异

在不同国家、不同地区、不同民族，由于文化习俗的不同，手势的含义也有很多差别，甚至同一手势表达的含义也不相同。所以，只有手势的运用合乎规范，才不至于无事生非。

2. 手势宜少不宜多

手势宜少不宜多。多余的手势会给人留下装腔作势、缺乏涵养的感觉。

3. 要避免出现不当手势

在交际活动时，有些手势会让人反感，严重影响形象。比如当众搔头皮、掏耳朵、抠鼻子、咬指甲、手指在桌上乱写乱画等。

礼仪知识巩固

思考题

1. 商务人员提高个人礼仪修养的方法和途径有哪些？
2. 保持得体的站姿、坐姿、蹲姿应注意哪些礼节？
3. 微笑和眼神在商务场合中应该如何使用？

★ 礼仪案例分析

眼神乱瞄坏大事

一位销售经理和他的客户正在餐厅共进晚餐，商讨合作事宜。在交谈过程中，这位销售经理的眼睛不时地转向从身边走过的一位漂亮服务员，直到她离开自己的视线。对此，这位客户感觉到对方不尊重自己及和他所谈论的项目。用餐过后，这位客户拒绝了此次合作。这位客户的一位朋友一直很看好这个项目，问其不合作的原因，客户说："作为销售人员，在谈话时他的注意力不在我们的合作项目上，竟然在那位漂亮女服务员的腿上，这样低俗、没有素质的人，我能放心和他合作吗？"

资料来源：编者根据相关资料整理得到。

分析讨论：

1. 这位销售经理在仪态举止方面有什么不足？
2. 在商务场合应该如何规范自己的仪态举止？

礼仪实训2-3-1 站姿训练

实训目标：掌握站姿的基本要领和不同场合下的站姿，纠正不良站姿。
实训地点：形体训练室或有条件的教室。
实训准备：落地镜、音乐和音乐播放器材。学生应着形体训练服装、舞蹈鞋等进行训练。
实训步骤： (1)学生听教师口令列队，做好基本准备。 (2)教师示范，学生模仿。 (3)分组进行训练，直到学生基本掌握。 (4)每组在3分钟内进行总结复习，然后分组进行考核。 (5)教师打分，各组互相打分并阐述理由(见表2-4)。 (6)每组派一个代表上台进行总结。 (7)评选出最佳表现奖(团队或个人)。 (8)教师进行点评。
实训方法：面向镜子按照动作要领体会标准站姿。 (1)五点靠墙法：个人靠墙站立，要求后脚跟、小腿、臀、双肩、后脑勺都紧贴墙，进行身体的直立和挺拔训练。 (2)头上顶书法：在头顶放一本书使其保持水平促使人把颈部挺直，下巴向内收，上身挺直。 (3)双腿夹书法：在大腿间夹一本薄的书或一张纸，保持纸或书不掉落、不松动，以此训练腿部的控制能力。
实训内容： (1)垂手侧放式站姿(基本站姿)。身体立直，抬头挺胸，下颌微收，双目平视，嘴角微闭，面带微笑，双手自然垂直于身体两侧，双膝并拢，两腿绷直，脚跟靠紧，男士脚尖分开呈小"丁"字形，女士脚尖分开呈小"丁"字形或小"V"字形。 (2)腹前叉式站姿。身体立直，抬头挺胸，下颌微收，双目平视，嘴角微闭，面带微笑，双手自然并拢，右手握住左手指尖(女)/手掌(男)，轻贴于腹前，身体重心可放在两脚上，也可放在一脚上，并通过重心的移动减轻疲劳。 (3)背手势站姿(后搭手站姿)。双手在身后交叉，右手握住左手手腕，放置后背中间。两脚可分可并，分开不超过肩宽，脚尖展开，两脚夹角成45°~60°，挺胸立腰，收颌收腹，双目平视。 (4)背垂手站姿。一只手背在后面，贴在臀部，另一只手自然下垂，手自然弯曲，中指对准裤缝，两脚可以并拢也可以分开，也可以成小丁字步。一般左脚在前，则左手臂下垂，呈右背手站姿；反之，则右手臂下垂，左手背后，呈左背手站姿。 (5)单臂前驱式站姿。一只手弯曲，手心向内放在胸腹部，另一只手自然下垂。一般左脚在前，则左手臂下垂，呈右前手站姿；反之，则右手臂下垂，左手手心向内放于胸腹部，呈左前手站姿。 (6)脚位。 男士站立时可采取以下几种脚位：①大"V"型：站立时，两脚分开，距离不超过20厘米，脚位呈"V"字形。②小"V"型：站立时，脚后跟并拢，脚尖分开，距离为7~10厘米(一个拳头的距离)，脚尖呈"V"字形。③两脚平行：站立时，双脚平行分开，但不得超过肩宽。 女士站立时可采取以下几种脚位：①大"V"型：站立时，两脚分开，距离不超过20厘米，脚位呈"V"字形。②小"V"型：站立时，脚后跟并拢，脚尖分开，距离为7~10厘米(一个拳头的距离)，脚尖呈"V"字形。③两脚平行：站立时，双脚平行分开，但不得超过肩宽。④小"丁"字形：两脚尖略分开，右脚在前，将右脚跟靠在左脚脚弓处，脚尖分开呈小"丁"字形。
注意事项：训练时可以配上优美的音乐，放松心情，减轻单调、疲劳之感。女性可穿半高跟鞋进行训练，以强化训练效果。

表2-4 站姿礼仪实训评价评分

被考评小组							
考评地点							
考评时间				成员姓名			
考核项目	考核内容	考核标准	分值	最终得分			实际得分（小组自评30%+同伴互评30%+师评40%）
				小组自评分	同伴评分	教师评分	
站姿礼仪	1. 垂手侧放式站姿（基本站姿）	身体保持正、直，遵守站姿基本要领；脚掌分开呈"V"字形，脚跟靠拢，两腿并拢立直；双臂放松，自然下垂于体侧，虎口向前，手指自然弯曲	15				
	2. 腹前叉手式站姿	身体保持正、直，遵守站姿基本要领；脚掌分开呈"V"字形，脚跟靠拢，两腿并拢立直；双臂放松，右手握住左手指尖（女性）/右手握住左手手掌（男性）	15				
	3. 背手式站姿	身体保持正、直，遵守站姿基本要领；两脚分开，略宽于肩宽，两腿平行身体立直，身体重心放在两脚上；两臂肘关节自然内收，两手相握放在后背腰处	15				
	4. 背垂手式站姿	身体保持正、直，遵守站姿基本要领；选择将两脚打开或成丁字步站立，左手单臂背后，右手完成服务或引导工作	15				
	5. 单臂前驱式站姿	身体保持正、直，遵守站姿基本要领；选择将两脚打开或成丁字步站立，一只手弯曲，手心向内放在胸腹部，另一只手自然下垂	15				
	6. 团队默契程度（包括动作整齐度、编排效果、完成度）		15				
	7. 成员精神面貌		10				
	合计		100				

礼仪实训 2-3-2 坐姿训练

实训目标： 掌握坐姿的基本要领和不同场合下的坐姿，纠正不良坐姿。

实训地点： 形体训练室或有条件的教室。

实训准备： 落地镜、椅子、音乐和音乐播放器材。学生应着形体训练服装、舞蹈鞋等进行训练。

实训步骤：
(1) 学生听教师口令列队，做好基本准备。
(2) 教师示范，学生模仿。
(3) 分组进行训练，直到学生基本掌握。
(4) 每组在 3 分钟内进行总结复习，然后分组进行考核。
(5) 教师打分，各组互相打分并阐述理由(见表 2-5)。
(6) 每组派一个代表上台进行总结。
(7) 评选出最佳表现奖(团队或个人)。
(8) 教师进行点评。

坐姿基本要领： 面向镜子按照动作要领体会标准坐姿。
(1) 入座要轻稳。入座要轻缓。女士入座时要从后背至臀部捋裙子。
(2) 入座后上体自然挺直，人体重心垂直向下，腰部挺起，脊柱向上伸直，挺胸，双腿定要并拢，双肩平整放松，躯干与颈、髋、腿、脚正对前方。双臂自然弯曲，双手掌心向下自然放在双腿、椅子、沙发扶手上。双目平视，面带笑容。不可坐在椅子上前俯后仰，摇腿跷脚；不可将脚跨在椅子、沙发扶手上或架在茶几上；上司或客人面前不可双手抱在胸前，不可跷二郎腿，不可抖腿，也不可半躺半坐。
(3) 头正、嘴角微闭，下颌微收，面容平和自然。
(4) 不可把椅子坐满，应坐椅子的 2/3，脊背轻靠椅背，但不坐在边沿上。
(5) 离座时，要自然稳当。

实训内容：
(1) 正襟危坐式。又称基本坐姿，适用于最正规的场合。要求上身与大腿、大腿与小腿、小腿与地面都应当成直角。双膝双脚完全并拢。
(2) 垂腿开膝式。多为男性所使用，也较为正规。要求上身与大腿、大腿与小腿皆呈直角，小腿垂直地面。双膝分开，但不得超过肩宽。
(3) 双腿叠放式。它适合穿短裙子的女士采用，造型极为优雅，有一种大方高贵之感。要求将双腿完全地一上一下交叠在一起，交叠后的两腿之间没有任何缝隙，犹如一条直线。双腿斜放于左右一侧，斜放后的腿部与地面呈 45°夹角，叠放在上的脚尖垂向地面。
(4) 双腿斜放式。适用于穿裙子的女性在较低处就座使用。要求双膝先并拢，然后双脚向左或向右斜放，力求使斜放后的腿部与地面呈 45°角。
(5) 双脚交叉式。它适用于各种场合，男女皆可选用。要求双膝先要并拢，然后双脚在踝部交叉。交叉后的双脚可以内收，也可以斜放，但不宜向前方直伸。
(6) 双脚内收式。适合一般场合采用，男女皆宜。要求两大腿首先并拢，双膝略打开，两条小腿分开后向内侧屈回。
(7) 前伸后屈式。女性适用的一种优美的坐姿。要求大腿并紧之后，向前伸出一条腿，并将另一条腿屈后，两脚脚掌着地，双脚前后要保持在同一条直线上。
(8) 大腿叠放式。多适用男性在非正式场合采用。要求两条腿在大腿部分叠放在一起。叠放之后位于下方的一条腿垂直于地面，脚掌着地。位于上方的另一条腿的小腿则向内收，同时脚尖向下。

坐姿时双手的手位注意事项：
(1) 无扶手时，可双手平放在双膝上，可双手相交或轻握放于腹部，可左手放左腿上，右搭左手背，两手呈"八"字形放于腿上。
(2) 双手叠放，放在一条腿的中前部。
(3) 有扶手时，一手放在扶手上，另一手仍放在腿上或双手叠放在侧身一侧的扶手上，掌心向下。

注意事项： 训练时可以配上优美的音乐，放松心情，减轻单调、疲劳之感。女性可穿半高跟鞋进行训练，以强化训练效果。

表2-5　坐姿礼仪实训评价评分

被考评小组：

考评地点：

考核项目：

成员姓名：　　考评时间：

考核项目	考核内容	考核标准	分值	小组自评分	同伴评分	教师评分	实际得分（小组自评30%+同伴互评40%+师评30%）	最终得分
坐姿礼仪	1. 正襟危坐式（基本坐姿）	上半身保持正、直，遵守坐姿基本要领；上身与大腿、大腿与小腿、小腿与地面都应当成直角；双膝双脚完全并拢	10					
	2. 垂腿开膝式（多用于男性）	上半身保持正、直，遵守坐姿基本要领；要求上身与大腿、大腿与小腿皆呈直角，小腿垂直地面；双膝分开，但不得超过肩宽	10					
	3. 双腿叠放式（多用于女性）	上半身保持正、直，遵守坐姿基本要领；女性双手叠放于大腿上，要求双腿完全地一上一下交叠在一起，交叠后的两腿之间没有任何缝隙，犹如一条直线；双腿斜放于左右一侧，斜放后的腿部与地面呈45°夹角，叠放在上的脚尖朝下垂直向地面	10					
	4. 双腿斜放式（多用于女性）	上半身保持正、直，遵守坐姿基本要领；女性双手叠放于大腿上，女性双腿叠放并拢，要求双膝先并拢，然后双脚向左或向右斜放，力求使斜放后的腿部与地面呈45°角	10					

续表

考核项目	考核内容	考核标准	分值	小组自评分	同伴评分	教师评分	实际得分（小组自评30%+同伴互评40%+师评30%）
站姿礼仪	5. 双脚交叉式	上半身保持正、直，遵守坐姿基本要领；女性双手叠放于大腿上，要求双膝先要并拢，然后双脚在踝部交叉；交叉后的双脚可以内收，也可以斜放	10				
	6. 双脚内收式	上半身保持正、直，遵守坐姿基本要领；女性双手叠放于大腿上，两大腿首先要并拢，双膝略打开，两条小腿分开后向内侧屈回	10				
	7. 前伸后屈式（多用于女性）	上半身保持正、直，遵守坐姿基本要领；女性双手叠放于大腿上，大腿并紧之后，向前伸出一条腿，并将另一条腿屈后，两脚脚掌着地，双脚前后要保持在同一条直线上	10				
	8. 团队默契程度（包括动作整齐度、编排效果、完成度）		20				
	9. 成员精神面貌		10				
	合计			100			

礼仪实训 2-3-3 行姿训练

实训目标：掌握行姿的基本要领，纠正不良行姿。

实训地点：形体训练室或有条件的教室。

实训准备：落地镜、音乐和音乐播放器材。学生应着形体训练服装、舞蹈鞋等进行训练。

实训步骤：

(1)学生听教师口令列队，做好基本准备。

(2)教师示范，学生模仿。

(3)分组进行训练，直到学生基本掌握。

(4)每组在 3 分钟内进行总结复习，然后分组进行展示。

(5)每组派一个代表上台进行总结。

(6)教师进行点评。

行姿基本要领：面向镜子按照动作要领体会标准行姿。

抬头，挺胸，收腹。以站姿为基础，面带微笑，眼睛平视，双肩平稳，双臂前后自然地有节奏摆动；行走时，双脚两侧行走的线迹为一条直线；步幅要适当，一般应是前脚脚跟与后脚脚尖相距为一脚长，但因性别身高不同会有差异，着装不同，步幅也不同；跨出的步子应脚跟先着地，走路要有节奏感，走出步韵来。

正确的走姿要求：①头正；②肩平；③躯挺；④步位直；⑤步幅适度；⑥步速平稳。

实训内容：

(1)在地面上画一条直线，行走时手部掐腰，上身正直，双脚内侧踩在线上，行走时按要求走出相应的部位与步幅。可以纠正行走时摆胯、送臀、扭腰、"八字步态"、步幅过大过小的毛病。训练时配上行进音乐，音乐节奏为每分钟 60 拍。

(2)头顶书本行走，进行整体平衡练习。重点纠正行走时低头看脚、摇头晃脑、东张西望、脖颈不正、弯腰弓背的毛病。

(3)进行原地摆臂训练。站立，两脚不动，原地晃动双臂，前后自然摆动，手腕进行配合，掌心要朝内，以肩带臂，以臂带腕，以腕带手，纠正双臂横摆、同向摆动、单臂摆动、双臂摆幅不等的现象。

注意事项：训练时可以配上优美的音乐，放松心情，减轻单调、疲劳之感。女性可穿半高跟鞋进行训练，以强化训练效果。

礼仪实训 2-3-4 蹲姿训练

实训目标：掌握蹲姿的基本要领，纠正不良蹲姿。

实训对象：全体上课学生。

实训地点：形体训练室或有条件的教室。

实训准备：落地镜、音乐和音乐播放器材。学生应着形体训练服装、舞蹈鞋等进行训练。

实训步骤：

(1)学生听教师口令列队，做好基本准备。

(2)教师示范，学生模仿。

(3)分组进行训练，直到学生基本掌握。

(4)每组在 3 分钟内进行总结复习，然后分组进行展示。

(5)每组派一个代表上台进行总结。

(6)教师进行点评。

蹲姿基本要领：面向镜子按照动作要领体会标准蹲姿。

站在所取物品的旁边，蹲下屈膝捡，不要低头、弓背，要慢慢地把腰部低下；两腿合力支撑身体，掌握好身体重心，臀部向下。一脚在前，一脚在后，两腿向下蹲，前脚全着地，小腿基本垂直于地面，后脚跟提起，脚掌着地，臀部向下。男士两腿间可留有适当缝隙，女士则要两腿并紧，穿旗袍或短裙时需更加留意，以免尴尬。

如果用右手捡物品，可以先走到物品的左边，右脚向后退半步再蹲下。脊背保持挺直，臀部一定要蹲下来，避免弯腰翘臀的姿势。特别是穿裙子时，如不注意背后的上衣自然上提，就会很不雅观。即使穿着长裤，两腿展开平衡下蹲，撅起臀部的姿态也不美观。

实训内容：

(1)男士应练习站立时和行走过程中的半蹲式蹲姿，并拾取地上的物品。拾取物品时注意保持上身的平稳，稍向前倾。

(2)女士应练习站立时和行走过程中的半蹲式蹲姿及交叉式蹲姿，并拾取地上的物品。拾取东西时女士要注意衣裙的遮掩，忌弓背撅臀。

蹲姿训练按蹲姿基本要领，进行蹲下拾物训练。捡拾 3~5 次即可。

注意事项：训练时可以配上优美的音乐，放松心情，减轻单调、疲劳之感。女性可穿半高跟鞋进行训练，以强化训练效果。

礼仪实训 2-3-5 眼神训练

实训目标：掌握眼神的基本要领。

实训对象：全体上课学生。

实训地点：形体训练室或有条件的教室。

实训准备：落地镜、手持小镜子、优秀影视剧中的演员和节目主持人通过眼神表达内心情感的形象资料、音乐和音乐播放器材。

实训步骤：

(1)学生听教师口令列队，做好基本准备。

(2)教师示范，学生模仿。

(3)分组进行训练，直到学生基本掌握。

(4)每组在 3 分钟内进行总结复习，然后分组进行考核。

(5)每组派一个代表上台进行总结。

(6)教师进行点评。

实训内容：

(1)睁大眼睛训练。有意识地练习睁大眼睛的次数，增强眼部周围肌肉的力量。

(2)转动眼球训练。头部保持稳定，眼球尽最大的努力向四周做顺时针和逆时针转动，增强眼球的灵活性。

(3)视点集中训练。点上一支蜡烛，视点集中在蜡烛火苗上，并随其摆动，坚持训练可令目光集中、有神，眼球转动灵活。

(4)目光集中训练。眼睛盯住三米左右的某一物体，先看外形，逐步缩小范围到物体的某一部分，再到某一点，再到局部，再到整体。这样可以提高眼睛明亮度，使眼睛十分有神。

（5）影视观察训练。观看录像资料，注意观察和体会优秀影视剧中的演员和节目主持人是如何通过眼神表达内心情感的。参考电影：《罗马假日》《窈窕淑女》。

注意事项：训练时可以配上优美的音乐，放松心情，减轻单调、疲劳之感。

礼仪实训 2-3-6 微笑训练

实训目标：掌握微笑的基本要领。

实训地点：形体训练室或有条件的教室。

实训准备：落地镜、小镜子、筷子、音乐和音乐播放器材。学生应着形体训练服装、舞蹈鞋等进行训练。

实训步骤：
（1）学生听教师口令列队，做好基本准备。
（2）教师示范，学生模仿。
（3）分组进行训练，直到学生基本掌握。
（4）每组在 3 分钟内进行总结复习，然后分组进行展示。
（5）每组派一个代表上台进行总结。
（6）教师进行点评。

微笑训练基本要领：手持小镜子按照动作要领练习微笑。
（1）放松唇部肌肉。试着按音节发出 Do、Re、Mi、Fa 等音，不是连着念，而是大声且清楚地每个音发三次，尽量将嘴形做到最满，放松唇部肌肉。
（2）锻炼嘴角弧度。用门牙轻轻地咬住木筷子。把嘴角对准木筷子，两边都要翘起，并观察连接嘴唇两端的线是否与木筷子在同一水平线上。保持这个状态 10 秒。
（3）训练保持微笑。找到最满意的微笑以后，试着对着镜子训练自己维持相同笑容至少 30 秒。尤其是容易笑僵、笑容尴尬的话，更要加强这一阶段的训练。

咬筷子训练微笑要领：
（1）用上下两颗门牙轻轻咬住筷子，看看自己的嘴角是否已经高于筷子了。
（2）继续咬着筷子，嘴角最大限度地上扬。也可以用双手手指按住嘴角向上推，上扬到最大限度。
（3）保持上一步的状态，拿下筷子。这时的嘴角就是你微笑的基本脸型。能够看到上排 8 颗牙齿就可以了。
（4）再次轻轻咬住筷子，发出"yì"的声音，同时嘴角向上向下反复运动，持续 30 秒。
（5）拿掉筷子，察看自己微笑时的基本表情。双手托住两颊由下向上推，并要反复发出声音。
（6）放下双手，同上一个步骤一样数"1、2、3、4"，也要发出声音，重复 30 秒结束。

注意事项：训练时可以配上优美的音乐，放松心情，减轻单调、疲劳之感。

礼仪实训 2-3-7 手势训练

实训目标：掌握行姿的基本要领，纠正不良行姿。

实训地点：形体训练室或有条件的教室。

实训准备：落地镜、音乐和音乐播放器材。学生应着形体训练服装、舞蹈鞋等进行训练。

实训步骤：
（1）学生听教师口令列队，做好基本准备。
（2）教师示范，学生模仿。

(3)分组进行训练，直到学生基本掌握。

(4)每组在 3 分钟内进行总结复习，然后分组进行展示。

(5)每组派一个代表上台进行总结。

(6)教师进行点评。

手势运用要领：

有明确的目的和用意。必须戒除一些无意义的、习惯性的动作，如摆弄台面的物品，玩弄衣角、饰物，搔首弄姿，将手插在口袋里，或习惯用手托住腮，这些无意义的习惯性动作会给人留下不良印象。正确使用各种手势动作。在相互交流中，不同的手势动作有着不同的含义，它是人们长期使用过程中约定俗成的。

实训内容：

(1)指示性手势训练(以左手为例)：五指并拢伸直，屈肘由身前向左斜前方抬起，抬到约与肩同高，再向要指示的方向伸出前臂。身体保持立正，微向"左倾"。"请"姿训练(以右手为例)：五指并拢伸直，掌心向下，手掌平面与地面呈45°左右，腕关节要低于肘关节。做动作时，手从腹前抬起，至上腹处，然后以肘关节为轴向右摆动，摆到身体右侧前停住，同时身体和头部微由左向右倾斜，视线也由此随之移动；双脚并拢或成右丁字步，左臂自然下垂，目视客人，面带微笑。当然，仅靠手势指示，而神态麻木或漫不经心是不行的，只有面部表情和身体各部身姿配合，才能给人一种热诚、舒心的感觉。

(2)礼仪性手势训练。挥手表示告别、致意；扬手表示招呼、注意；招手表示过来；摆手表示否定；甩手表示不要、不理。

手势训练要点：

(1)自然、有力、不夸张、不烦琐。

(2)上臂不贴紧身体抱于胸前或小腹前。

(3)上不超肩 10 厘米，下不过腰 10 厘米。

(4)目的要明确。①手指的运用。伸出拇指可以表示夸奖、赞扬、"第一"；伸出小指表示"落后"、末名；伸出食指可以指点事物，可以表示斥责、命令、警戒，还可以表示数目"一"(竖指作一字状)、"七"(屈指作七字状)、"九"(屈指作九字状)；食指与拇指做圈状表示"零"；食指与中指竖起表示"二"，也可以表示"胜利"；食指、中指、无名指竖起表示"三"；食指、中指、无名指、小指竖起表示"四"；五指竖起表示"五"；拇指与小指竖起表示"六"；拇指与食指竖起表示"八"；左右食指交叉表示"十"；中指弯曲向下敲击桌面表示谢谢，向上敲击桌面表示注意。②手掌的运用。手掌捂胸表示第一人称"我"、良心、心里面；合掌表示祈祷；手掌向前、向上伸展表示希望、喜悦、祝愿、展望、憧憬等；手掌向下劈一般表示憎恶、不悦、不屑、不耻等。

礼仪实训 2-3-8 商务服务礼仪综合考核

实训目标：全面考核学生的仪容、仪表、仪态礼仪。

实训地点：形体训练室或有条件的教室。

实训准备：落地镜、音乐和音乐播放器材。学生应着形体训练服装、舞蹈鞋等进行训练。

实训步骤：

(1)学生听教师口令列队，做好基本准备。

(2)分组进行展示和考核。

(3)教师打分，各组互相打分并阐述理由(见表2-6)。

(4)评选出最佳表现奖(团队或个人)。

(5)教师进行点评。

表2-6　商务服务礼仪综合评价评分

考评小组

考评地点　　　　　　　　　成员姓名

考评时间

考核项目	考核内容	个人形象考核标准	分值	小组自评分	同伴评分	教师评分	实际得分（小组自评30%+同伴互评40%+师评30%）
个人形象	头发	头发应梳理整齐，呈自然色，发型美观大方，易保持	5				
	发型	发长不过肩，如留长发须束起或使用发髻，并梳理整齐，前不遮眉，侧不及耳，后不及衣领	5				
	面容	脸、颈及耳朵保持干净	5				
	衣服	衣服应干净，平整；制服外不得显露个人物品，衣、裤口袋整理平整；纽扣扣好，勿显鼓起，扣子无缺少或松动	5				
	手	保持指甲干净，常修剪指甲	5				
	鞋	深色皮鞋，鞋面、鞋底、鞋侧保持清洁，鞋面要擦亮，以黑色为宜	3				
	袜	裙装须着肤色长筒袜或裤袜	2				

考核项目	考核内容	动作形体考核标准	分值	小组自评分	同伴评分	教师评分	实际得分（小组自评30%+同伴互评40%+师评30%）
动作形体	基本站姿	上身正直，头正目平，微收下颚，面带微笑	5				
		挺胸，直腰，收腹，提臀，肩平，双臂自然下垂，两腿相靠站直	13				
		双脚跟并拢，脚尖分开夹角为15°（或将左脚放在右脚的1/2处，两脚之间的夹角为不超过45°）	12				
		双手虎口相交，自然叠放于身前	10				

续表

考核项目	考核内容		动作形体考核标准	分值	小组自评分	同伴评分	教师评分	实际得分（小组自评30%＋同伴互评40%＋师评30%）
动作形体	基本站姿		手指尽量舒展伸直，但不要外翘，双臂下垂形成自然弧度	5				
			始终保持规范站姿，站手指定位置	5				
	微笑点头礼		面带微笑，面部表情端庄、大方、真诚、亲切，口眼结合，嘴角、眼神含笑	10				
			同候时，要与客人有目光接触，自然凝视对方眼鼻之间部位，动作不要太快	5				
			点头致意时，要使用恰当的礼貌用语，并自然说一些如"欢迎光临""再见""您好"等话语	5				
总结与提高								

第三章
商务言谈礼仪

本章导论

　　语言是人与人之间表达思想、交流情感和沟通信息的重要工具之一。在商务场合，无论是问候、谈判、协商、促销还是联谊交往活动，都需要通过言谈对话来实现。而在言谈对话的过程中，可以反映出一个人的知识、阅历、教养、应变能力以及心理素质等综合能力。俗话说："良言一句三冬暖，恶语伤人六月寒。"在商务活动中与人交谈时，应该以真诚的态度、文明的语言和专注的神态，以"礼"取胜。正确地掌握和运用称谓礼仪、言谈礼仪，学会赞美和倾听，是商务交往中不可缺少的一环。本章知识要点如图3-1所示。

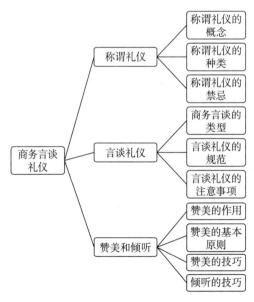

图3-1　本章知识要点

李×的当务之急

李×是某高校商学院市场营销专业的毕业生，毕业时他应聘到北京一家知名汽车4S店从事汽车销售工作。在向客户推销汽车过程中，语言的运用具有非常重要的作用。李×因为刚开始工作，在言谈礼仪方面存在不少欠缺。现在请你给李×指导一下，他在言谈礼仪方面应该学习哪些知识、注意哪些问题呢？

资料来源：编者根据相关资料整理得到。

在商务交往中，语言是传送信息最基本、最重要的方式之一。言谈礼仪，又称交谈礼仪，文雅的说法是谈吐礼仪，是个人基本礼仪的重要组成部分。交谈是两个或者两个以上的人所进行的对话，是人们交流思想、传递信息、进行交际、开展工作、建立友谊、增进了解的一种形式，反映个人的知识、阅历、教养以及综合的应变能力。交流主要通过语言完成，在语言交流和沟通时应注重基本礼仪，并掌握一定的语言运用技巧。动人的语音、准确的语感、适当的节奏、得体的肢体语言、适宜的脸部表情，是谈吐的基本要求。

第一节　称谓礼仪

一　称谓礼仪的概念

称谓，也叫称呼。称谓礼仪主要指人际交往过程中彼此规范性的礼貌称呼。人际交往，礼貌当先；与人交谈，称谓当先。使用称谓，应当谨慎，稍有差错，便贻笑于人。恰当地使用称谓，是商务活动中的一种基本礼貌。商务场合称谓要求可以概括为正式、庄重、规范。

二　称谓礼仪的种类

商务场合的称谓礼仪主要有以下六种。

（一）职务性称谓

职务性称谓是一种最常见的称谓，是指以交往对象的职务称呼对方，以示身份有别，敬意有加。这种称谓方式一般有以下三种情况：

（1）仅称呼职务，例如"主席""经理""部长"等。

（2）职务前加上姓氏，例如"刘主席""李经理""赵部长"等。

（3）在职务前加上姓名，例如"刘×主席""李×经理""赵×部长"等。这种情况适用于十分正式的场合。

（二）职称性称谓

以职称相称，一般也有以下三种情况：

（1）仅称职称，例如"教授""主任医师""工程师"等。

（2）在职称前加上姓氏，例如"杨教授""苏主任医师""李总工程师"或简称"李工"等。

（3）在职称前加上姓名，例如"杨××教授""苏××主任医师""李××总工程师"（不可简称为"李×工"）等。这种情况适用于十分正式的场合。

职称称谓应遵循"趋高避低"的原则，例如，在称呼"副教授""副主任医师"等一类副职时一般应该去掉"副"字，直接称呼为"教授""主任医师"。但一些级别较低的职称和学位很少用来作称呼语，如"讲师""助教""硕士"等。

（三）学衔性称谓

以学衔作为称谓，主要是博士学位，可增加被称谓者的权威性。以学衔相称，一般可以仅称学衔，如"博士"；也可以在学衔前加上姓氏，如"徐博士""徐博"；还可以具体化，说明学衔所属学科、国别等，姓名放最后，如"留美经济学博士徐××"。其他学位，如学士、硕士则不能作为称谓来使用。

（四）姓名性称谓

在工作岗位上称呼姓名，一般限于同事、熟人之间。其具体方法有以下三种：

（1）直呼姓名，如"李××""张××"。

（2）只呼其姓，不称其名，但要在其前面加上"老""大""小"等，如"老赵""大张""小李"等。

（3）只称其名，不呼其姓。通常限于上级称呼下级、长辈称呼晚辈时，在朋友、同事、邻里之间，也可以使用这种称谓，如将"李××"称为"××"
"阿×"等。

(五) 行业性称谓

在工作中，有时可以按行业、交往对象所从事的职业称谓对方，即直接
以被称呼者的职业作为称呼。例如，将教员称为老师，将教练员称为教练，
将专业辩护人员称为律师，将警察称为警官，将会计师称为会计，将医生称
为大夫，等等。在正式场合，可以在职业前加上姓氏或姓名进行称呼，如"王
老师""王×老师"，"刘警官""刘×警官"等。

(六) 性别性称谓

在商务交往特别是涉外商务交往过程中，一般习惯性按性别的不同称呼
对方"小姐""女士"或"先生"。其中，"小姐"一般用来称呼未婚女性，"夫
人"一般用来称呼已婚女性，"女士"是对女性的一种尊称，"男士"是对男性
的一种尊称。

三 称谓礼仪的禁忌

在使用称谓时，一定要避免以下六种失敬的做法。

(一) 使用错误的称呼

常见的错误称呼有两种：一是误读；二是误会。

1. 误读

误读就是念错姓名。为了避免这种情况的发生，对于不认识的字，事先
要有所准备。如果是临时遇到，就要谦虚请教。

名有单名和双名，公关人员需要注意的是掌握一些常见的复姓，以免
误把复姓拆开，当作单姓。常见的复姓有欧阳、司马、诸葛、西门等。特
别是对复姓只有单名的情况更应注意，如果把"欧阳×"称作"欧先生"是不
礼貌的。

在我国香港、澳门、台湾地区，女性结婚后，通常在自己的姓之前还要
加上丈夫的姓。如华××小姐嫁给钱××先生后，她的姓名即为钱华××，这时人
们应称她为钱太太。

2. 误会

误会主要是指对被称呼者的年纪、辈分、婚否以及与其他人的关系作出

了错误判断。例如，将未婚妇女称为"夫人"就属于误会。相对年轻的女性，都可以称为"小姐"，这样对方也乐意听。

(二)使用不通行的称谓

有些称谓，具有一定的地域性，例如，山东人喜欢称呼合作者为"伙计"，但对南方人其他省份的人来说"伙计"是"打工仔"。"阿姨"是晚辈对女性长辈的尊敬称呼，但在上海，人们习惯称呼保姆、钟点工等女性为阿姨。中国人把配偶经常称为"爱人"，在涉外场合，不能将"爱人"翻译为"Lover"，因为"Lover"有"（非婚的）情人"的意思。

(三)使用不当的称谓

工人可以称呼为"师傅"，道士、和尚、尼姑可以称为"出家人"。但如果用这些来称呼其他人，没准还会让对方产生自己被贬低的感觉。尽量不要用"老先生"称呼农民，用"师傅"称呼老师。

(四)使用庸俗的称谓

有些称呼在正式场合不适合使用。例如，"兄弟""哥们儿"等一类的称呼，虽然听起来亲切，但显得档次不高。

(五)使用外号、绰号的称谓

在任何场合，不要自作主张给对方起外号，更不能用道听途说来的外号、绰号去称呼对方，也不能随便拿别人的姓名乱开玩笑。

(六)以生理特征作称谓或用有鄙视意味的称谓

如"胖子""瘦子""瘸子""四眼""推车的""穿白衣服的""打扫卫生的""看门的""老头儿"等。

礼仪知识巩固

填空题

1. 商务场合称谓要求可以概括为：正式，_____，_____。
2. 常见的错误称呼有两种：一是_____；二是_____。
3. 称呼"刘×警官"是_____称谓。
4. 称呼"王×教授"是_____称谓。
5. 称呼"赵×博士"是_____称谓。

 礼仪案例分析

如何称呼?

小北进入了一家新的单位,领导带他熟悉周围环境并介绍给部门的老同事认识。他非常恭敬地称对方为老师,大多数同事都欣然地接受了。当领导把他带到一位同事面前,并告诉小北,以后就跟着这位同事学习,有什么不懂的就请教他。小北更加恭敬地称对方为老师。这位同事连忙摇头说:"大家都是同事,别那么客气,直接叫我名字就行了。"小北仔细想想,认为叫老师显得太生疏了,但是直接叫名字又觉得不尊敬,不知道该怎么称呼对方比较合理。

资料来源:编者根据相关资料整理得到。

分析讨论:

1. 小北遇到的称谓难题应该怎么解决,说出你的想法。
2. 谈谈在职场中运用正确称谓礼仪的重要性和必要性。

礼仪实训 3-1-1 记住他人的名字

实训内容:通过名字游戏,帮助学生记住班里学生姓名。

实训目的:提高学生称谓礼仪意识,增进学生彼此熟悉程度,强化学生班级凝聚力。

游戏方法:

【游戏一】串名字游戏

规则:小组成员围成一圈,任意提名一位学生自我介绍班级、姓名,第二名学生轮流介绍,但是要说:我是×××后面的×××,第三名学员说:我是×××后面的×××的后面的×××,依次下去,最后介绍的一名学员要将前面所有学员的名字、班级复述一遍。

◎注意事项:如果是学生来自同一个班级,可以将自我介绍里的班级换成省份、寝室楼号等。

【游戏二】面对面的介绍游戏

规则:将所有人排成两个同心圆,随着歌声同心圆转动,歌声一停,面对面的两人要相互自我介绍。

◎注意事项:

排成相对的两个同心圆,边唱边转,内外圈的旋转方向相反。

歌声告一段落时停止转动,面对面的人彼此握手寒暄并相互自我介绍。歌声再起时,游戏继续进行。

【游戏三】我是谁?

游戏规则:

1. 教师发给每位学生一张 A4 打印纸

2. 学生两两分组,一人为甲,一人为乙(最好以不熟悉的同学为伴)

(1)甲先向乙介绍"自己是一个什么样的人",乙则在 A4 纸上记下甲所说的特质,历时五分钟。

(2)教师宣布活动的规定:自我介绍者在说了一个缺点之后,就必须说一个优点。

(3)五分钟后，甲乙角色互换，由乙向甲自我介绍五分钟，而甲做记录。

(4)五分钟后，教师请甲乙两人取回对方记录的纸张，在背面的右上角签上自己的名字。然后彼此分享做此活动的心得或感受，并讨论介绍自己的优点与缺点，哪一项较为困难？为何会如此？个人使用哪些策略度过这五分钟？两人之中须有一人负责整理讨论结果。

3. 学生三小组或四小组并为一大组，每大组有 6~8 人

(1)两人小组中负责统计与整理的人向其他人报告小组讨论的结果。

(2)分享后，教师请每位同学将其签名的 A4 纸(空白面朝上)传给右手边的同学。而拿到签名纸张的同学则根据其对此位同学的观察与了解，在纸上写下"我很欣赏你，因为(写明原因)……"。写完之后则依序向右转，直到签名纸张传回到本人手上为止。

(3)每个人向其他组员分享其看到别人回馈后的感想与收获。

4. 全班学生回到原来的座位

(1)教师请志愿者或邀请一些同学分享此次活动的感想与收获。

(2)教师进行点评。

【游戏四】交换名字

这个游戏旨在考验学生的习性。平常对于自己的名字，可说是耳熟不过了，但若临时更换名字就会觉得陌生。

游戏规则：

(1)人数在 10 个人最适合。

(2)参加者围成一个圆圈坐着。

(3)围成圆圈的时候，自己随即更换成右邻者的名字。

(4)以猜拳的方式来决定顺序，然后按顺序来提出问题。

(5)当主持人问及"张三先生，你今天早上几点起床？"时，真正的张三不可以回答，而必须由更换成张三名字的人来回答："今天早上我 7 点钟起床！"以此类推，最后剩下的一个人就是胜利者。

注意事项：教师可根据课时和时间选择其中一个或者多个游戏进行实训。

第二节　言 谈 礼 仪

一　商务言谈的类型

作为商务人员，从事的很多活动都离不开言谈。开展调查研究、与人促膝谈心、进行公务谈判、接待宾客来访都需要运用言谈。言谈的常见类型有以下四种。

1. 单向与双向言谈

发表讲话、布置工作、进行演讲都是单向言谈，按照事先准备的讲稿，或依照讲话的目的和要求，在一定的范围发表讲话，要求说得有条理、有层次，一般是单向灌输，一气呵成，不停顿，不讨论，不交流，把要说的内容

说完就结束。询问情况、回答问题、交流看法、进行谈判、会客寒暄则是双向言谈，需要根据对象、场合和交谈进程，不断调整言谈内容，使交谈不断推进和深入。

2. 正式与非正式言谈

在正式场合涉及公务内容的言谈都可以看作正式言谈，它要求言谈庄重、严肃，有些甚至代表国家、政党的立场和机关单位的态度。非正式言谈则是指一些非正式场合的言谈，在一些私下场合，会见客人的寒暄、相遇熟人的交谈、同事之间的闲谈等则可以是自由、轻松和随意的。

3. 有声与无声言谈

通过口头语言表达意思的是有声言谈，包括语气措辞、语速语调等。通过交谈时的动作、表情及距离来传达信息、表达感情就是无声言谈。动作包括头部、手部的动作，点头摇头、挥手握拳，都传达特定的信息。说话时的表情是常见的伴随体语，通过表情表达喜怒哀乐。微笑被认为是人类最美好的语言，是言谈时应该具有的基本表情。眼神也是一种重要体语，目光可以反映心理和情感的变化，传达重要的信息。言谈时还可以通过空间距离反映密切程度，要根据交谈双方的关系来确定，与亲友熟人交谈距离和与一般工作关系的人员的交谈距离就有所区别。

4. 直接与间接言谈

与听者在同一场所进行面对面的交谈是直接言谈。这种言谈要注意谈吐的仪表，要注意听者的反应。电话交谈则是间接言谈，要注意遵守通话礼仪规范。

二 商务言谈礼仪的规范

(一) 商务言谈礼仪的原则

1. 真诚坦率的原则

诚恳待人是人际交往的基本原则，交谈也是如此。说话时的态度是决定谈话成功与否的重要因素，因为谈话双方在谈话时始终都相互观察对方的表情、神态，反应极为敏感，所以谈话中一定要给对方一种认真、和蔼、诚恳的感觉。交谈双方认真对待交谈主题，坦诚相见，直抒胸臆，明明白白地表达各自的观点和看法。"出自肺腑的语言才能触动别人的心弦"，真心实意的交流，是信任他人的表现，只有用自己的真情激起对方感情的共鸣，交谈才能取得满意的效果。

2. 互相尊重的原则

交谈的双方可能身份、地位不同，但不论与何人交谈，态度都应该是坦然、平等的，面对达官贵人、名流权威不能唯唯诺诺、手足无措、畏首畏尾，面对地位比自己低的人也不应该趾高气扬、盛气凌人。交谈中，任何人都希望得到来自对方的尊重。所以，谈话时要把对方作为平等的交流对象，在心理上、用词上、语调上体现出对对方的尊重。尽量使用礼貌语，谈到自己时要谦虚，谈到对方时要尊重。恰当地运用敬语和自谦语，可以显示个人的修养、风度和礼貌，这样做有助于交谈的成功。

3. 充分聆听的原则

充分聆听就是要学会做一位好听众。在人们日常的语言交往活动(听、说、读、写)中，听在人们的交往中居于非常重要的地位。谈判学者认为，成功的商业性会谈并没有多么神秘，专心地注意那个对你说话的人是非常重要的，是最有效果的。但是在日常生活中，人在与人交流或沟通时，会更加注重如何去说话。在与人交谈之前，总是担心自己不会说、说不好，总是在思考如何才能说得更好，而很少考虑如何去聆听别人说话，如何在交谈中给对方留下好的印象。充分聆听，既要专注于听，又要专注于观察，同时还要积极地参与和适时地回应。在交流过程中，要尽可能有问必答，要通过参与对方的谈话，如点头或者说"对""好""嗯"等鼓励对方将话讲出来。

4. 谨慎朴实的原则

古人说要"敏于事而慎于言"，这是经验之谈。意思是说做事要敏捷，说话要谨慎，讲话之前应对自己要讲的话稍加思索，想好了可以说，还没有想清楚的话就不要说，切不可冒冒失失，胡乱不知所云。尤其是在涉外商务活动之中，由于风俗习惯、政治信仰等的不同，有些话题在交谈中提及就容易引起反感，讲话言不及义、文不对题，会给人以一种浅薄之感。

朴实、文雅是一种美德，但这是知识渊博的自然流露。有些人文化修养不深厚，但说话时却故意卖弄，甚至装腔作势，乱用一些名词典故，结果贻笑大方，所以交谈中只要用词达意、通顺易懂即可。

(二)商务言谈礼仪的要求

言谈对话是商务活动交流中重要的沟通手段，具有不可替代的重要作用。在商务言谈礼仪基本原则的基础上要注意以下五个方面。

1. 措辞谦逊文雅

措辞的谦逊文雅体现在两个方面：一是对他人应多用敬语、敬辞；二是对自己则应多用谦语、谦辞。谦语和敬语是一个问题的两个方面，前者对内，后者对外，内谦外敬，礼仪自行。

2. 语音、语调平稳柔和

一般而言，语音、语调以柔言谈吐为宜。我们知道语言美是心灵美的语言表现。有善心才有善言。因此要掌握柔言谈吐，首先应加强个人的思想修养和性格锻炼，同时还要注意在遣词用句、语气语调上的一些特殊要求。例如，应注意使用谦辞和敬语，忌用粗鲁污秽的词语；在句式上，应少用"否定句"，多用"肯定句"；在用词上，要注意感情色彩，多用褒义词、中性词，少用贬义词；在语气语调上，要亲切柔和，诚恳友善，不要以教训人的口吻谈话或摆出盛气凌人的架势；在交谈中，要眼神交汇，带着真诚的微笑，微笑将增加感染力。

3. 谈话要掌握分寸

在商务交往中，哪些话该说、哪些话不该说、哪些话应该怎样去说才更符合商务交往的目的，是言谈礼仪中应注意的问题。一般来说，善意的、诚恳的、赞许的、礼貌的、谦让的话应该说，且应该多说。恶意的、虚伪的、贬斥的、无礼的、强迫的话语不应该说，因为这样的话语只会造成冲突，破坏关系，伤及感情。有些话虽然出自好意，但措辞用语不当，方式方法不妥，好话也可能引出坏的效果。所以语言交际必须对说的话进行有效的控制，掌握说话的分寸，才能获得好的效果。

4. 交谈应注意忌讳

在一般交谈时要坚持"六不问"原则。年龄、婚姻、住址、收入、经历、信仰，属于个人隐私的问题，在与人交谈中，不要好奇询问，也不要问及对方需要保密的问题。在谈话内容上，一般不要涉及疾病、死亡、灾祸等不愉快的事情；不谈论荒诞离奇、耸人听闻、黄色淫秽的事情。与人交谈，还要注意亲疏有度，"交浅"不可"言深"，这也是一种交际艺术。

5. 交谈要注意姿态

交谈时除注意语言美、声音美之外，姿态美也很重要。首先要做到的是双方应互相正视、互相倾听，不要东张西望、左顾右盼。在交谈过程中眼睛不应长时间地盯住对方的某一位置，让人感到不自在。交谈姿态不要懒散或面带倦容，哈欠连天，也不要做一些不必要的小动作，如玩指甲、弄衣角、搔脑勺、抠鼻孔，等等。这些小动作显得不礼貌，也会使人感觉你心不在焉、傲慢无礼。

(三) 商务言谈礼仪的技巧

无论是在日常生活中，还是处于正式的商务场合，一个人如果口才好，说话流利，善于表达自己的思想，传递自己的感情，就更容易达到交谈的目的，从而出色地完成工作。那么，我们如何才能培养与人沟通的能力呢？

1. 使用礼貌用语

人际交往中，恰如其分地使用礼貌用语，可以表现出个体的友好、亲切、平易近人。使用礼貌用语不仅反映了一个人的思想道德素质，而且表现了一个人的语言修养。礼貌用语要做到有分寸、有礼节、有教养、有学识。真正做到文明、礼貌用语是非常不容易的，这要求我们在日常生活和商务交往中注意以下三个方面问题。

（1）使用礼貌用语。常用的礼貌用语可以划分为问候用语、致谢用语、尊称用语、征询用语、应答用语、致歉用语、欢迎用语、告别用语、请托用语和节日祝福用语十种。在人际交往中，个体会根据场合的不同，使用不同的礼貌用语。例如，早上见面打招呼用"早上好"；初次见面时用"你好"；送别他人时用"再见""一路顺风""欢迎再来"，请求别人帮助时用"对不起，打扰一下""劳驾""拜托""请帮我一下"；致谢时使用"非常感谢""给您添麻烦了""多亏您的帮忙"；道歉时用"对不起，请原谅""真过意不去"等。

（2）杜绝使用粗话、脏话。商务场合一般和气文雅，谦虚有礼，满口粗话、脏话的人势必成为另类，彬彬有礼、温文尔雅的人才会赢得人们的赞许和尊敬，在日常生活中，不断地督促自己、约束自己形成良好的用语习惯，必要的时候可请求身边的家人或朋友帮助，只要坚持不懈，这种坏习惯一定可以改掉。杜绝粗话、脏话，注意文明礼貌，养成健康的言谈习惯，形成文明的社会风气。

（3）敬语、谦语、雅语的结合。所谓敬语，是指表示尊敬礼貌的词语。多使用敬语，可以体现一个人的文化素养。常用的敬语如"请""您""阁下""高堂""令兄""贵方"；好久不见用"久违"；初次见面用"久仰"；请人批评说"指教"；谈话老人年龄称"高寿"；等候客人用"恭候"；称赞别人的见解用"高见"；中途离场用"失陪"；称他人来信为"惠书"；宾客来临用"光临"；称老师为"恩师"；称别人的住处为"府上"等。所谓谦语，是指向人表示谦恭和自谦的一种词语，其常用在谦称自己或家属，常用谦语可以体现一个人的谦虚，使得对方产生尊敬之情。常用的谦语如：称自己的父母、兄弟、姐妹分别为家父或家严、家母或家慈、家兄与舍弟、家姐与舍妹；称自己的住处为"寒舍"；称自己为"鄙人"。所谓雅语，是和粗俗语言相对的一种文雅言辞。多使用雅语，可以体现一个人的文明程度的高低、素质的优劣。社交场合中的雅语，例如，把吃饭称为"用餐"，喝茶称为"品茶"；上厕所称为"去卫生间"；假如你先于别人结束用餐，你应该向其他人打招呼说"请大家慢用"；雅语有时表现在对某些职业的雅化上，如把捡破烂称为"拾荒者"、把环卫工人称为"城市美容师"、把保姆称为"家政服务员"等。

2. 掌握商务言谈的"5W1H"原则

（1）明确交谈对象。即同谁（Who）交谈。与同事交谈和与客户交谈，与职位比自己高的人和与职位比自己较低的人交谈，都应当有所不同。

（2）明确交谈目的。即为什么（Why）要交谈。对这个问题，需要深思熟虑，不然就有可能劳而无功，枉费口舌。

（3）明确交谈方式。即采取哪一种方式（Which）进行交谈。它与交谈效果存在着不可否认的因果关系。

（4）明确交谈主题。即谈什么（What）内容。交谈必须围绕主题展开，否则东拉西扯，不得要领，其结果可想而知。

（5）明确交谈场合。即在哪里（Where）进行交谈。谈判桌上的交谈与休闲场合下的交谈是不同的。不同的地点，谈话的氛围、态度与主题等也有所不同。

（6）明确交谈技巧。即怎样交谈（How）效果更好。交谈中如能正确使用一些技巧，往往能起到事半功倍的功效；如果不讲技巧，其结果可能是事倍功半，甚至是事与愿违。

3. 选择正确的交谈方式

（1）扩展式交谈。是指交谈双方就某些共同关心的问题进行由此及彼、由表及里、由浅入深的讨论。

（2）评判式交谈。是指在交谈过程中听取对方的观点以后，在适当的时刻，以适当的方法，恰如其分地进行插话，来发表自己就此问题的主要看法。

（3）倾泻式交谈。是指在谈话时对对方毫无保留，将自己的全部想法都全盘托出，就是人们通常所说的"打开天窗说亮话"。

（4）静听式交谈。是指与别人进行谈话时，自己主要是洗耳恭听。

（5）启发式交谈。是指交谈中的一方主动帮助不善表达的另一方，在话题的选择或谈话的走向上给予对方引导、支持、鼓励，以帮助对方在谈话中得以采用恰当的方法来阐述自己的见解和主张。

（6）跳跃式交谈。是指在交谈过程中，某一话题在无人回应时，为避免谈话者感到尴尬，或者是谈话出现冷场，因而跳出原先谈论的范围，转而挑选出令大家都感兴趣的话题。

4. 选择适宜的话题

商务人员每天与熟悉的或不熟悉的人打交道。与人见面后，除了问候之外，还要与人交谈。谈什么，怎么谈，就会产生一个选择适宜话题的问题。俗话说："话不投机半句多。"选择双方都感兴趣的话题，是初步交谈的媒介，是深入细谈的基础，是纵情畅谈的开端，是交谈成功的关键。

（1）共同的话题。商务人员与熟悉的商务对象交往时，他们共同的话题当然就是商务活动的一些内容。这是最直接、最简洁的谈话主题，既省时又省力。如果在交谈主题之前再寒暄一番，绕一个大圈子，反而显得生疏。例如，双方约定见面是为了签订某项商务合同，见面时作一些简单介绍后，就可以直接进入谈判主题。

（2）通俗的话题。通俗的话题最容易引起双方的共鸣。与人初次见面，并不了解对方，讲得太雅了，怕对方说你故扮清高；讲得太俗了，又怕对方说你低级趣味；不如讲一些大家都熟悉又共同关注的话题。例如：当天有趣的新闻报道或耸人听闻的奇闻异事；谈彼此都认识的朋友间的趣事；与刚刚毕业的大学生聊聊就业的形势和渠道；探讨柴米油盐的价格和热卖的商品；等等。彼此交谈的过程也是一个互相了解的过程。如果你遇到的是一位文人雅士，不妨谈点文学、艺术、历史、自然等方面的内容，因为这些话题对他们而言也是通俗的话题。

（3）轻松愉快的话题。现代生活节奏快，压力大，每个人都希望能够得到放松。轻松愉快的话题能调节人们的情绪，活跃人际气氛，拉近彼此的距离。例如，讲一个雅俗共赏的故事，谈一段旅游中的奇闻趣事，甚至唱几句台词，摆一个滑稽的架势，都能令人忍俊不禁、捧腹大笑。

（4）擅长的话题。交谈的话题应当是自己和对方所熟悉甚至擅长的内容。选择自己擅长的话题，就会在交谈中驾轻就熟、得心应手，给对方留下美好的印象。选择对方擅长的话题，既可以给对方发挥长处的机会，调动其交谈的积极性，也可以借机向对方学习，从而丰富自己。与人初次见面，最好先了解对方的个人资料，如生活背景、专业特长、从事的职业等。见面后的交谈便可围绕对方擅长的话题展开。例如：对方是从事商贸工作的，可以有针对性地谈谈某些商品的性能与市场份额；对方是从事传媒工作的，可以谈当下火爆的电视节目和主持人；等等。这样就能使对方有话可谈，乐于谈下去，避免出现尴尬的局面。

三　商务言谈礼仪的注意事项

（一）商务言谈的"四不准"

1. 不准打断对方

谁都有说话的权利，不要轻易打断对方，因为这样显得很没有教养。注意上级可以打断下级，长辈可以打断晚辈，平等身份的人没有权力打断对方。万一与对方同时开口说话，应说"您请"，让对方先说。

2. 不准补充对方

有些人好为人师，总显得懂得多，好像比对方技高一筹。出现这一问题，实际上是没有摆正位置，站在不同角度，对同一问题的看法会产生很大差异。真正容人的人会给他人说话的机会，给他人表达自己意愿的权利。说话技巧在于四个字：少说多听。在公众场合和在外人面前，特别是当与对方位置不平等时，交谈的基本技巧是少说多听。不轻易补充对方，当然如果谈话双方身份平等，彼此熟悉，有时适当补充对方的谈话也并无大碍，但是在谈判桌上绝不能互相补充。

3. 不准纠正对方

不是原则问题，不要随便进行是非判断。"十里不同风，百里不同俗。"不同国家、不同地区、不同文化背景的人考虑同一问题，得出的结论未必一致。真正有教养的人懂得尊重别人，尊重别人就要尊重对方的选择。除了大是大非的问题必须旗帜鲜明地回答外，一般性问题不随便与对方争论。记住商务交往的原则：从心理上接受别人。不要把自己的是非判断标准随便强加于人。得罪人往往不是在大是大非的原则问题上，而是让人难堪。

4. 不准质疑对方

不随便对别人的谈话内容表示怀疑，心里头掂量、评估倒也可以，当众说出来有时挺尴尬。对别人说的话不随便表示怀疑，质疑对方并非不行，但是不能表现在脸上。质疑对方实际是对其尊严的挑衅，是一种不理智的行为，商务交往中，这样的问题值得高度关注。

(二)个人隐私的"五不问"

在商务活动中，个人隐私不适合随便打探。以下五个方面称为个人隐私的"五不问"。

1. 不问收入

现代社会中个人收入往往是个人实力的标志，问挣多少钱，实际上是问人本事如何。收入代表个人能力与企业效率，因此不得问。

2. 不问年龄

在现代市场经济条件下，竞争比较激烈，从某种程度来看，个人年龄实际上是个人资本。特别是临近退休人员及白领丽人对年龄问题较敏感，不得问。

3. 不问婚姻家庭

家家都有一本难念的经。婚姻家庭纯属隐私，贸然相问，显示格调低下，因此不得问。

4. 不问健康

与年龄一样，现代人的健康其实也是一种资本。健康状况属于个人隐私，因此不得问。

5. 不问个人经历

籍贯、家乡、专业、学校等，不轻易相问。学科背景、学历、学校之类，其实都是实力问题，有教养的人不谈。英雄不问出处，不重过去，只重现在。

(三) 商务交谈的"六不谈"

1. 不非议党和政府

作为一个公民，不非议党和政府，是社会公德的体现。

2. 不涉及秘密

谈话不要涉及国家秘密与商业秘密。国家有安全法和保密法，不随意谈及秘密。

3. 不涉及交往对象的内部事务

跟人打交道，不涉及交往对象的内部事务，说者无心，听者有意，别令人难堪和尴尬。

4. 不背后议论领导、同行和同事

来说是非者，必是是非人。在组织内部、单位内部，可以批评和自我批评，但是内外有别，在外人面前不能说自己单位和部门坏话，从思想和行动上维护自己组织的形象是一种教养。一个受尊重的人，是爱岗敬业、维护自己所在组织的人。

5. 不谈论格调不高的话题

格调不高的话题不谈。不谈及家长里短、小道消息、男女关系，避免有失身份。

6. 不涉及私人问题

现代社会强调尊重个人隐私，关心有度，与外人交流时，不该谈的不谈为好；不该知道的不知为好。特别是在国际交往中，个人隐私不谈。

个人的言谈水平来自长期的积累和修炼，需要用阅历磨炼，用知识丰富，用艺术美化。需要从经验中找到成功的阶梯，从成长中得到成熟的启迪。

礼仪知识巩固 🖊

情景判断题(请判断以下情况，表现恰当的请打√，表现不当的请打×，并说明原因)

1. 王×在一次社交场合问一位漂亮的女士芳龄几何。(　　　)

2. 王×在酒店大堂高声喊朋友的名字。（　　　）

3. 王×是公司的小喇叭，许多流言蜚语都是从他这里传出来的。（　　　）

4. 王×在获得了别人的帮助之后，及时地说了一句"谢谢您"。（　　　）

5. 王×在跟别人交谈时，语气温柔，眼神总是关注对方，保持一定的社交距离。（　　　）

☆ 礼仪案例分析

寻找共同话题　缩短心理距离

李×某次经人介绍去某县拜见一位退休多年的中学校长。老校长平日深居简出，此时落落寡欢，情绪淡漠。因此，谈话较难进行。在偶然谈起学历时，李×找到了突破口，问："您德高望重，资历这么老，一定是哪所名牌大学毕业的吧?"老校长答："我年轻时在日本××大学留学。"李×一听暗自欣喜，告诉老校长："先父早年也是日本××大学毕业的。""我是学法律的。"校长答。"真巧，先父也是学法律的。"交谈之后，弄清楚他们是校友，于是进一步说："这样看来，您是老前辈了。今后还要请您多指教。"老校长脸上"多云转晴"，露出笑容，将藤椅拉近了一些。

资料来源：编者根据相关资料整理得到。

分析讨论：

1. 你认为老校长脸上"多云转晴"的原因是什么?

2. 在人际交往时，应该如何寻找共同话题?

礼仪实训 3-2-1 言谈礼仪实训（一）

实训内容：接待言谈实训、言谈禁忌实训、有主题言谈实训。
实训目的：提高学生言谈礼仪意识，强化学生语言表达的能力和自信。
(1)接待言谈实训。每小组虚构一家公司，组员虚构职务。两家公司为一组，模拟公司接待言谈礼仪。 (2)言谈禁忌实训。两人一组或小组内成员进行谈话。其中一人用言谈禁忌的话题和语言进行谈话，其他人应对，认真体会并分享交流真实感受。 (3)有主题言谈实训。两人一组或小组内成员进行有主题谈话，其中一人要充当主持人或引导者角色，围绕主题发表意见或看法，要使每个人都充分表达意见，最后主持人或引导者进行总结性发言或陈述。
注意事项：教师可根据课时与时间选择进行其中一个或者多个实训。

礼仪实训 3-2-2 言谈礼仪实训(二)

实训内容: 公众演讲实训

实训目的: 提高学生言谈礼仪意识,培养学生当众演讲和展示自我的能力。

实训步骤:

(1)演讲主题不限,学生可从教师提供的题目中选择一个进行演讲,也可自己准备。

(2)演讲时间为 1~2 分钟(教师根据课时安排规定,建议不要超过 5 分钟)。

(3)演讲详细评分规则。从妆容、发型、服饰、站姿、眼神、声音、普通话、面部表情、语言表达、演讲内容进行考察(见表 3-1)。

附:演讲题目

《我的愿望(或理想)》《我的学习生活》《我尊敬的人》《我喜爱的动物(或植物)》《童年的记忆》
《我喜爱的职业》《难忘的旅行》《我的朋友》《我喜爱的文学(或其他)艺术形式》
《谈谈卫生与健康》《我的业余生活》《我喜欢的季节(或天气)》《学习普通话的体会》
《谈谈服饰》《我的假日生活》《我的成长之路》《谈谈科技发展与社会生活》《我知道的风俗》
《我和体育》《我的家乡或我熟悉的地方》《谈谈美食》《我喜欢的节日》
《我所在的集体(学校、机关、公司等)》《谈谈社会公德/职业道德》《谈谈个人修养》
《我喜欢的明星/或知名人士》《我喜爱的书刊》《谈谈对环境保护的认识》《我向往的地方》
《购物(消费)的感受》

表 3-1　公众演讲实训评分

授课教师:			授课班级:			考察时间:				
编号	学号	姓名	总分	评分标准(100分)									
				妆容 (10分)	发型 (5分)	服饰 (5分)	站姿 (10分)	眼神 (10分)	声音 (5分)	普通话 (10分)	面部表情 (10分)	语言表达 (15分)	演讲内容 (20分)

第三节　赞美和倾听

一　赞美的作用

(一)赞美是表现尊重的最佳方式

马斯洛需求层次理论是行为科学的理论之一,由美国心理学家马斯洛于 1943 年在《人类激励理论》论文中提出。书中将人类需求像阶梯一样从低到高按层次分为五种，分别是生理需求、安全需求、社交需求、尊重需求和自我实现需求。其中人人都希望自己有稳定的社会地位，要求个人的能力和成就得到社会尊重。尊重的需要又可分为内部尊重和外部尊重。内部尊重是指一个人希望在各种不同情境中有实力、能胜任、充满信心、能独立自主。总之，内部尊重就是人的自尊。外部尊重是指一个人希望有地位、有威信，受到别人的尊重、信赖和高度评价。马斯洛认为，尊重需要得到满足，能使人对自己充满信心，对社会满腔热情，体验到自己活着的用处和价值。而赞美是表示尊重的最佳方式，可以满足他人对被尊重、被赏识的渴望。

（二）赞美是激励人的最佳动力

心理学家找了两组小孩做实验：首先，让他们长跑消耗体能；其次，一组小孩被批评，另一组小孩受表扬，结果在检验体能时发现，被批评的那组小孩像泄了气的皮球，更没力了，而受表扬的那组小孩全都兴奋得小脸红通通的，体能迅速恢复。大家还记得我们是怎么学走路的吗？也许大家都不记得了，但是如果我们注意观察就会发现，那些摇摇晃晃地学走路的孩子，只摇晃了那么两步，父母就赶紧过去拥抱他、亲吻他，表达的是"你真了不起，你真可爱"，于是，下次小孩就能走得更远，父母又兴高采烈地过去拍拍小孩，这样小孩终于能直立行走，有的甚至成为竞走冠军、长跑健将。这就是赞美的力量。往往我们赞美什么，就增加什么，甚至有效的赞美能改变人的一生。美国著名思想家巴士卡里雅认为把最差的学生给他，只要不是白痴，他都能把他们培养成优等生。他到底有何妙方呢？他的妙方就是运用赞扬激励。他首先了解学生的情况，针对学生的学习水平出考试题，让学生通过思考都能获得好成绩，有了进步后，再加大难度，使每个学生只要努力就都能做出来，这样每一次的好成绩就是对每一个学生的最好激励。学生的学习兴趣越来越高，干劲越来越大，可想而知，学习成绩就越来越好。

二 赞美的基本原则

一个经常赞扬子女的母亲可以创造出一个幸福快乐的家庭，而且可以培养出聪明懂事的孩子；一个经常赞扬学生的老师，不仅让学生生活在积极向上的氛围中，还可以带出一个有凝聚力的班集体；一位经常赞扬下属的领导者，不仅使下属产生亲近感，工作热情更高，而且可以营造和谐的人际氛围，增强单位的凝聚力和向心力。同样，在商务交往中也需要赞美。赞美别人时如不审时度势，不掌握一定的赞美技巧，即使你是真诚的，有时也会弄巧成拙，引起他人的反感。我们只有掌握赞美的基本原则，才能形成融洽的商务交往氛围。

(一)赞美要真诚

真诚的赞美与阿谀奉承的区别在于前者发自内心，后者发自唇齿。为了赞美而赞美的话语，赞美就会变成奉承。如果你无根无据，虚情假意地赞美别人，会使人感到莫名其妙，觉得你是一个诡诈虚伪、居心叵测、别有用心的人。因此，学会真诚地赞美别人是非常重要的。那么，怎样让别人感到真诚呢？首先你对他人的赞扬一定是发自内心的，例如，你确实欣赏他，想赞美他时，你只要说出你的心里话就可以了，"真诚是必杀技"。最打动人心、最让人难以忘怀的就是心里话。真诚的赞美应该是符合事实、发自内心、实事求是的。

(二)赞美要具体

在日常生活中，人们取得突出成绩的时候并不多见。因此，交往中应从具体的事件中善于发现别人最微小的长处，并不失时机地给予赞美。赞美准则是从具体的事件出发，对对方越了解，对其优势和亮点越看重，就越能让对方感到你的真挚。赞美要具体，很多人在赞美别人的时候喜欢说其很帅或者很漂亮之类的话，这些话已经不是时下流行的赞美语言了。再说这样的话就有些恭维了，所以我们需要由整体到局部地表达赞美。赞美其某一个部分，例如，皮肤很白，化妆化得很好，头发很柔顺，耳环很漂亮，服装搭配相当好，很有活力，等等，从头发到眉毛、眼睛、鼻子、嘴巴、耳朵、脖子、眼镜、耳环、项链、胖瘦、腰围、肩宽、胳膊长度、手掌、指甲、大腿、鞋子、手机、手链、包、领带、手表、戒指，等等，都可以作为赞美的点。

(三)赞美要适时得体

出门看天气，进门看脸色。赞美别人要相机行事、适可而止，真正做到"美酒饮到微醉后，好花看到半开时"。当别人计划做一件有意义的事时，开头的赞扬能激励其下决心做出成绩，中间的赞扬有益于对方再接再厉，结尾的赞扬则可以肯定成绩，指出进一步的努力方向，从而达到"赞扬一个，激励一批"的效果。

(四)赞美要因人而异

人的素质有高低之分，年龄有长幼之别，也有男女之异。因人而异，突出个性，有特点的赞美，比一般化的赞美能收到更好的效果。老年人总希望别人不忘记他"想当年"的业绩与雄风，同其交谈时，可多称赞他引以为豪的过去；对年轻人不妨语气稍微夸张地赞扬其创造才能和开拓精神，并举出几点实例证明其的确能够前程似锦；对于经商的人，可称赞其头脑灵活，生财有道；对于漂亮的女孩，可以夸赞其美貌；对于不漂亮的女孩，可以夸赞其风度；同时见了漂亮和不漂亮的女孩，可以夸赞她们得体的服装或者气质风度。能够适当地道出他人内心的渴望并通过恰当方式表达出来的人最受欢迎。

(五) 多赞美那些需要赞美的人

值得一提的是，赞美人要特别注意对象。在现实生活中，最需要赞美的不是那些早已功成名就的人，而是那些因被埋没而产生自卑感或身处逆境的人。他们平时很难听到赞美的话语，一旦被人当众真诚地赞美，便有可能振作精神，大展宏图。因此，最有实效的赞美不是"锦上添花"，而是"雪中送炭"。赞美并不一定用那些固定的词语，有时投以赞许的目光，伸出拇指做一个夸奖的手势，送一个鼓励的微笑，也能收到意想不到的效果。

三 赞美的技巧

(一) 微笑是最好的赞美

微笑可以说是人际交往的魔力开关，是人际交往成功的秘诀，它能散发出人们无法抵挡的魅力。而同时微笑又是人人都有的能力。请人帮忙时面带微笑，别人难以拒绝你的请求；感谢别人时面带微笑，别人会加倍领受你的感激之情。心情郁闷时，微笑会解脱你的烦恼；开心得意时，微笑会使你更加愉快。所以我们每个人都应当充分使用我们与生俱来的秘密武器——微笑。

(二) 记住他人的名字

记住他人的名字并把其叫出来，实质是对人不着痕迹的赞美，因为人人都把自己的名字看得异常珍贵，名字让一个人在人群中显得独一无二。古人讲避讳，君王的名字、长辈的名字、圣人的名字都不能任别人叫，以显示拥有者的尊贵。能记住人名，不仅是一种技巧，也是一种本事。如果你与他人见面时，请记住名字，在第二次再见时就能叫出来，那么其一定会感受到你的重视，从而对你也会产生好感。

(三) 做一位好听众

人人都觉得自己所说的话是十分重要的，因此听人说话也是对人的一种暗示性赞美。常听过这样的话，商务礼仪人员要做"大耳朵、小嘴巴"，少说多听，倾听是找准客户需求的途径。年轻人喜欢展望未来，老年人乐意沉湎过去，认真地听年轻人说话是对年轻人的鼓励，认真地听老年人说话是对老年人的敬重。与人谈话，总是会说的不如会听的。

(四) 给对方没有期待的赞美

赞美不要跟在别人后面，人云亦云。如果一个人的优点很突出，可能很多人都赞美过了，那么你的赞美可能作用就不会那么大了，但是如果你能发现其一些不为人知的优点，然后能巧妙地加以赞美，势必能取得更好的效果。

(五) 赞美别人自己也认可的优点

如果一个人自我感觉老态龙钟，你却赞美他年轻，他会觉得你虚伪；如果一个人是以节俭为美德，你却赞美他买的物品价格昂贵，他也会不快乐。所以要赞美得恰当，一定要赞美他自己也认可的优点。这就要我们善于观察、善于总结。一般一个人喜欢炫耀的，就正是他引以为得意的，就是他自己也认可的，你可以放心地去赞美，他一定会高兴的。

(六) 适度指出别人的变化

当你发现对方有值得赞美的地方，就要善于及时大胆地赞美，千万不要错过机会。这种赞美表示"你在我心目中很重要，我很在乎你的变化"，否则就是代表"我瞧不上你，我不在乎你"，这是很糟糕的。上级对下级、老师对学生、父母对孩子应多使用这种方法，当然夫妻之间也可以使用。有这样一个例子：有一个家庭，原来都是妻子做饭菜，可是后来妻子工作特别忙，顾不了家，为了让丈夫乐意并学会做菜，她就采取每天表扬一点的方法，比如今天夸奖他盐放得刚好，明日又赞美他做的菜的色泽好，就这样丈夫在赞美声中天天进步，不知不觉中她卸下了家务的担子，而其丈夫却干得美滋滋的。

(七) 在自己期望最少时赞美别人

这种赞美来得真诚，也让自己养成赞美别人的习惯，不要到有事求人时方"临时抱佛脚"，甚至阿谀逢迎，而一旦别人没帮上忙时，就脸色立变，翻脸不认人，要永怀一颗感恩的心，不时发现他人的美好加以赞美，无论别人是否帮上忙，都由衷地感谢别人。

(八)信任的刺激作用

此方法的经典之语为"只有你……，能帮我做成……"。当一个人对别人说"这件事只有你能帮我"的时，对方就会油然升起一种自己是重要人物甚至英雄人物的豪气来。请人帮忙的目的，只是为了让他感觉重要，而不是为了强人所难，应当让别人帮一些力所能及的小忙。

(九)适当运用间接赞美的技巧

(1)间接赞美是指借第三方的话来赞美对方。例如，你到领导办公室去汇报工作，看见他/她的办公桌上放着孩子的照片，可以依此判断他/她是一个非常重视家庭关系、重视与子女关系的人。因此你可以说："上次听某某说您儿子/女儿除了成绩好之外，钢琴还弹得特别好，真是跟您一样优秀！我要多多向您讨教培养孩子的良方啊！"这就是借着赞美孩子的话，把其父亲/母亲也一并赞美了。

(2)在对方不在场的情况下，向第三方说出赞美对方的话，可能会达到意想不到的效果。小周是一名地铁站的安检人员。一次，同事小李在吃饭时跟他说："上次主管领导跟我说，我们这里最负责、最勤快的就是你了，要我们多多向你学习，要不然有晋升机会时，可就没法追上你了。"小周心里暗下决心："一定要比之前工作更加认真努力！"无形中，领导的话由第三方转述出来，效果比直接的赞美会更好。

(十)记住对方特别的日子或特别的事情

记住对方特别的日子或特别的事情，并在关键时提出来，你会发现，你们之间的沟通会越来越顺畅。在特别的日子里，给人送去一些祝福和礼物，能给对方很大的惊喜，从而达到意想不到的效果。这需要平时的积累，好的方法就是用手机备忘录(电话本、名片)，在对方联系方式的旁边记上他/她的生日、妻子/丈夫的名字、儿子/女儿的名字、得意的事情等。

四 倾听的技巧

言谈对话本身包括说和听，真诚地倾听对方的话就是对对方最好的赞美。聆听别人讲话，必须做到耳到、眼到、心到，同时还要辅以其他行为和态度。社会学家和心理学家从人际关系角度进行研究，提出了以下五项倾听技巧。

(一) 主动积极

谈话时，我们要对对方的感觉和意见表示出极大的兴趣，并且积极回应对方，有不明白的问题及时问清楚。与对方保持良好的互动，鼓励对方讲话。单独听对方讲话，身子稍稍前倾，保持自然微笑，表情随对方谈话内容相应地变化，恰如其分地点头。决不轻易打断对方的谈话，让对方把话说完。谈话有时并不是一下子就能抓住实质，应该让对方有时间不慌不忙地把话说完，即使对方为了厘清思路，做短暂的停顿，也不要影响其思路。不经对方允许不插话。任何情况下都不否定对方的话。

(二) 体察对方的感觉

感觉往往比思想更能引导行为，越不注意别人感觉的真实面，彼此沟通就越不畅通。体察感觉，将对方的话背后的情意复述出来，表示接受及了解其感觉，会产生很好的效果。

(三) 不要匆忙下结论

一个善于交谈的人应该努力弄懂对方的谈话内容，完全把握其意思。

(四) 关怀、了解和接受对方

要鼓励或帮助对方寻求解决问题的途径，如果态度真诚，不掺杂虚假，定能奏效。

(五) 全神贯注地聆听

真诚的倾听需要全身心地投入，要采取开放尊重信任的姿态，排除干扰，不做无关的动作，集中精力、全神贯注地聆听对方讲话。注视说话者，保持目光接触。东张西望、低头做事、面露不烦都是不礼貌的，都会使对方产生反感。

1. 不要介意对方谈话时的语言和动作特点

有些人谈话时常常带口头语或做一些习惯动作，对此不必介意，应将注意力放在对方谈话的内容上。

2. 注意反馈

聆听对方谈话，要注意信息反馈，及时验证是否已经了解对方的意思。可以简要地复述对方的谈话内容，并请其纠正。适时而恰当地提出问题，配合对方的语气表达意见，有助于准确理解谈话内容。

3. 交谈时要冷静

一个善于聆听的人，总能控制感情。过于激动，无论是对讲的人还是对听的人来说，都会影响表达的效果。

4. 注意语言以外的表达手段

表达内容并不一定都在话语中。聆听对方谈话时，还要注意对方的声调、语调、态度以及表情、手势、动作等，以便充分了解对方的本意。

5. 抓住主要意思，不被枝节所吸引

善于聆听的人，总是注意分析哪些内容是主要的，哪些内容是次要的，以便抓住问题的实质，避免造成误解。对方所讲的话题，可通过巧妙的应答，把内容引向所需的方向和层次。

6. 使思考的速度与谈话相适应

思考的速度通常要比讲话的速度快若干倍，在聆听谈话时，大脑要抓紧工作，勤于思考分析。心不在焉，不动脑筋，对方谈话的内容没记住，让对方重复，这样就很耽误时间，影响工作效率。

7. 不要总想占主导地位

不要表现得好像无所不知，只有自己才能给对方以启发。自以为是的人往往最不会聆听对方的谈话。善于听别人说话是深入细致地了解对方的重要手段。听人说话时，必须仔细地把握对方说的内容和其声调、神态所流露出的心情。有时对方说得很清楚，听起来比较容易；有时对方说得凌乱或者含糊，曲折或者隐晦，听起来需要费很多功夫。要细心地一面听，一面加以分析、整理、揣摩、研究。听人说时，同时还要思考。借着对方说的时间，整理思想，寻找恰当而有力、明确而动人的词句，完善地表达思想。对对方了解得越清楚，就越容易寻找到适当而有力的词句来表达，讲的话就越容易使对方产生兴趣，得到对方的理解与同情，控制谈话的发展方向，从而把谈话引到己方所希望的方向上。

8. 最善于说话的人，必须是最善于听人说话的人

很会说话的人总是先倾听别人说话，用微笑、点头及偶尔的问话，鼓励对方畅所欲言。静静地听他人讲话，到了关键点自己才开口，通过三言两语抓到重点，不但可以牢牢地吸引别人的注意力，深深地打动别人的心，而且能迅速且顺利地解决问题。

礼仪知识巩固

简答题

1. 赞美的作用是什么？

2. 赞美的基本原则有哪些？

3. 赞美有十项技巧，你认为最重要的是哪几项？为什么？

4. 说出五项倾听的技巧。

礼仪实训 3-3-1 赞美游戏：我们是一家人

实训内容：玩赞美游戏

实训目的：提高学生言谈礼仪意识，帮助学生感受赞美的力量。

游戏程序：

(1) 将全部人员分为几组，分别为 a1，a2，b1，b2，c1，c2⋯⋯每组 3~4 位成员。

(2) 先在组内进行学员间的自我介绍，要求介绍姓名、工作单位、职位和爱好等。然后推举一位小组成员代表小组进行介绍。要求将组内每一位学员的情况介绍完整，还可加上自己评价（大家可以提问）。

(3) 当 a1 小组介绍完，b1、c1 小组代表要对 a1 小组的发言做一句话的评价（只可以是正面的：如 a1 小组成员都很年轻，非常有朝气；a1 小组成员看起来经验很丰富；a1 小组成员都是女生，都很漂亮）。当 a2 小组介绍完，b2、c2 小组代表要对 a2 小组的发言做一句话的评价。以此类推，直到所有小组介绍完毕。

(4) 每组介绍自己的代表和发表评价的代表不能是同一个人，每组时间不超过 2 分钟。

(5) 相关讨论：

①你是否容易记住别人？用什么方法？②自我介绍和介绍别人，哪一种方法更容易令你印象深刻？③你是否善于赞扬别人？④你是否善于寻找其他成员的共同点？

第四章
商务交往礼仪

　　在商务交往中，商务组织之间经常会根据实际需要开展一些商务活动，商务人员在交往中要展示自己的风度，塑造组织的形象，向交往对象表示尊重和友好，必须遵守相应的礼仪规范和惯例。商务交往礼仪与一般的社交礼仪相比，既有其共性，又有其特殊性，具有更强的规范性和可操作性，并且与商务活动密切相关。商务人员只有掌握并熟练运用商务交往礼仪的要领，才能使自己在商务交往中塑造出良好的个人形象和组织形象，实现商务活动的目的。本章知识要点如图4-1所示。

📖 **本章引导案例** --▶

尴尬的孙×

　　孙×获得了心仪公司的实习机会，他信心满满，立志要好好表现，争取转正。在一次公司举办的酒会上，他遇见了公司的王总。为了给公司领导留下一个好印象，孙×决定主动上前介绍自己。当王总正在和别人交流时，孙×跑过去，站在王总的面前，大声地与王总打招呼，并进行自我介绍。说话间伸手与王总握手。王总皱了一下眉头，还是回握了一下。孙×又看向王总的女伴，问道："请问这位美丽的女士是？"王总说："是我的夫人。"孙×向夫人问好，并兴奋地走上去，给了王总夫人一个拥抱礼。夫人顿时花容失色，很不自在，王总脸上也古怪至极。寒暄了几句，王总夫妇就与孙×告别。孙×的实习期结束之后，并没有转正。孙×沮丧至极，不知道自己到底做错了什么。孙×在这次酒会上的见面礼仪表现有哪些不当之处？

　　资料来源：编者根据相关资料整理得到。

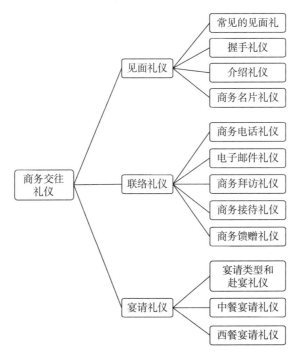

图 4-1 本章知识要点

商务交往有严格的规范。案例中的孙×能主动向王总问好并介绍自己，这种勇气很难得，但他却犯了几个严重的错误。①孙×在错误的时间粗暴地问好，打断了王总与别人的交流，显得不懂礼数，缺乏教养。②握手礼是有规范的，谁先伸手有讲究。一般来说，职位高者先伸手。孙×作为实习生，不应该主动伸手。③对异性的拥抱礼不太适用于中国环境，握手礼比较好。孙×这次主动拥抱王总夫人，让夫人花容失色，引起了王总夫妇的不满，最终与心仪的工作失之交臂。

第一节　见面礼仪

见面礼仪也叫会面礼仪，是商务交往中最常用也最基础的礼仪。在商务交往中，第一印象非常重要。人与人之间的交往必然要用到见面礼仪，特别是商务人士，掌握见面礼仪，能给客户留下良好的第一印象，为以后顺利开展工作打下基础。在现代社会，见面行礼是人与人之间交往的第一个步骤，

"首因效应""第一印象"决定了交往双方之后的合作是否顺利。常见的见面礼仪包括见面礼、握手礼仪、介绍礼仪、商务名片礼仪。

一 常见的见面礼

见面礼是商务交往中最普遍的礼仪方式。各国常用见面礼有点头礼、举手礼、鞠躬礼、合十礼、拥抱礼、亲吻礼、吻手礼、脱帽礼和握手礼等。其中握手礼是最常见的见面礼。见面的礼节要视具体情况而定，不能生搬硬套。以下先介绍前八种见面礼，握手礼将专门进行详细阐述。

(一) 点头礼

点头礼也就是颔首礼。点头礼的做法是面带笑容，头部向下轻轻一点。注意不要点头不止，点头的幅度不宜过大。点头礼是最普遍的见面礼仪，盛行于世界各国和各民族。由于点头礼简单方便，不受时间、地点、对象的限制，故深得青睐，一直盛行不衰。

点头礼适用的范围很广，如路遇熟人或与熟人、朋友在会场、剧院、歌厅、舞厅等不宜交谈之处见面，以及遇上多人而又无法一一问候之时，都可以点头致意。行点头礼时，最好摘下帽子，以示对对方的尊重。

(二) 举手礼

举手礼也是一种常见的见面礼仪，多在学校、军队中使用。举手礼起源于中世纪的欧洲。当时，骑士们常常在公主和贵妇面前比武，在经过公主的座席时，要唱歌赞美公主，歌词往往把公主比作光芒四射、美丽绝伦的太阳。骑士们看到公主总要把手举起来做挡住太阳的姿势。久而久之演变成举手到眉的敬礼。

行举手礼的场合与点头礼的场合大致相似，最适合向距离较远的熟人打招呼。举手礼的正确做法是右臂向前方伸直，右手掌心向着对方，其他四指并齐、拇指叉开，轻轻向左右摆动一下。不要将手上下摆动，也不要在手部摆动时以背朝向对方。

我国古代多行拱手礼，现在以握手礼较为常见。

(三) 鞠躬礼

鞠躬即弯身行礼，是对他人表达敬佩的一种礼节方式。鞠躬前双眼礼貌地注视对方，以表尊重的诚意。鞠躬时必须立正、脱帽，嘴里不能吃任何东西，不能边鞠躬边说与行礼无关的话。鞠躬时手插在衣袋里，是极为失礼的行为。

　　鞠躬礼分两种：一种是三鞠躬。鞠躬前应脱帽(摘下围巾)，身体立正，目光平视。上身向前弯曲约90°，然后恢复原状，连续三次。参加追悼会，向遗体告别时行三鞠躬礼，应庄重、严肃。在喜庆的结婚仪式中，新郎、新娘三鞠躬时应面带微笑，自然大方。另一种是一鞠躬。几乎适用于一切社交场合。如晚辈对长辈、学生对教师、下级对上级或同事之间以及讲演者、表演者对听众、观众等都可以行一鞠躬礼。行礼时，上身向前倾斜约15°，随即恢复原态，只做一次，受礼者应随即还礼。长辈对晚辈、上级对下级不鞠躬，欠身点头即示还礼。演员对观众致鞠躬礼后，观众或听众以掌声还礼。

(四)合十礼

　　合十礼是将双掌十指相合于胸部正前方，五指并拢，指尖向上，手掌上端和鼻尖基本持平，手掌在整体上向外倾斜，双腿直立，上身微欠，同时头微微向前俯下。在国际交往中，当对方用这种礼仪向我们敬礼时，我们也应双手合十还礼。在行礼时可以面带微笑，但最佳神态却是庄严而凝重。切莫在行此礼时嬉皮笑脸，手舞足蹈，或同时点头，那将会显得不伦不类。

(五)拥抱礼

　　拥抱礼是同握手礼、接吻礼并列的重要的见面礼仪，盛行于世界许多国家和民族，流行于欧美地区。拥抱礼多用于迎送宾客或祝贺致谢等社交场合。拥抱礼不仅是人们日常交际中的重要礼仪，也是世界各国政府首脑外交场合中的见面礼节。这种礼节，一般是两人相对而立，右肩偏下，右手扶在对方左后肩，左手扶在对方右后腰，按各自的方位，两人头部及上身向左相互拥抱，然后头部及上身向右拥抱，再次向左拥抱。

　　拥抱礼出现在一些欢迎宾客的场合或祝贺、感谢的隆重场合。在官方或民间的仪式中，也有拥抱礼节，有时是热情友好的拥抱，有时纯属礼节性拥抱。

(六)亲吻礼

　　在一些流行拥抱礼的国家，亲吻礼也普遍流行，并且与拥抱礼同时采用。亲吻礼是指以亲吻交往对象面部的某些特定部位的方式，向对方致意的礼节，是上级对下级、长辈对晚辈以及朋友、夫妻之间表示亲昵、爱抚的一种礼节。

　　根据惯例，亲吻礼分吻额、贴面、吻唇等几种。行亲吻礼时关系不同的人，亲吻的部位大有差别。辈分高者对辈分低者，只吻额头或脸部；晚辈亲吻长辈，应亲吻下颌或者面颊；辈分相同的朋友或兄弟姐妹之间，同性应轻贴对方的面颊，异性方可亲吻对方的面颊。吻唇是夫妻或情人的专利，不能滥用。在亲吻别人时，应点到为止，不论与对方的关系如何，也不论双方是否同性，都不宜表现得过于强烈、过于投入，一般以唇部象征性地接触一下即可。在西方国家，亲吻礼既适用于同性之间，也适用于异性之间。

(七)吻手礼

在欧洲与拉丁美洲，异性在社交场合见面时，往往会采取吻手礼。在亚洲国家，吻手礼与亲吻礼一样，都不甚流行。所谓吻手礼，实际是亲吻礼的一种特殊形式，它是以一个人亲吻另一个人的手部，以此向对方表示致意的礼节。吻手礼的特点是单向施礼，并且其施礼对象不必以相同形式向施礼者还礼，不像握手礼、拥抱礼、亲吻礼那样都是双向的。吻手礼大多是男士向女士施礼，接受吻手礼的女士往往都是已婚者，按照惯例，一般不能对未婚女士施吻手礼。施吻手礼时应注意它的两个特殊限制：施礼的地点应当在室内，在户外不合时宜；施吻手礼的部位应当是女士的手指或手背，被吻的手大多是右手。吻手时，无论双方关系如何，都不宜表现得过于热烈，点到即止，必须是轻轻的具有象征性的接触。

(八)脱帽礼

脱帽礼在东西方国家都比较盛行，是指利用脱掉帽子的方式来敬礼。分脱帽、拿帽和提帽等几种。应邀做客时，客人应在一进门就脱下帽子(及大衣)交给主人放好，在室内期间不戴帽子。

进入公共场所如教堂、戏院、演讲厅、教室等，应脱下帽子，离开时才能戴上；在旅馆或公寓的电梯上，如果有女子在场，男子应脱下帽子拿在手上。男子如果停下来与女子谈话，也应脱下帽子，在谈话期间将帽子拿在手上是很有礼貌和修养的表现；男子向女子打招呼或学生向老师致意，以及我们向路遇者打招呼时，通常都应把帽子向上微微提一下，以示敬意。行脱帽礼时，戴制服帽者，通常是双手摘下帽子，然后以右手持之，端在胸前；戴便帽者，则既可以右手完全摘下帽子，又可以右手微微一抬帽檐代之，不过在正规场合，要求完全摘下帽子。另外，有时在社交场合允许女士不必摘帽子，而男士则不能享有此项待遇。

脱帽礼用途广泛，除了用于见面之外，还适合于其他场合，例如，正规地演奏国歌、升挂国旗或步入娱乐场所，进入他人居室或办公室等。

三 握手礼仪

商务会面时常用的握手礼来源于最初的摸手礼。根据西方传说，在人类步入刀耕火种的年代，人们手上经常拿着石块或棍棒等武器。古人在路上遇到陌生人时，如果双方均无恶意会放下手中东西，伸开自己的一只手（通常是右手），手心朝前，向对方表明自己手中没有武器，两人走近再互相抚摸掌心，以示友好，这一习惯沿袭下来，就成为现在广泛适用的握手礼。

握手是人类最基本的礼节之一，是世界上大多数国家通行的相见和分别时的礼节，也是我国人们见面的常规礼仪。从某种意义上讲，握手其实是国际社会最常见的见面礼节。握手让情感从手心传递，是沟通思想、交流感情、增进友谊的重要方式。

（一）握手的场合

握手一般出现在以下三种场合：

1. 见面或者告别

握手表示友好，可以沟通原本存在隔膜的情感，可以加深双方的理解、信任。见面时握手表示欢迎，这道程序一般不能缺少。告别时握手表示欢送，一般也不能缺少。

2. 祝贺或者慰问

握手含有感谢、慰问、祝贺之意。有好事、高兴的事，握手可以表示祝贺。相反，有不好的事、不幸的事，握手表示慰问。握手还可有声援、鼓励等意思。

3. 表示尊重

"礼"的意思是尊重，"仪"的意思是规范的表现形式，尊重别人要表现出来。握手表示尊敬、敬仰。简单的握手可以让对方如沐春风。

（二）握手的原则

握手一般讲究"尊者决定"的原则。

1. 两人或多人见面时，由在场身份尊贵的人决定有无握手的必要

握手的顺序是：上级、长辈、女士、已婚者、职位高者伸出手来之后，下级、晚辈、男士、未婚者、职位低者方可伸出手与之相握。宾主之间，客人来访时，主人先伸手；告辞时，客人先伸手。

2. 如果一人与多人握手时，应讲究先后次序，由尊而卑

一人与多人握手的顺序是：先上级，后下级；先长辈，后晚辈；先主人，后客人；先女士，后男士。在商务场合，握手时伸手的先后次序主要取决于职位、身份，而在社交、休闲的场合则主要取决于年龄、性别、婚否。

知识拓展

握手礼伸手的先后顺序

握手时，总有一方是发起者。在比较正规的场合，谁先伸手有标准化做法。握手的标准化做法：一般由"尊者决定"，位高者主动，或让尊者居前，即让地位高的人先伸手。握手必须站立，以示对他人的尊重、礼貌。被介绍之后，最好不要立即主动伸手。年轻者、职务低者被介绍给年长者、职务高者时，应看年长者、职务高者的反应而行，当年长者、职务高者用点头致意代替握手时，年轻者、职务低者也应随之相应地点头致意。商务活动中，"位尊者"的判断顺序为职位、主宾、年龄、性别、婚否。上下级关系中，上级应先伸手，以表示对下级的亲和与关怀；主宾关系中，主人宜先伸手以表示对客人的欢迎。根据年龄判断时，年长者应主动伸手以表示对年轻者的欣赏和关爱；根据性别判断时，女性宜主动伸手，以展现大方、干练的职业形象；根据婚姻情况作出判断时，已婚者应向未婚者先伸手以表示友好。

一、男女之间握手

男士和女士握手，一般是女士先伸手。和女性握手，男士不要先伸手。男方要等女方先伸手，如女方不伸手，无握手之意，可用点头致意或鞠躬致意。异性之间握手一般不用双手。当年龄与性别冲突时，一般仍以女性先伸手为主。在国外，女士与男士握手，女士可以坐着不站起来。除长者或女士外，坐着与人握手是不礼貌的，一般都要起身站立。女士与外国人握手时，手指与肩部要自然放松，以备男宾可能行吻手礼。很多女士在与男士握手时只握四指，以示尊重和矜持，但在男女平等的今天，这种握手方式已不符合礼仪规范。尤其在商务活动中，性别被放在次要的位置，女性更应主动、大方地与男士平等、友好地握手，以便进一步进行平等互利的商务交流。

二、宾主之间握手

主人应向客人先伸手，以示欢迎。客人告辞时，客人先伸手，意思是让主人留步。接待来宾，不论男女，女主人都要主动伸手表示欢迎，男主人也可以先伸手向女宾表示欢迎。

三、长幼之间握手

年轻的要等年长的先伸手，年长的先伸手，年轻的应立即回握。

四、上下级之间握手

下级要等上级先伸手，以示尊重。有职位差别时，职位高的先伸手，职位低的应立即回握。

资料来源：刘砺，荆素芳，扶齐. 商务礼仪实训教程[M]. 北京：机械工业出版社，2015.

（三）握手的要求

握手时，对握手的姿态、握手的时间和握手的方式有一定要求。

1. 握手的姿态

握手时，两人相距一步左右，两足立正，上身前倾，伸出右手，四指并拢，拇指张开，双方手掌与地面垂直相握，微微上下抖动。握手时，应注视对方，面带微笑，稍事寒暄与问候，如"见到你很高兴""幸会"等。

2. 握手的时间

握手时间要恰当，长短要因人而异。在通常情况下，握手时间不宜过长，一般持续 2~5 秒钟。但若遇老友或敬慕已久的客人，为表示特别亲切，握手时间可长些。

3. 握手的方式

一般而言，握手主要有以下三种标准方式。

（1）平等式握手。平等式握手即单手握。这是最为普通的握手方式，握手时双方同时伸出手，手心向着左方。适用于商务场合初次见面或交往不深的人。

（2）扣手式握手。主动握手者用右手握住对方的右手，再用其左手握住对方右手的手背。在西方国家称为"政治家的握手"。

（3）拍肩式握手。右手相握，左手扶对方右臂。适用于情投意合或感情极为密切的人。

（四）握手的禁忌

商务交往中，虽然握手司空见惯，看似寻常，但由于用来传递多种信息，因此在握手时应努力做到合乎规范，并且避免违反下述禁忌。

1. 部分场合忌用左手握手

与阿拉伯人、印度人交往，切忌用左手握手。他们认为左手是不洁的，用左手握手是对对方的一种侮辱。握手一定要求用右手，另一只手自然下垂，不能放在口袋里。

2. 忌掌心向下或向上

掌心向下往往给人一种傲慢的感觉，掌心向上有乞讨之嫌。

3. 忌戴帽子、墨镜、手套

握手时不戴帽子。戴有帽子时，应先脱帽。军人戴军帽与对方握手时，应先行举手礼，然后再握手。不能戴墨镜，患有眼疾或眼部有缺陷者方可例外。一般不戴手套，只有女士在社交场合可以戴着薄纱手套与人握手。男士握手前应摘掉手套。

4. 忌交叉握手

不要越过其他人正在相握的手同另外人相握。多人同时握手切忌交叉，要等别人握完后再伸手。

5. 男士与女士握手时间要短一些，用力要轻一些

男士与女士握手时不要相互攥着不放，也不要使劲用力。一般只宜轻轻握女士手指部位，忌长握异性之手。

6. 忌心不在焉

握手时不看着对方，看着第三者；左顾右盼，东张西望；不言不语，表情呆板，都是不尊重对方的表现。不能一面与对方握手，一面心神不安，目光游移不定。要专心致志，不要三心二意。一定要认真地看着对方，双目安然注视对方并微笑，面含笑意致意或问好，必要时寒暄两句，表现热情。

7. 忌拍拍打打

握手时以另一手拍打对方身体，在正规场合，这样做显得极不严肃、庄重。

8. 忌揩拭手掌

不要在与人握手之后，立即揩拭自己的手掌，好像与对方握一下手就会使自己受到"污染"似的。

9. 忌手指冰凉

不要在握手时递给对方一截冷冰冰的手指尖，像是迫于无奈似的。这种握手方式被公认是失礼的。

10. 忌拒绝握手

不要拒绝与他人握手。在任何情况下，都不能这么做。

三 介绍礼仪

介绍是指经过自己主动沟通或者通过第三者从中沟通，从而使交往双方相互认识、建立联系、增进了解的一种交往方式。介绍是人与人之间进行相互沟通的出发点，也是建立良好人际关系的有效方式。在商务场合，如果能够正确得体地介绍自己，不仅可以扩大自己的交际范围，广交朋友，而且有助于自我宣传、自我展示。

介绍就是向外人说明情况。从礼仪的角度讲，介绍可以分为以下四类。

(一)自我介绍

1. 介绍的内容

作介绍所用时间宜短不宜长，一般在10～30秒足够，切忌拖泥带水。介绍内容要有分寸，不要一见面就"推销"自己。根据不同场合，介绍内容也应有所差异。

2. 应酬型自我介绍

一般性的人际接触，只需简单报出自己的姓名。例如，你在这个人际圈里不占主要地位，但你又想让大家认识你；又如临时组成的一个团体，为了互相交流方便需要互相认识一下，如"你好，我叫××"。

3. 沟通型自我介绍

这也用于一般性的人际接触，但往往为了有意识地达到能与对方进一步交流沟通的目的，这时除了报出自己的姓名外，还可以介绍自己在什么地方工作，以及是什么地方的人等，如"你好，我叫××，在××工作，我是××的同学，也是××人"。

4. 工作型自我介绍

顾名思义，这种自我介绍是为了开展工作方便，因此，在介绍内容里应重点把自己在某单位担任的职务及具体从事的工作说清楚，如"你好，我叫××，是××公司的销售经理""我叫××，在××学校读书"。

5. 礼仪型自我介绍

这种介绍适用于一些正式的社交场合，如各种聚会和庆典，这时在介绍上述内容之外，还可说一些表示友好、庆贺、谦恭或感谢之类的话语，如"各位来宾，大家好！我叫××，是××学校的学生。我代表学校全体学生欢迎大家光临我校……"。

6. 问答型自我介绍

这种介绍适用于应试、应聘和公务交往。问答式是根据对方提出的问题给出自己的回答，一般来说，应该有问必答。

7. 自我介绍的注意事项

(1)节省时间。在自我介绍的过程中，要注意言简意赅，尽可能地节省时间。一般来说，自我介绍的时间不宜太长，控制在半分钟到一分钟之间，而且越短越好。话说得多了，不仅显得啰唆，而且对方也未必记得住。为了节省时间，做自我介绍时，还可以通过递交名片、添加微信等手段加以辅助。

(2)表情自然。表情一定要自然、友善、亲切、随和。既不能唯唯诺诺，又不能虚张声势、轻浮夸张，语气要自然，语速要正常，语音要清晰。在自我介绍时镇定自若、潇洒大方，有利于给人以好感；相反，如果流露出畏怯和紧张、说话结结巴巴、目光不定、面红耳赤、手忙脚乱，则会为他人所轻视，彼此间的沟通便有了阻碍。

(3)把握时机。要把握时机，在适当的场合进行自我介绍，例如在对方正好有空闲，而且情绪较好，又有兴趣时进行自我介绍，这样就不会打扰对方。

(4)注意方法。在进行自我介绍时，应先向对方点头致意，得到回应后再向对方介绍自己。如果有介绍人在场，自我介绍则被视为不礼貌的行为。

(二)介绍他人

商务场合互不认识的人，常常是通过第三者进行介绍的。所以介绍他人，又称第三者介绍，是经第三者为彼此不相识的双方引见、介绍的一种交际方式。介绍他人一般是双向的，即将被介绍者双方各作一番介绍。有时也可以进行单向的介绍。为他人介绍时还可说明被介绍者与自己的关系，便于新结识的人相互了解和信任。为他人作介绍时，要注意以下几点。

1. 明确介绍人的资格

作为商务人员要明确一点，自己在不同的社交场合扮演着不同的角色，因为，在这个社交圈里你可以站出来充当介绍人，在另一个社交圈里，你可能就不适合充当介绍人了。作为介绍人，不仅要熟悉被介绍者，而且要有一定的身份、地位，为众多被介绍人所认识和尊重。在正式的商务活动交往中，介绍者最好由接待方担任；家庭聚会时，最好由女主人出面介绍。

2. 明确被介绍人的意愿

除了在某种场合需逐个介绍外，大多数情况下，介绍人要事先征得被介绍人的同意，看他们有没有相互认识的意愿。这也要求介绍人有比较敏锐的目光，千万不要勉强，把原本不想认识的双方"拉到一起"，冒昧引见，这样做可能吃力不讨好。

3. 明确介绍的礼仪顺序

在商务礼仪中有"少数服从多数""位尊者优先了解"的原则。所谓"少数服从多数"，即一个人或少数人应当先被介绍给在场的多数人；"位尊者优先了解"，意为位卑者的状况应先让位尊者知道，而介绍时先提到的名字是位尊者。例如，"张经理，这位是我的朋友小李，请多关照"。如果倒过来说成"小李，这位是我们的张经理"，那就不太合适了。

具体的礼仪顺序包括把职位低的人先介绍给职位高的人；把来宾先介绍给主人；把晚辈先介绍给长辈；把男士先介绍给女士……但这种排序有时一交叉就会出现矛盾，这就要求介绍者灵活处理。例如，来宾是一位职位很高的女士，那就不能遵循"把来宾先介绍给主人"的顺序。一般情况下，如果被介绍者之间可以按照其中两种以上顺序介绍时，应按后一种顺序作介绍。

4. 明确不同情况下使用不同的介绍内容

介绍人在做介绍时，开始都应有一些导入语，如"王总，请允许我向您介绍一下……"。具体又分引见型、简介型、标准型、推荐型四种。

引见型只是把被介绍者引到一起，适用于较为随便的应酬，介绍者可以说"各位认识一下吧"之类的话；简介型只是介绍双方的姓名，其他情况由他们自己去了解；标准型就较正规一些，内容涉及被介绍人的工作单位、姓名及职务；推荐型则有意识地把被介绍人的详细情况向对方介绍，请求对方予以关照。总之，随着现代交往范围的不断扩大，关于介绍的礼仪知识是必须掌握的，不然很容易出笑话。另外，在别人为你引见某人，并把其介绍给你之后，你作为被介绍人该主动、及时地站在对方的面前，目视对方，待介绍人介绍完毕之后，应与对方握手，并点头示意，同时说一些如"你好""认识你很高兴""请多关照"之类的话，也可视情况递上自己的名片。

(三)介绍集体

介绍集体，即他人介绍的一种特殊方式。它是指在为他人进行介绍时，被介绍者其中一方或者双方不止一人，甚至有许多人。

1. 介绍集体的顺序

(1)"少数服从多数"原则。当被介绍者双方地位、身份大致相似时，应先介绍人数较少的那一方。

(2)强调地位、身份。如果被介绍者的地位、身份明显较尊贵，那么即便被介绍者人数较少或只有一人，也应将其放在尊贵的位置，最后加以介绍。

(3)单向介绍。在演讲、报告、比赛、会议、会见时，往往只需将主角介绍给广大参加者。

(4)对人数较多一方的介绍。如果一方人数较多，那么可采取笼统的方式进行介绍。如"这是我的家人""这是我的同学"。

(5)对人数较多各方的介绍。如果被介绍的不止两方，那么需要对被介绍的各方进行位次排列。排列的标准主要有六个：①以其负责人身份为准；②以其单位规模为准；③以单位名称的英文字母顺序为准；④以抵达时间的先后顺序为准；⑤以座次顺序为准；⑥以距介绍者的远近为准。

2. 集体介绍时的注意事项

集体介绍的注意事项与他人介绍的注意事项基本相似。除此之外，还应再注意以下两点：①不要使用易生歧义的简称，在首次介绍时要准确地使用全称；②不要开玩笑，要很正规。介绍时要庄重、亲切，切勿开玩笑。

(四) 介绍业务

即向别人介绍本单位的产品、技术、服务等业务。介绍业务时要把握以下三个方面：

1. 要把握时机

销售礼仪中有"零干扰"原则，在工作岗位上，向客人介绍产品时，要在客人想知道、感兴趣或有空时再介绍，不能强迫服务。见机行事，效果会比较好。

2. 要讲究方式

要明白该说什么和不该说什么。一般来说，业务介绍需要注意四点：第一，人无我有。产品技术同类产品中别人没有而我有，把业务、产品、服务的独特之处说出来。第二，人有我优。有质量和信誉保证。有些产品和服务，大家都有，但是我们质量好，技术能保证，后续服务比较到位。第三，人优我新。现代产品技术质量日趋成熟，一般服务也都比较优质。在这样的情况下，要把产品服务那些新的方面介绍出来，把新奇点介绍出来。第四，诚实无欺。假冒伪劣与坑蒙拐骗肯定行不通。

3. 不要诋毁他人

来说是非者，必是是非人。说别人业务好可以，别诋毁同行同产品。同行不是冤家，也不该相妒，要共同合作、共同发展。毁人者自毁也，骂别人其实是骂自己。有良好修养的人，是不会在介绍业务时诽谤他人的。

四 商务名片礼仪

名片是商务交往中不可缺少的工具，为职场人士所必备。名片是互相认识和进行自我介绍时快速有效的方法。现代社会越来越注重名片的使用，联系业务、结交朋友时，互留名片已成为初次相识时不可缺少的程序。交换名片已经成为商务交往的第一个标准式动作。

(一) 名片的分类

根据名片的用途，可将名片分为商务名片、公用名片和私人名片。

1. 商务名片

商务名片也叫商业名片，上印名称、地址、办公电话等。为商务人员进行业务活动所使用。主要特点：常使用标志、注册商标，印有企业业务范围。

大公司有统一的名片印刷格式，使用较高档纸张。一般不印私人信息。

商务名片有"三个三"的要求。第一个"三"，单位的全称、所属部门、企业标志是本人归属，一般印在名片左上角。第二个"三"，本人姓名、行政职务、学术头衔(职称)是本人称谓，印在名片正中间，是名片最重要的内容。第三个"三"，地址、邮政编码、办公室电话是联络方式。

2. 公用名片

公用名片也叫公务名片。为政府或社会团体人士在对外交往中使用的名片。主要特点：常使用标志，部分印有对外服务范围，没有统一的印刷格式，力求简单实用，注重个人头衔和职称。名片内不提供私人信息，主要用于对外交往和服务。

3. 私人名片

私人名片又叫社交名片、个人名片。用于泛泛之交，只印名字等简单信息。可用于朋友间交流感情，或结识新朋友。主要特点：不使用标志，设计个性化。常印有个人照片、爱好、头衔和职业，含私人信息。根据个人喜好选择纸张。

(二)名片的使用礼仪

1. 递送名片的基本礼仪

递送名片是商务礼仪中常见的重要礼仪。递送名片应遵循以下基本礼仪。

(1)在涉外交往中，在名片上应使用自己将要访问国家的官方语言标明信息。例如，在比利时用法语，在巴西用葡萄牙语等。递送名片时印有对方所在国文字的一面应向上。

(2)准备数量充足的名片，避免出现无名片可发的情况。

(3)把握递送名片的时机，一般在会面结束时交换，但有时也可在握手时进行。如果是由别人介绍，我们应在老板或上司介绍完后再将名片递上。在丹麦，通常在会见开始时进行；在日本，是在做完自我介绍并鞠躬后交换名片，并且是由来访方先将名片递上；在葡萄牙，人们在会议上碰面时互换名片；但在意大利和荷兰，则要等到第一次会面结束才交换名片。所以，掌握递送名片的最佳时机应本着入乡随俗的原则。

(4)赠送名片要有所选择。不要不加区别地乱发一通，随意散发名片可能使你的名片得不到尊重和珍惜。应考虑一下对方是否真的需要你的名片以便将来与你联络，但也不要过于吝啬。在人数较多的场合或聚会上，交换名片应在私下进行。互换名片的适当方式是每次仅在两个人之间进行。

(5)出示名片的礼仪。与握手相似，通常是年长者或职位偏高者主动出示，或等职位高的人向你索要时再出示。如果他没有这样做，你应先出示名片，然后再向他索要。

(6)名片应放在伸手可及的地方，以便随时取出，如放在口袋里或公文包里。

(7)买一个好的名片夹。质地精良的名片夹不仅可使名片保持整齐，而且能增添你的职业气质。

2. 递送名片的时机

当双方谈得较融洽、表示愿意建立联系时，就应出示名片；当双方告辞时，可顺手取出自己的名片递给对方，以表示愿结识对方并希望能再次相见，这样可以加深对方对你的印象。希望认识对方、被介绍给对方、对方提议交换名片、打算获得对方的名片、登门拜访对方等，都是发送名片的好时机。一般来说，递送名片有以下六个时机。

(1)当你与某人第一次见面时，一般都要赠送一张名片，这是十分得体的礼仪。交换名片通常标志着初次见面的结束。出示名片，表明你有与对方继续保持联络的意向。

(2)当展销会开始时，销售经理与客户之间互换名片则是一种传统，表示非正式的业务往来已经开始。

(3)刚到办公室的来客也会向接待者出示名片，以便被介绍或引荐给有关人员。等见到主人时还要再递上一张名片。在这种情况下，商务名片起到了社交名片的作用，既表明了自己的身份，还显示了你有进行业务往来的意向。

(4)在宾客较多的场合，一开始就接受名片可帮助自己及早了解来客的身份。例如，如果会议上来了许多代表，而自己对他们的姓名、职务都不太清楚，那么在会议开始前就应向他们索要名片，然后把它们摆放在桌上随时使用。

(5)去拜访某人时，如果主人没有出示名片，客人可在道别前索要。如果主人的名片就放在桌上的名片盒中，应首先征求同意后再取出一张。你可以递上两张名片，一张给主人，另一张给秘书。当然你也可以索要两张名片，一张存放在自己的名片夹里，另一张可放在客户卷宗里。

(6)用餐时不要出示名片，应等到用餐结束再出示。

3. 递送名片的顺序和方式

(1)顺序。递名片的先后顺序没有太严格的要求，一般是职位低的先递给职位高的，晚辈先递给长辈，男士先递给女士，下级先递给上级；在与多人递送名片时，注意讲究先后顺序，由尊而卑、由近而远，依次进行。

(2)方式。向他人递送名片时，应起身或欠身，面带微笑，注视对方，将名片的正面对着对方，用双手的拇指和食指分别持握名片上端的两角送给对方，并说"您好，这是我的名片，请多多关照"等寒暄语。

4. 接受名片的礼仪

忌用单手接对方递过来的名片，一定要用双手承接。接住对方名片时，和递出时一样，需站立着交换。接受对方名片时需用双手，以左手接住，右手轻轻扶住另一角，身体微倾30°，并说"谢谢"，给对方以好印象。接下的名片不可马上放入胸前口袋，要有一个微笑阅读名片的过程，需马上记住对方的头衔及名字。如果对方的名字很特殊，你读不出的话，应先向对方确认读音。如果双方同时递上名片，要把自己的名片以右手伸向前，而以左手轻轻按住对方的名片，交换完后归座时，应将对方名片放入名片夹或上衣内侧口袋。如果接下来要与对方谈话，不要将名片收起来，应该放在桌子上，并保证不被其他物品压起来，这会使对方感觉你很重视他/她。

5. 名片的放置礼仪

随身携带的名片应使用较为精致的名片夹，且应放置在容易拿出的地方，不要与其他杂物混在一起，以免用时手忙脚乱，甚至拿不出来。在穿正装时，女性可以把名片夹放在挎包内，男性可以将名片夹放在左胸内侧的口袋里或公文包内。因为名片是一个人身份的象征，而左胸是靠近心脏的地方，将名片放在靠近心脏的位置，无疑是对自己和对方的一种尊重。在不穿西装时，名片夹可放于自己随身携带的小提包里，将名片放置于其他口袋甚至后侧口袋里是一种很失礼的行为。

6. 名片的管理礼仪

及时把所收到的名片加以分类整理收藏，以便日后使用方便。不要将它随意夹在图书期刊、文件中，更不能随便地把它扔在抽屉里面。

7. 名片的禁忌

在商务场合使用名片有以下六种禁忌，需要注意。

(1)忌在用餐时发送名片。

(2)忌发送破损、脏污或涂改过的名片。

(3)忌逢人便要名片。

(4)忌用左手接受或递送名片，无论是接受名片还是递送名片，都必须用双手或右手。

(5)不印两个以上头衔。名片上往往只提供一个头衔，最多两个，以免喧宾夺主、主次不分。如果身兼数职，或者申办了好多家子公司，应该印几种名片，面对不同的交往对象，使用不同的名片。

(6)不提供私宅联络方式。商务交往公私有别，提供办公室电话、总机号码、个人办公手机号码，不提供私宅电话，这是在商务交往场合的自我保护意识。

　　另外，在一些场合，可以不必把自己的名片递给对方。例如，不想认识或不想与对方深交；对方对自己并不感兴趣；对方是陌生人且以后不需要交往；双方地位身份差别悬殊；等等。

礼仪知识巩固

判断题（正确的做法画√，错误的做法画×）

1. 小方有收集名片的兴趣，所以他特别热衷于逢人要名片。（　　）

2. 小方对初次见面的王总说："王总，我们交换一下名片吧，这样联系更方便！"（　　）

3. 小方在接见外宾时，没有握外宾伸过来的手，反而以中国的拱手礼回礼。（　　）

★ 礼仪案例分析

名片落地，生意告吹

　　B公司新建的办公大楼需要添置一系列的办公家具，价值数百万元。公司总经理已决定，向A公司购买这批办公家具。这天，A公司的销售部负责人打电话来称要上门拜访总经理。总经理打算等对方来了就在订单上盖章，定下这笔生意。不料，对方比预定的时间提前两个小时到来。原来，A公司听说B公司的员工宿舍将在近期落成，希望员工宿舍的家具也能向A公司购买。为了谈这件事，销售负责人还带来了大量资料，摆满了台面。总经理没料到对方提前到访，刚好手边又有事，便请秘书让对方等一会儿。这位销售负责人等了不到半小时就开始不耐烦了，一边收拾起资料一边说："我还是改天再来拜访吧。"这时，总经理发现对方在收拾资料准备离开时，将自己刚才递上的名片掉在了地上。对方却并未发觉，还无意间从名片上踩了过去。这个不小心的失误却令总经理改变了初衷，A公司不仅没有机会与对方商谈员工宿舍的家具购买，连差不多到手的数百万元办公家具的生意也告吹了。

　　资料来源：编者根据相关资料整理得到。

分析讨论：

1. A公司销售人员在此案例中的不当之处有哪些？

2. 在商务交往中，应如何运用名片礼仪谈成生意？

礼仪实训4-1-1自制商务名片

实训内容：展望未来，动手为多年后的自己设计一张符合规范、个性鲜明的名片。

实训目的：通过动手操作，增强对名片内容的理解。

实训步骤：
(1)教师通过PPT/纸质图片向学生展示出各种不同颜色、不同风格的名片。
(2)全体上课学生根据自己设计的身份，构思和设计名片。
(3)学生分别介绍自己的名片设计思路和理由。
(4)学生互相打分，阐述打分理由。
(5)教师公布优秀作品。
(6)教师点评。

第二节 联络礼仪

商务联络礼仪主要指与商务活动的参与人进行联系、沟通信息、促进交往和加深感情等商务联络的礼仪和规范。主要包括商务电话礼仪、电子邮件礼仪、商务拜访礼仪、商务接待礼仪等。

一 商务电话礼仪

人类已经进入快节奏、高效率的信息时代。在众多现代化的通信设备中，电话以其迅速、及时、方便、高效等优点已经成了我们生活、工作的重要组成部分。电话作为重要的交际手段，在商业活动中的应用十分广泛。商界人士使用最多的通信工具就是电话。有些人用电话交谈的时间远远多于与人面对面交谈的时间。电话不仅是传递信息、获取信息、保持联络的工具，也是商务人员个人或所在单位形象的载体。接电话、打电话好像很容易，实则大有讲究。在商务交往中接打电话实际上是在为通话者本人或所在单位塑造令人印象深刻的电话形象。

(一)拨打电话礼仪

为了表示对对方的重视、尊重，我们在拨打电话前要先列出提纲，内容有通话对象的姓名、单位、电话号码、约定的去电时间、通话要点等。这样能够保证通话时条理清晰，精练、重点突出、时间简短，让对方充分感受到你的尊重与敬业。而拨打电话时，应注意以下四个问题。

1. 打电话的时间

有关公务的电话，最好在上班时间打。如果无紧急情况，打电话的时间最好在工作日上午的9：00~11：00，下午的15：00~17：00，晚上则在21：00以前，以免打扰他人休息。尽量不在节假日打扰他人。打电话到海外，还应考虑到两地的时差。

2. 打电话的内容

除非万不得已，商务电话一般不应长于3分钟，即所谓的"3分钟原则"。商界人士在打电话前，一定要"去粗取精"，直截了当地通话。一般要牢记"5W1H"，即When（什么时候）、Who（对象是谁）、Where（什么地点）、What（说什么事）、Why（为什么）和How（如何说）。电话拨通后，力求谈话简洁，抓住要点，尽可能省时省事，同时考虑到交谈对象的特点。

3. 打电话的语言和声音

在打电话时，对一个人的电话形象影响最大的当首推他的语言与声调。从总体上来讲，语言应当简洁、明了、文明、礼貌。在通话时，声音应当清晰而柔和，吐字应当准确，句子应当简短，语速应当适中，语气应当亲切、和谐、自然。

4. 打电话的规范

通电话之初，应先做自我介绍，不要让对方"猜一猜"；打电话时，要注意使用礼貌用词，如"您好""请""谢谢""麻烦您"等；要结束电话交谈时，一般应当由打电话的一方提出，可以把刚才谈过的问题适当重复和总结，然后彼此客气地道别，说一声"再见"，再挂电话。一般来说，上下级或长辈与晚辈之间通话时，按照礼仪应由上级或长辈先挂断电话；如果是同事或者朋友之间通话时，一般是主叫先挂断电话。而且在挂断电话时，一定要轻轻放下。

(二) 接听电话礼仪

接电话也是一门艺术，是否合乎礼仪规范不仅体现接听电话者的个人修养，而且也体现公司整体形象。商界人士在接听电话时，同样应该做到语调热情、大方自然、声量适中、表达清楚、简明扼要、文明礼貌。

1. 及时接电话

一般来说，在办公室里，电话铃响3遍之前就应接听，6遍后才接听就应道歉："对不起，让您久等了。"尽快接听电话会给对方留下好印象，让对方觉得自己被看重。

2. 接电话的准备工作

无论是接听私人电话还是公务电话，尤其是后者，要做好通话的准备，应该在电话机旁准备好一些物品：电话号码簿、电话记录本和记录用笔等。因为在电话沟通中，完全凭听觉获得信息，因此对于一些重要的信息，如电话号码、邮箱地址、姓名等一定要通过记录的方式及时保存。如果在打电话的过程中没有及时记录这些信息，很可能就会产生很多麻烦。

3. 接听电话的过程礼仪

当您拿起话筒的时候，一定要面带笑容。不要以为笑容只能表现在脸上，它也会显现在声音里。亲切、温情的声音会使对方马上对我们产生良好的印象。如果绷着脸，声音会变得冷冰冰的。拨打、接听电话的时候不能叼着香烟、嚼着口香糖；说话时，声音不宜过大或过小，应吐字清晰，保证对方能听明白。同时，要事先准备好随时会用到的纸和笔。如果电话内容比较重要，应做好电话记录，包括单位名称、来电话人的姓名、谈话内容以及通话日期、时间和对方电话号码等。

4. 结束通话的礼仪

在通话时，接电话的一方不宜率先提出终止通话的要求。通话完毕后，可以询问对方"还有什么事吗"或者"还有什么要吩咐吗"这一类客套话，既是表示尊重对方，也是提醒对方，请对方先放下电话，再轻放下自己的电话，不宜"越位"抢先。

(三) 手机礼仪

现今手机已成为每个人必不可少的随身工具，而且随着技术的发展，手机已不再只是打电话的通信工具，而是有着众多实用功能的工具。商务人士在日常交往中使用手机时，礼仪规范大体上有以下五个方面。

1. 要放置到位

手机在公共场合的摆放是很有讲究的。手机在不使用时，可以放在口袋里，也可以放在公文包里，但要保证随时可以拿出来。在与别人面对面交谈时，最好不要把手机放在手里把玩，也不要长时间地发短信、打电话，以免让对方感觉不舒服。

2. 要合理使用

如今，手机作为沟通的重要工具，自然是联系客户的重要手段之一。但在给自己重要的客户打电话前，首先应该想到客户是否方便接听你的电话，如果他正处在一个不方便和你说话的环境中，那么你们的沟通效果肯定会大打折扣。因此，"打电话前考虑对方"是商界人士必须要学会的一课。最简单的一点，就是在接通电话后先问问对方是否方便讲话。但这样是远远不够的，一般应在平时主动了解客户的作息时间，有些客户会在固定时间召开会议，这个时段最好不要去打扰对方。而电话接通后，要仔细聆听并判断对方所处的环境，如果环境很嘈杂，说明他可能正在外面而不在办公室，这时你要考虑对方是否能够耐心听你讲话。而如果他小声讲话，那么说明他可能正在会场里，你应该主动挂断电话，择机再打过去。

3. 要遵守公德

手机最大的优势就是可以随时随地通话，这在给大家带来便利的同时，自然也会带来一些负面效果。除了要注意手机摆放的位置之外，商界人士也要清楚接听手机的礼仪。在公共场合接听手机时，一定要注意不要影响他人。有时办公室因为人多，原本就很嘈杂，如果你再大声地接电话，往往就会让环境变得更糟糕。作为商界人士，可以去办公室外接电话，以免影响他人，特别是在接听私人通话时更应注意。

4. 要保证畅通

商界人士在告诉他人自己的手机号码时，务必力求准确无误。如果自己的手机改变了号码，应及时通知重要的交往对象，免得双方的联系中断。拨打他人的手机占线之后，也应保持耐心等待对方回话。在此期间，不宜再同其他人进行联络，以防电话频频占线。万一因故暂不方便使用手机时，可在语音信箱上留言，说明具体原因，告知来电者其他联系方式。有时还可采用呼叫转移的方式与外界保持联系。

5. 要注意安全

使用手机时，对于有关的安全事项绝对不可大意。在任何时候，都不可在使用时威胁到自己或他人的安全。按照常规，在驾驶车辆、乘坐客机、在加油站或是在医院里停留时，均不能开启手机。此外，在一切标有文字或图示禁用手机的地方，均须遵守规定。

二 电子邮件礼仪

随着因特网的发展，电子邮件因其快捷、方便、经济和高效，在商务领域中的应用越来越广泛。电子邮件快捷、方便、安全、保密，不受篇幅和收信人人数的限制，清晰度高，而且费用低廉，是性价比较高的一种通信手段。这些优点是信件、传真、电话和直接见面所无法比拟的，所以它的使用越来越广泛，已逐渐成为一种远程通信的重要方式。现在许多人每天工作的第一件事便是打开电子邮箱，及时处理客户信件。因此，电子邮件礼仪已成为商务礼仪重要的组成部分。

(一) 主题要明确

标题要提纲挈领，添加邮件标题是电子邮件与信件等的主要不同之处。在主题栏里用短短的几个字概括出整封邮件的内容，便于收件人权衡邮件的轻重缓急，加以分别处理。标题一定不能是空白标题，这是最失礼的。标题要简短，不宜冗长。最好写上"来自××公司的邮件"，让对方既一目了然又便于留存。时间可以不用注明，因为一般来说邮箱会自动生成时间，写了反而显得累赘。回复对方邮件时，应当根据回复内容的需要更改标题。最重要的一点是标题千万不可出现错别字和不通顺之处，切莫只顾检查正文而在发出邮件前忘记检查邮件标题。

(二) 内容要简明、扼要、严谨

电子邮件是职业信件的一种，现行法律规定电子邮件也可以作为法律证据，其具有法律效用，是合法的。发送电子邮件时一定要注意内容的严谨，在电子邮件里绝不能写对公司不利或个人不利的事。发邮件时一定要慎重，还要定期重新审查你发过的电子邮件，评估其对商业往来所产生的影响。电子邮件的正文一定要注意以下几点：

(1)邮件正文要简明扼要，行文通顺。尽可能避免拼写错误和错别字，注意使用拼写检查。

(2)注意邮件的论述语气。根据收件人与自己的熟络程度、等级关系以及邮件对象的不同(是对内还是对外)，选择恰当的语气进行论述，以免引起对方不适。

(3)邮件正文多用"1、2、3、4"之类的序列，以达到清晰明确。

(4)一次性交代完整信息。

(5)合理利用图片、表格等形式来辅助阐述。不要动不动就使用笑脸字符等，在商务信函里这样显得过于随意。

(三) 注意形象，称谓得体

对方可以通过电子邮件中的文字了解你的态度、文化素养甚至内心世界。所以发送邮件时一定要重视必要的礼仪，认真推敲写在电子邮件里的每个字和每句话，用语要礼貌，以示对收件人的尊重，从而塑造良好的自身形象和公司形象。电子邮件的文体格式应该类似于书面交谈式的风格，写信的内容、格式与传统书信一样，开头要有问候语，结尾要有祝福语。在信尾还要注明寄件者的姓名以及通信地址、电话，以方便收信者日后与你进行联系。越是大型的公司越要注意在邮件地址中注上自己的姓名，同时在邮件的结尾添加个人签名栏。

(四)正确发送附件

如果邮件带有附件，应在正文里面提示收件人查看附件；附件文件应按有意义的名字命名，最好能够概括附件的内容，方便收件人下载后管理；正文中应对附件内容作简要说明，特别是包含多个附件时；附件数目不宜超过4个，数目较多时应打包压缩成一个文件；如果附件是特殊格式文件，应在正文中说明打开方式，以免影响使用。

(五)及时回复，注意技巧

如果条件允许的话，应每天查看自己的邮箱，一般应在收到邮件后的当天予以回复，以免耽误或影响业务的开展。特别是收到要求回复的电子邮件，更要及时给予答复，有来无回、石沉大海是很不礼貌的。如实在来不及作详细回复或涉及较难处理的问题，也应当在最短的时间内给予回应，表示已经收到邮件，来信处理后会及时给予正式回复。可以在邮箱中设置自动回复功能，对收到的邮件由系统自动给予回复。

三　商务拜访礼仪

商务交往就是你来我往。商务活动中的拜访与接待是再平常不过的事。但对方能从这些看似平凡的"小事"中，洞察出一家企业及其员工的精神风貌。商务交往中的拜访是指企业的领导者本人或委派他人到有业务往来的客户单位走访。既然是事务性的拜访，其主题明确：要么是感谢对方的支持、帮助，要么是洽谈以后的合作意向。其目的是联络感情、增进友谊、促进合作。

(一)拜访前的相邀礼仪

拜访前应预约时间。拜访别人要预约，这是现代商务礼仪的基本要求。不论是因公还是因私拜访，都要事先与被访者电话联系。联系的内容主要有以下四点：

(1)自报家门(姓名、单位、职务)。

(2)询问被访者是否在单位(家)，是否有时间或何时有时间。

(3)提出访问的内容(有事相访或礼节性拜访)使对方有所准备。

(4)与对方协商具体拜访的时间、地点。要避开吃饭、休息特别是午休的时间。确需临时造访或推迟拜访，应征得主人同意并表示歉意。

(二)拜访前的准备礼仪

每次拜访都要事先做好准备。这既是对对方的尊重，也体现了本单位和本人严谨细致的工作作风。不要因为准备不足，仓促见面，给双方造成时间和精力上的浪费。拜访前需做好以下四项准备工作。

1. 拜访的心理准备

(1)信心准备。在商务拜访中要注意突出自己最优越的个性，用真诚的微笑、积极乐观的心态营造轻松愉悦的气氛，从而感染他人，要相信自己是一个受欢迎的人。

(2)知识准备。在商务拜访中，拜访者除了从自身出发做好充分的知识准备外，还要了解对方关心的话题，并能够回答对方的提问。例如，对方单位全称、经营范围、公司性质等基本资料；被拜访者个人的基本情况，如对方的性格、教育背景、生活水平、兴趣爱好、社交范围、习惯等；和其要好朋友的姓名、目前得意或苦恼的事情，如乔迁新居、结婚、喜得贵子、子女考大学，或者工作紧张、经济紧张、充满压力、失眠、身体欠佳等信息也是重要的资料，虽然这些看似是私人的信息，但通过对这些内容的掌握，了解被拜访者的个性和喜好，便于选择话题与被拜访者交谈，这样有助于较快地进入交流状态。

(3)拒绝准备。在商务活动中，拜访者和被拜访者处于不同立场或是不熟悉的状态，特别是在接触陌生人的初期，产生本能的抗拒和保护自己是很正常的反应。例如，找借口仅仅是为了保持一点距离，而不是真正讨厌来访者。拜访者对此情况要有充分的心理准备，切忌陷入对自己的怀疑中，进而产生错误与不必要的挫败感。

2. 拜访的物品准备

准备好拜访时可能用到的物品，一旦客户需要，5秒钟之内就可以拿出来。

(1)名片。名片是个人商务身份的一种代表，在拜访之前，要准备好适合此次拜访的名片。

(2)介绍信。介绍信是交往中常用的书信，可以使被拜访者感觉到拜访者对此次拜访的重视。

(3)书面资料。根据拜访的性质和目的，拜访者要提前准备好相关资料，包括公司介绍、策划书、建议书、报价单、合同书、协议备忘录、发票等。准备充足的书面资料，一方面表明自己的重视和诚意，以及对对方的尊重；另一方面也可以提高拜访的效率，不耽误对方的时间，同时还可以给对方留下一个办事有条理、考虑周全的好印象，提高印象分。

（4）小件物品。小件物品包括三大类：赠送客人的小礼品；随身携带的一些基本的办公用品，如计算器、笔记本、钢笔、便签纸条；个人出行的基本用品，如小镜子、小梳子、唇膏、交通图、通讯录等。

3. 拜访的形象准备

商务拜访的着装一般宜选择正装，即男士穿着西装，女士穿着套装，而且要符合着装的要求和规范。争取以职业干练、端庄文雅的外表给对方留下良好的印象。如果客户对你产生良好的第一印象，这样拜访就等于事半功倍（具体形象准备请参照第二章商务形象礼仪）。

4. 拜访的出行准备

商务拜访必须按时到达，所以拜访前应该针对现在城市交通经常发生拥堵、交通路线日益复杂、常有不确定的突发事件出现等现状，首先弄清楚所去地点的具体交通路线，并尽可能多地准备几种交通方式和交通路线，核实最佳交通、行走路线。

（三）拜访中的礼仪

1. 要守时守约

提前到可能会影响别人的安排或正在进行的事宜，迟到应是不被允许的，准时到是基本礼节。

2. 讲究敲门的艺术

到客户办公室，进门之前先按门铃或轻轻敲门，用食指敲门，力度适中，间隔有序敲三下，站在门口等待回音。如无人应声，可再稍加力度，再敲三下，如有应声，再侧身站立于门框右侧，待门开时再向前迈半步，与主人相对。按门铃或敲门的时间不宜过长，无人或未经主人允许，不得擅自进入室内。

3. 主人不让座不能随便坐

主人是年长者或上级，主人不坐，客人不能先坐。主人让座后，要说"谢谢"，然后采用规矩的礼仪坐姿坐下。主人递上烟茶要双手接过并表示谢意。如果主人没有吸烟的习惯，要克制烟瘾，尽量不吸，以示尊重。果品要等年长者或其他客人动手后再取用。即使在最熟悉的客人那里，也不要过于随便。

4. 谈话语言要客气

与主人相见，应主动先问好。初次谋面，还须作自我介绍。遇到主人的同事、亲属，应主动打招呼问好，不宜旁若无人，不搭不理。

5. 谈话时间要控制

双方会见的时间早已有约在先，客人务必谨记在心，认真遵守。若双方对会见时间无约定，通常一般性拜访应以 1 小时为限。初次拜访一般控制在 30 分钟左右。拜会中遇有他人来访，应适当缩短时间，不必非要"达标"不可，更不要硬找人家攀谈一番。一旦提出告辞，便要"言必信，行必果"，任凭主人百般挽留，都要离开。

6. 告别

起身告辞时，要表示"打扰"歉意。出门后，回身主动伸手与主人握别，说"请留步"。待主人留步后，走几步再回首挥手致意"再见"。有同事同行，相互间应配合，使拜访活动顺利圆满地进行。与领导一起拜访客户，应以领导为主，配合领导，保证拜访的成功。事后要真心地感谢被拜访者给予的招待，可以通过电话、短信、邮件等方式表达谢意，这是很有必要的。

知识拓展

拜访客户的黄金定律

(1)开门见山，直述来意。初次和客户见面时，可用简短的话语直接将此次拜访的目的向对方说明。

(2)突出自我，赢得瞩目。不要吝啬名片。有必要在资料显见的上方标明姓名、联系电话等主要联络信息。适时地表现出与对方上司及领导等关键人物的"关系"。

(3)察言观色，投其所好。从客户的家乡、行业、产品、爱好等处，找到客户感兴趣的话题，使拜访有个良好的开始。

(4)明辨身份，找准对象。拜访时必须处理好"握手"与"拥抱"的关系。与一般人员握手不让对方感觉对其视而不见就行；与关键、核心人物紧紧地拥抱在一起，有利于建立起亲密关系。

(5)宣传优势，诱之以利。商人重利。这个"利"字，包括两个层面的含义："公益"和"私利"。只要能给客户带来某种好处，就能为客户所接受。

(6)以点带面，各个击破。无法通过调查了解到真实信息时，就必须找重点突破对象。如找到老乡，找到校友，找到共同的熟人，从建立"私交"开始，逐步拓展，慢慢达到目的。

(7)端正心态，永不言败。发扬"四千精神"，即走千山万水、吃千辛万苦、说千言万语、想千方百计，为拜访成功而努力付出。

资料来源：刘砺，荆素芳，扶齐.商务礼仪实训教程[M].北京：机械工业出版社，2015.

四 商务接待礼仪

商务接待是商务活动中的一个重要环节，也是商务人员的一项经常性工作。接待工作周到与否，直接影响商务活动的开展。因此，必须讲究接待的礼仪和技巧。

(一)接待准备工作

接待准备工作包括以下三个方面内容。

1. 布置接待场所

整洁干净的环境是对来访者的尊重和礼貌的表示。办公室接待客人，应将办公室收拾干净，窗户要明亮，桌椅要整洁，东西要整齐，空气要清新，茶水要备好，有时还应备些水果。

如果来访者较多，或来访者规格较高，来访的目的又比较严肃，应在专门的接待室进行接待。接待室除配置一些如沙发、茶几、衣架等家具外，还应点缀一些花卉盆景、字画、报刊等。

2. 了解客人情况

(1)了解客人的单位、姓名、性别、身份、人数甚至民族、宗教信仰等，可以列表登记，一目了然。

(2)了解客人来访的目的和要求。

(3)了解客人所乘的交通工具和到达的具体时间，据此来确定接待规格和方案。对于客人的来访情况，应及时报告给主管领导和有关部门。

3. 确定接待规格

接待的规格不必过高，也不能过低，应视来访者的具体情况而定。一般来说，接待者身份与来访者身份对等即可，这是接待工作中最常见的形式。对于十分重要的商务伙伴，或是来洽谈十分重要的业务，可高规格接待，即接待者比来访者身份高的接待；而商务常规接待大都是低规格接待，即接待者身份比来访者身份低的接待，这种接待要特别注意热情、礼貌、周到。

(二)接待中的礼仪

接待中要注意以下三种礼仪。

1. 迎客之礼

(1)提前接站。对于远道而来的来访者，应安排好接站工作。对于一般客人，可由业务部门或办公室人员去迎接；对于重要客人，有关领导要亲自前往迎接。迎接人员须提前在迎接地点等候，迟到是非常失礼的。如果是初次来访的客人，互不认识，接待人员还应在出站口举牌迎接。

（2）真诚问候。令人开心的问候语是成功接待的第一步。接到客人后，首先应致以真挚的问候，如"一路辛苦了""欢迎您的到来"等，同时作自我介绍。

（3）主动代劳。主动为客人代劳，让客人有一种宾至如归的感觉，客人一到，除了必要的问候以外，还应主动帮助客人提取、装卸行李。但不要拿客人的公文包或女士随身小提包。

（4）简短交流。迎接人员将客人送至住地途中，要主动询问客人在此停留期间有无私人活动需要代劳。把客人送至住地后，不应立即离去，可稍作停留，但时间不宜太长，应让客人尽早休息。分手时和客人协商好下次联系的时间、地点和方式。

2. 待客之道

（1）安排客人就座，应把最佳的"上座"位置让给客人坐，长沙发优于单人沙发，沙发椅优于普通椅子，较高的座椅优于较低的座椅，距离门远的为最佳的座位。此外，当客人进屋后，主人要协助客人把携带的物品放好。

（2）言谈得体。这是做好接待工作的首要条件。商谈问题时要紧扣主题，少说多听，若遇冷场，应主动寻找话题，时间过久，会造成尴尬的局面。谈话时，表情要自然，态度要温和，语气要适中，要尊重他人，不要强词夺理。

（3）礼貌奉茶。以茶待客是中国传统的待客之礼。在招待尊贵客人时，除茶具、茶叶要特别讲究外，敬茶也有许多讲究。茶水要浓度适中，量度适宜，倒茶不要过满，一般倒七八成满较合适。敬茶要先客后主，先尊后卑；来宾甚多时，可按级别或长幼依次上茶，也可由近及远（或按顺时针方向或按先后顺序）上茶。

（4）当客人要找的负责人不在时，要明确告诉对方负责人到何处去了，以及何时回本单位。请客人留下电话、地址，明确是由客人再次来到单位，还是我方负责人到对方单位去。

（5）当客人到来时，我方负责人由于种种原因不能马上接见，要向客人说明等待理由与等待时间，若客人愿意等待，应该向客人提供茶水、杂志，如果情况允许，应该时常为客人添水。

3. 送客之礼

中国人常说："迎人迎三步，送人送七步。"接待工作顺利完成后，后续的送客也很重要。送客又被称为商务活动的"后续服务"。做好"后续服务"，可令客人留下美好的回忆，为以后的商务交往活动打下基础。

（1）当客人准备告辞时，一般应婉言挽留。送客时，应在客人起身后，再起身相送。主人送客人，一般应送到室外或电梯口，重要客人送到大门口、楼下或停车场的出入口。施礼表示感谢光临并致告别语，如"祝您一路平安""希望我们合作愉快"等。

（2）当客人离去时，要挥手道别，目送客人远去。如果是远方客人，还要安排交通工具送到车站、码头或机场，要等到车船开动并消失在视线之外再走；如果是乘坐飞机，要等来访者通过安检之后再走。

（三）接待过程中的乘车礼仪

在现代商务活动中，汽车是一种重要的交通工具，甚至是重要的商务工具。汽车在商务活动中，更是实力、身份、地位等的展现形式。所以汽车礼仪是现代商务活动中的重要研究内容。需要遵守一些基本的礼仪规范。在轿车礼仪中，最重要的问题是乘车的座次排序。商务人员在乘坐轿车外出参加较为正式的应酬时，或是与他人一同乘坐轿车时，需要考虑司机、车型、安全系数、乘车人偏好四个因素。

1. 司机不同，座次不同

（1）专职司机驾驶时，轿车座次的后排位次高，前排位次低。

（2）如果主人亲自开车，前排的副驾驶座为上座。如果车上只有一名客人时，那么客人务必就座于前排。如果客人偏要坐到后排去，那么就表示自己对主人极度地不友好、不尊重。如果车上有其他人在座，至少应当推举一人为代表，坐在副驾驶座上作陪。通常应推举其中地位、身份最高者在副驾驶座上就座。如果他在中途下车，则应立即依次类推"替补"上去。

（3）如果主人夫妇开车接送客人夫妇，那么男女主人的座次应如前面一样，客人夫妇应当坐在后排。如果主人一人开车接送一对夫妇，那么男宾应就座于副驾驶座上，其夫人坐在后排。

2. 车型不同，座次不同

车的类型不同，其座次的尊卑也不一样。

（1）如果乘坐两排五座轿车，驾驶座居左，专职司机开车时，座次的尊卑应当是：后排上，前排下，右为尊，左为卑。具体而言，除驾驶座外，车上其余4个座位的顺序，由尊到卑依次应为：后排右座、后排左座、后排中座、前排副驾驶座。由主人亲自驾驶两排五座轿车时，车上其余4个座位的顺序，由尊到卑依次为：副驾驶座、后排右座、后排左座、后排中座。

（2）由专职司机驾驶三排七座轿车时，车上其余6个座位（加上中间一排折叠的两个座位）的顺序由尊到卑依次应该为：后排右座、后排左座、后排中座、中排右座、中排左座、副驾驶座。

（3）由主人亲自驾驶三排七座轿车时，车上其余 6 个座位的顺序由尊到卑依次应该为：副驾驶座、后排右座、后排左座、后排中座、中排右座、中排左座。

（4）由专职司机驾驶三排九座轿车时，车上其余 8 个座位由尊而卑的顺序为：中排右座、中排中座、中排左座、后排右座、后排中座、后排左座、前排右座（假定驾驶座居左）、前排中座。

（5）由主人亲自驾驶的三排九座轿车时，其余 8 个座位的顺序由尊到卑依次应为：前排右座（假定驾驶座居左）、前排中座、中排右座、中排中座、中排左座、后排右座、后排中座、后排左座。

（6）安全系数决定尊位。乘坐轿车外出，除了迅速、舒适之外，安全问题也是不容忽视的。从某种意义上讲，甚至应当将安全作为头等大事来对待。在商务接待过程中，安全是第一位的。根据调查，驾驶座位后面的座位是车辆中最安全的座位。

（7）乘车人的偏好决定尊位。如果不是出席一些重大的礼仪性场合的话，对于轿车上座次的尊卑不必过分地墨守成规，乘车人可以根据自己的习惯自由进行座位选择。

五　商务馈赠礼仪

馈赠是商务交往中常见的礼节，也是商务活动中常有的内容。馈赠是为了表达敬意、友好、祝贺、慰问等赠送给交往对象物品的行为。重视馈赠的作用，充分发挥馈赠的作用，就要自觉地遵守馈赠礼仪。

(一) 馈赠礼品的特征

在商务交往中的礼品，一般应具有以下特征：

（1）纪念性礼品要能达到使对方记住自己以及记住自己的单位、产品和服务的作用。让对方记住自己是商务交往中礼品的主要功效之一。

（2）宣传性礼品意在宣传企业形象，并非贿赂、拉拢他人。

（3）便携性礼品要不易碎、不笨重，便于对方携带，否则会为对方平添烦恼。

（4）独特性礼品要做到人无我有、人有我优，力戒千人一面，否则就有敷衍了事之感。

（5）时尚性礼品不只要与众不同，还不能太落伍，否则会适得其反。

（6）习俗性礼品根据节日的不同有所讲究。

（7）走亲访友带礼品，注意忌讳，喜事忌单，老年人不送钟表，夫妻不送梨等。不同的国家、不同的节日送礼都要注意习俗。

（二）馈赠的考虑元素

在商务交往中，进行馈赠时要注意考虑 5W1H 元素。

1. 馈赠目的——为什么送（Why）

送礼品应该有明确的目的性。馈赠的目的不同，送礼的方式、选择的礼品、遵循的礼节都有所不同。赠送主体无论是单位还是个人，其出发点或所要达到的目的都是要建立或加强与他人（企业）的友谊、联络感情、巩固和维系良好关系。

2. 馈赠对象——送给谁（Who）

男女有别，中外有别，长幼有别，商务交往中赠送的礼品优先考虑纪念性、宣传性以及接收对象是否喜欢，要充分考虑到受赠者的国别、性别、年龄、职位、性格、喜好和禁忌等。了解对方所好，投其所好才能达到预想的效果。要把握对方喜欢什么，更要把握对方不喜欢什么，根据对方身份、地位以及文化修养综合考虑。

3. 馈赠内容——送什么（What）

鲜花赠美人，宝刀赠勇士。商务交往中有六种礼品不送：

（1）违法物品不送。

（2）价格过于昂贵的物品不送。

（3）涉及国家秘密和安全的物品不送。

（4）药品营养品不送。

（5）犯对方忌讳的物品不送（个人禁忌、行业禁忌、民族禁忌、宗教禁忌）。

（6）明显广告宣传的物品不送。

4. 馈赠时机——何时送（When）

登门拜访时，应在进门时与见面之初把礼品送上去。接待客人时，礼品应在临别之时、客人离开前（告别宴会上）送。商务馈赠要把握好时机，选择双方感情比较融洽时送，既能够表达情意，又能够实现商务活动的目的。

5. 馈赠场合——何地送（Where）

公私有别，因公交往的礼品在办公地点送，私人交往的礼品在私人居所私下送。馈赠地点要合适，在公共场合馈赠有伤大雅，在私密场所馈赠有收买之嫌。馈赠的客人较多时，可以让服务人员分送到住处。

6. 馈赠方式——如何送（How）

贵宾或被重视的客人应由馈赠方最高领导或其代表亲赠。为了表示对客人的重视，如果情况允许，公务礼品应该尽量由地位高的人送，由领导、负责人赠送礼品表示隆重和规格。赠送礼品要郑重其事，赠送者要对礼品适当加以说明，如寓意、用途、特殊价值。采取客人能够接受的灵活的方式实施馈赠，可以采用当面赠送、送物到家、邮寄赠送、托人转送等多种方式。

(三)礼品的选择

最好的礼品是健康养生类礼品。要想送得放心，收得舒心，就要注意礼品的选择。

1. 形式恰当

注意形式恰当，针对不同情况选择不同性质的礼品。礼品的选择要价格适宜、体现特色、便于携带，不能过于流俗。

2. 尊重需求

礼品选择尊重客人的需求，了解客人的文化修养、教育程度、志趣爱好，不能千人一面，不能都送香烟、名酒等。

3. 不犯禁忌

客人常常有国家、民族、宗教信仰、职业和私人禁忌，这些禁忌对商务活动的效果有直接影响，不犯禁忌的馈赠可以起到感情"润滑剂"的作用，触犯禁忌的馈赠起到的刚好是相反的效果。

4. 注意包装

商务馈赠要注重包装，讲究品位，对礼品加以包装代表郑重其事，是对被送礼者重视的象征，是尊重对方的表现。对外商务交往中，包装所用成本占礼品总价值的1/3。一件礼品价值200元，在包装上的花费不应少于100元，即总价值为300元，礼品价值200元，包装费为100元。粗糙的包装或不包装会降低礼品的档次，且失敬于对方。

国际交流时赠送礼品要注意包装。外国人认为包装是郑重其事的做法，如果不包装就有愚弄对方之嫌。

(四)受赠的礼仪

如同馈赠时的精心和慎重，当受赠礼物时，也有礼仪要求，不能失礼于人。

1. 从容接受礼物

接受赠送的礼物时要落落大方，注意礼貌，但不要过于推辞，我们常说的"受之有愧"之类的自谦话，如果在涉外场合，会被认为是无礼的行为，会使送礼者不愉快甚至难堪。正确的做法是用双手接过礼品，并向对方致谢。

2. 当面打开礼物

接受外国友人赠送的礼品时，应当着对方的面，将礼品包装拆开，以示对对方的尊重和对礼品的重视。接受外国朋友赠送的有包装的礼品，一定要当面打开，略加端详并称赞。当场打开看意味着欣赏对方，是对对方的尊重，不看则是对对方的失敬。启封时，动作要自然、舒缓、文明，撕破包装纸被认为是粗鲁的举止。打开包装后，要以适当的动作和语言表示对礼品的欣赏。别忘了表达对对方的感谢。

值得注意的是，在我国，接受国人的礼品时，则无须当面打开。

3. 及时写感谢信

收到礼物后，除了口头致谢外，还可以打电话感谢对方。有时为了表达对对方的高度重视和感谢之情，尤其是涉外场合，也可以给对方写感谢信。

(五) 回赠物品的礼仪

当收到馈赠后，受礼人一般要回赠，从而加强联系，增进友谊。回赠礼品时，应注意以下事项。

1. 回礼时机

选择回礼的时机与赠送礼品的时机要求大致一样，时间要适宜，还礼过早容易被别人认为是"等价交换"；拖延太久，等事情完全冷淡了再还礼效果也不好。但一些特殊情况则不受此约束。如在节日庆典时期，可以在客人走时立即回赠；而在生日聚会、婚庆宴会等场合接受礼品，应在对方有类似情形或适当时候再回赠。

2. 回赠礼品

还礼要选择得体的形式，形式不当，还不如"不还"。需要注意：

（1）回赠的礼品切忌重复，一般要价值相当，也可视情况而定，也不必每礼必回。

（2）一般人在选择礼物时，无意之间会选择自己喜欢的物品。回赠对方时，不妨参考对方馈赠的礼物，较易博得对方的欢心。

(六) 回绝礼品的礼仪

拒绝收礼一般是不允许的，最好是表示谢意并接受。当然，有时有必要拒收礼品。如果因故拒绝，态度要委婉而坚决。通常可采用以下三种方法。

1. 先收后退

当着很多人面拒绝别人的礼物，无疑会让对方很难堪。建议这时先将礼物收下，然后单独将礼物原封不动地退还给送礼人。收下的礼物不能拆封，更不能使用，要争取在 24 小时内送还，否则容易让人误解为已经收下。

2. 委婉拒绝

可以在对方准备送礼物时，委婉暗示无法接受礼物。

3. 直接说明回绝原因

在公务往来中，遇到别人赠送贵重礼物时，可以采取直接告知不能收受礼品的原因来拒绝对方。

礼仪知识巩固

单选题

1. 送礼要选择合适的礼品，投其所好是首要原则，还应该考虑对方的(　　)。

A. 经济状况、性别、年龄　　　　B. 年龄、身份、经济状况

C. 禁忌、性别、身份　　　　　　D. 地位、经济状况、年龄

2. 乘车礼仪在商务交往中已经变得非常重要，主人开车(两排五座轿车)时的尊位应该在(　　)。

A. 后排右座　　B. 后排中座　　C. 后排左座　　D. 副驾驶位

★ **礼仪案例分析**

尴尬的李×

李×是一家医疗器械设备公司的销售员。为了完成本季度的任务，李×想尽办法联系各大医院。经过一番周折，手中的一个大单有一点眉目。李×为了趁热打铁，决定去这家医院的张院长家里拜访一下。之前的联系中张院长告诉过李×地址，闲聊中还让李×有空去家里吃顿便饭。

这周末李×给张院长选了一些礼品，后来又看到一艘玩具舰艇，顺便买了准备一起送给张院长的孩子，然后提着大包小包朝张院长家里走去。当张院长打开门的时候，显然很意外，原来这天张院长正在家里搞同事聚餐，家里有非常多的客人。李×感觉特别尴尬，客套了几句准备告辞。临走前张院长急切地把玩具舰艇放到李×手中，低声说："我和爱人一直想要个孩子，可一直未能如愿，这个你还是拿回去吧，怕我爱人看着伤心。"走在回家的路上，李×恨不得找个地洞钻进去。

资料来源：编者根据相关资料整理得到。

分析讨论：

李×哪些地方做得不对？如果是你，你会怎么做？

礼仪实训4-2-1 邮件礼仪实训

实训目标：全面考核学生的邮件礼仪掌握情况。

实训内容：学生给教师发问候邮件。
1. 邮件标题为：礼仪感受+姓名+班级+学号
2. 内容：谈谈学习礼仪的感受
3. 字数：不限。
4. 要求：真情实感，原创。

礼仪实训4-2-2 商务交往礼仪模拟情景剧表演

实训内容：由学生分小组进行见面礼仪和交往礼仪模拟情景剧表演。

实训目的：通过角色扮演，真正理解和掌握商务接待与拜访礼仪。提高学生的见面礼仪意识，帮助学生建立良好的人际关系。

实训步骤：
学生以小组的形式，综合运用形象礼仪、言谈礼仪、介绍礼仪、握手礼仪、名片礼仪等相关礼仪知识和礼仪规范，进行见面礼仪和交往情境设计(可参考模拟情景)，通过情景剧表演的形式展示出来。表演完毕后各成员填写"商务礼仪课程学生课堂学习质量评价自评用表"(见表4-1)。
其余学生观摩并填写"商务礼仪课程学生课堂学习质量评价他评用表(一)"(表4-2)和"商务礼仪课程学生课堂学习质量评价他评用表(二)"(见表4-3)。
全部表演结束后，学生进行表演的自评分享。
学生进行表演的他评分享。
教师进行点评。

模拟情景(供参考)：
实训情景：
情景一：某汽车生产厂家在生产某款汽车过程中遇到了技术难题，今天请了专家赵某到公司来协作相关问题的解决。
情景二：总经理及秘书在公司门口送外聘专家乘坐轿车离开。
情景三：专家离开后又遇到了新的难题。总经理和技术部经理决定前往专家住处拜访。
各小组根据案例分配角色：总经理、总经理秘书、专家赵某、技术部经理。
各小组根据情景一进行角色扮演，主要涉及的礼仪考核点有：打电话、称呼、介绍、握手、问候、递交名片、引领至会议室等。
各小组根据情景二进行角色扮演，主要涉及的礼仪考核点有：乘车、告别等。
各小组根据情景三进行角色扮演，主要涉及的礼仪考核点有：客户拜访等。

注意：该项目需提前两至三周布置给学生。由学生提前预习和准备。

表 4-1　商务礼仪课程学生课堂学习质量评价自评用表

姓名：　　　　　学号：　　　　所在学院和班级：

任务角色(请打钩)：

我是模拟情景剧大赛的：演员(　)　工作人员(　)　其他(　)

我是小组的：组长(　)　组员(　)

分类 (分值)	序号	评价细则	得分
仪容仪表 (30分)	1	着装标准，符合商务礼仪要求(5分)	
	2	妆容自然美观，头发干净整洁(5分)	
	3	表现得体的站姿、坐姿、蹲姿等(5分)	
	4	精神饱满，表情自然亲和(5分)	
	5	态度端正，谦虚有礼，体现服务热情(10分)	
团队贡献 (30分)	6	积极主动，服从安排(5分)	
	7	踊跃提出意见和建议，为活动出谋划策(5分)	
	8	保质保量地完成小组分配的任务(10分)	
	9	时刻与小组保持协调一致(10分)	
现场表现 (40分)	10	运用正确的见面礼、握手礼等礼仪规范(5分)	
	11	小组配合默契，尊重成员的付出(5分)	
	12	态度端正，展现较高的职业形象和素养(10分)	
	13	在整个表演过程中我非常享受(10分)	
	14	反应迅速，能够及时发现并解决问题(10分)	
总分			
请写下自己此次礼仪模拟剧中表演的优点与不足，以及以后提升的措施			

表4-2 商务礼仪课程学生课堂学习质量评价他评用表（一）

姓名：　　　　　学号：　　　　　所在学院和班级：

分类（分值）	序号	评价细则	第一组得分	第二组得分	第三组得分	第四组得分	第五组得分
仪容仪表（30分）	1	着装标准，符合商务礼仪要求（5分）					
	2	妆容自然美观，头发干净整洁（5分）					
	3	表现得体的站姿、坐姿、蹲姿等（5分）					
	4	精神饱满，表情自然亲和（5分）					
	5	态度端正，谦逊有礼，体现求职热情（10分）					
现场表现（40分）	6	按照表演要求进行礼仪表演，演出没有超时（5分）					
	7	小组演出完成度高（5分）					
	8	小组配合默契，分工明确（10分）					
	9	表演时语言表达流畅、清晰（10分）					
	10	小组之间注重沟通交流，表演顺畅（10分）					
剧本/表演中的礼仪考查点（30分）	11	剧本中体现了介绍、握手、微笑、递名片等商务交往礼仪（10分）					
	12	剧本中体现了走姿、坐姿、站姿仪态礼仪（10分）					
	13	剧本中体现了服饰打扮（5分）					
	14	剧本中体现了语言礼仪（5分）					
总分							

表 4-3　商务礼仪课程学生课堂学习质量评价他评用表（二）

组别	礼仪模拟情景剧表演的优点	礼仪模拟情景剧表演的缺点
第一组		
第二组		
第三组		
第四组		
第五组		

第三节　宴请礼仪

在商务交往中，互相宴请或进行招待是比较常见的待客方式。举行宴会或招待会可以制造一种宽松融洽的气氛。在这种气氛中，不仅能够加深双方的了解，而且可以增进彼此的友谊，因此礼仪在宴请中占据十分重要的地位。当前流行的宴请形式有宴会、招待会、工作餐等。采取什么样的宴请方式，要根据活动目的、邀请对象来决定。但无论哪种形式的宴请，都有与之相对应的礼仪规范，主人和客人都要认真遵守，否则就是失礼行为。

一　宴请类型和赴宴礼仪

(一) 宴请类型

通用的宴请类型有宴会、招待会、工作餐等，采取何种形式，根据活动目的、邀请对象以及经费开支等因素决定。每种类型的宴请均有与之匹配的特定礼仪要求和规范。

1. 宴会

根据其性质可分为正式宴会和非正式宴会。正式宴会包括国宴、普通宴会；非正式宴会包括便宴、家宴等。

(1)国宴。国宴是国家元首或政府首脑为国家庆典或为外国元首、政府首脑来访而举行的正式宴会，因而是规格最高的宴会。按规定，举行国宴的宴会厅内应该挂双方的国旗，演奏两国国歌和席间音乐。当宴会开始时，主、宾双方致辞、祝酒等。一般上主办国特色的酒水和菜肴，也可根据客人的习俗与嗜好，上该国有特色和客人喜好的酒水与食品。

(2)普通宴会。普通宴会是政府部门或机关团体，企、事业单位为迎送宾客朋友，或答谢主人、客户而举行的宴请，如欢迎宴会、感恩宴会、团拜宴会、答谢宴会等。此类宴会，根据招待对象的不同，其规格档次也有所区别。比较隆重的宴会，其档次不低于国宴，也有主、宾致辞，奏放席间音乐等。

(3)便宴。便宴属非正式宴会。这种宴请形式多样，主客随意自由。或利用节假日邀亲友聚会一下，或利用周末邀几个朋友吃喝一顿。在商务交往中使用这种形式的宴会最多。客户来了，顺便安排吃一顿饭，或有意识地请主要客户聚餐。这种宴请不拘形式，重在菜的味道和特色。

（4）家宴。家宴即在家中设宴招待客人。西方比较喜欢采用这种形式，以示友好。现代快节奏社会，一般人不在家里招待客人，一旦设家宴招待客人，赴宴者一定是至亲好友，因此气氛比较温馨融洽。

2. 招待会

招待会是指各种不备正餐、形式较为灵活的宴请形式。通常备有食品、酒水饮料，不排席位，可以自由活动，方便大家自由交谈。常见的招待会有以下几种形式。

（1）冷餐会。冷餐会也叫自助餐。这种宴请形式的特点是：不排席位，菜肴以冷食为主，也可用热菜，连同餐具陈设在餐桌上，供客人自取。客人可以自由活动，可以多次取食，但不可浪费。酒水可陈放在桌上，也可由招待员端送。冷餐会在室内或院子里、花园里都可举行，可设小桌、椅子，自由入座，也可不设座椅，站立进餐。根据主、客双方身份，冷餐会规格隆重程度可高可低，举办时间一般在 12：00～14：00、17：00～19：00。这种形式常用于宴请人数众多的宾客。

（2）酒会。酒会又称鸡尾酒会。这种招待会形式较活泼，便于广泛接触交谈。招待食品以酒水为主，略备小吃。不设座椅，仅置小桌或茶几，以便客人随意走动。酒会举行的时间也较灵活，中午、下午、晚上均可，请柬上往往注明酒会的起止时间，客人可在其间任何时候到达和退席，来去自由，不受约束。酒会有时与舞会同时举行。鸡尾酒是用多种酒配成的混合饮料，酒会上不一定都用鸡尾酒，通常用的酒类品种较多，并配以各种果汁，不用或少用烈性酒。食品多为三明治、面包、小香肠、炸春卷等各种小吃，以牙签取食。饮料和食品由服务员用托盘端送，或部分放置小桌上，供客人自取。近些年国际上举办大型活动采用酒会形式日渐普遍，庆祝各种节日，欢迎代表团访问，各种开幕、闭幕典礼，文艺、体育演出前后往往举行酒会。

（3）茶会。茶会是一种简便的招待形式，举行的时间一般在 16：00 左右，也有 10：00 左右举行的。茶会通常设在客厅，而不用餐厅。厅内设茶几、座椅，不排席位，但如果是专为某位贵宾举行的活动，入座时，应有意识地将贵宾同主人安排坐到一起，其他人随意就座。茶会顾名思义是请客人品茶，因此，茶叶、茶具的选择要有所讲究，或精致典雅，或具地方特色，一般用陶瓷器皿，不用玻璃杯。

3. 工作餐

工作餐是现代人际交往中经常采用的一种非正式宴请形式，有的甚至由参加者各自付费，采用 AA 制，利用进餐时间，边吃边谈工作。工作餐按用餐时间分为早餐、午餐和晚餐，多以快餐分食。工作餐一般不排座次，如果是双方工作进餐，往往摆放长条桌，安排席位，便于主、宾双方交谈磋商。

(二) 赴宴礼仪

1. 赴宴准备

宴请是重要的商务交际活动，如果接到邀请，无论是否出席应尽早答复对方，以便主人安排。答应邀请后不要随意改动，万一遇到特殊情况不能出席，要尽早向主人解释、道歉，甚至亲自登门表示歉意。

出席宴会前，应作梳洗打扮。女士要化妆，男士应梳理头发并剃须。衣着要整洁、大方、美观。如果参加家庭宴会，可给女主人准备一定的礼品，在宴会开始前送给主人。礼品价格不一定要很高，但要有意义。

2. 准时赴宴

掌握赴宴时间，按照请柬标明的宴会时间准时到场。所谓准时，一般情况下，是指在宴会前3~5分钟到达。如因故不能准时赴宴，应提前打电话通知主人，诚恳说明原因，同样，赴宴也不宜去得过早。去早了，主人既要准备宴席，又要招呼客人，会造成不便。在外，如过早赴宴会被人笑话太急于进餐。如果宴会已开始，迟到的客人应向其他客人致歉，并适时向主人打招呼，表示已经到宴。

3. 礼貌入座

应邀出席宴会活动，在进入宴会厅之前，先了解自己的桌次和座位。入座时注意桌上座位卡是否写有自己的名字，不可随意入座。如果未设座位卡，要等待主人请入座时，方可入座。如邻座是长者或女士，应主动帮助他们先坐下。入座后坐姿要端正，坐时应把双脚踏在本人座位下，不可随意伸出，以免影响他人。在社交场合，无论天气如何炎热，都不可当众解开纽扣，脱下衣服。参加小型家宴时，若主人请宾客宽衣，男宾可脱下外衣搭在椅背上。

4. 致辞敬酒

(1) 在宴席中，主人(主陪)应是第一个敬酒的人。主人在第一道菜上来后，即举杯邀请所有客人同饮，并致以简短的祝酒词。在祝酒词中，应该首先感谢各位客人的光临，并说明此次宴请的原因，最后请大家同饮。祝酒时，应由主人和主宾先碰杯，然后敬全席；碰杯时应目视对方，以示敬意；人多时可举杯示意，不一定碰杯，举杯应至眼睛高度，切忌交叉碰杯。桌次多时，应按桌敬酒，不能顾此失彼，冷落一方。

(2) 一般由主人领敬三杯酒，然后由第二主人(副陪)领酒，领酒是针对全席的；然后主人与各位客人及客人与客人之间相互敬酒。敬酒要适可而止，意思到了就行。对于确实不会饮酒的人，是不宜劝其饮酒的。

（3）即使是不喝酒的人也要起身，举杯并将杯口在唇上碰一碰，以示尊敬。

（4）碰杯时，右手扼杯，左手垫杯底，记住自己的杯子要低于别人。

（5）"酒过三巡，菜过五味"之后，应由主宾提议，对主人的盛情宴请表示感谢后散席。

（6）祝酒词是宴会敬酒的必要礼仪。好的祝酒词能够活跃宴会气氛，增进彼此友谊，加深感情，同时达到宴请的目的。

在主人和主宾致辞、祝酒时，其他人应暂停进餐，停止交谈，注意倾听。祝酒词的内容应随宴会的性质和宴会的目的而有所不同。常见的祝酒词有"欢迎诸位光临！现在我向大家敬酒，祝诸位事业兴旺、阖家安康！""欢迎各位光临！为了我们共同的事业，干杯！""为了合作愉快，干杯！""祝××健康幸福！""祝××先生一路顺风，前程似锦！""祝愿我们之间友谊长存，与日俱增！"等。

5. 文雅进餐

宴会开始时，一般是主人先致祝酒词。此时应停止谈话，不可吃东西，注意倾听。致辞完毕，主人招呼后，即可开始进餐。进餐时要注意举止文雅。

（1）每一道菜上桌后，通常需等主人或长辈动筷后再去取食。如果需食用公筷的菜肴，应先用公筷将菜肴夹到自己的盘中，然后再用自己的筷子慢慢食用。在夹菜时，要等到菜转到自己面前时再动筷子，夹菜一次不宜过多，也不要把夹起的菜再放回菜盘中，又伸筷夹另一道菜，这是非常不礼貌的。如果遇到邻座夹菜要避让，谨防筷子打架。同桌如有外宾，不用反复劝菜，也不要为其夹菜，因为外宾一般没有这个习惯。以前认为为宾客夹菜可以表示好客之道，现在观念转变了，让宾客依自己的喜好取用菜肴，既较合乎时宜也较卫生。

（2）当要吐出骨、刺时，应用餐巾或以右手遮口，隐秘地吐在盘中，不可抛弃在桌面或地上。有骨或壳的食物，应避免手剥口咬，可用筷子或汤匙分离。滚烫的食物，不可用嘴吹冷匆忙送入口中，应等稍凉后再取食。

（3）斟酒，通常从主人右侧主宾先斟，后斟女宾，然后给主人斟，随后按顺时针方向逐一斟酒。斟酒、倒饮料八分满即可。敬酒时自首席按顺序一路敬下，敬酒者不需要将酒杯里的酒喝干，每次喝一小口即可。男士向长辈敬酒时，应双手捧杯，起立敬酒；女士则无论辈分，右手握杯左手轻扶杯底，点头致意，轻啜一口即可。喝酒宜各自随意，敬酒以礼到为止，切忌劝酒。

（4）交谈。无论是主人、陪客或宾客，都应与同桌的人交谈，特别是左右邻座。不要只同几个熟人或只同一两个人说话。邻座如不相识，可先做自我介绍，不要把自己封闭起来，不与他人交流。

(5)遇有意外，这时应沉着处理，不必着急。如不慎将酒、水、汤汁溅到他人衣服上，应立即致歉，及时处理，但不必恐慌。如用力过猛，刀叉碰击盘子发出声响，餐品摔落地上或打翻杯子等，餐具碰出声音时，可轻轻向邻座或主人道声"对不起"。摔落的餐具可招呼招待员另送一副。如果酒水打翻到桌上，应及时招呼招待员处理。当酒水溅到邻座身上时，应表示歉意，并协助对方擦净。但当对方是女子时，只要把干净餐巾或手帕递给她，由她自己擦干即可。

二 中餐宴请礼仪

中国的饮宴礼仪经过千百年的演进，形成了今天人们普遍接受的一套饮食礼仪。中餐宴请首先要考虑时间和地点，还要遵守一定的礼仪。

(一)时间选择礼仪

中餐宴请的具体时间，应主要统筹兼顾下述四个具体问题。

1. 民俗惯例

中餐特别是中餐宴会具体时间的安排，根据人们的用餐习惯，依照用餐时间的不同，分为早餐、午餐、晚餐三种。至于宴请时究竟应当选择早餐、午餐或晚餐，不好一概而论。绝大多数情况下，确定正式宴请的具体时间，主要遵从民俗惯例。中餐宴请礼仪源远流长。在讲究民以食为天的礼仪之邦，饮食礼仪自然成为饮食文化的重要组成部分。

2. 主随客便

决定商务宴请具体时间，不仅要从客观能力出发，也要讲究主随客便，优先考虑被邀请者，特别是主宾的实际情况，不要对此不闻不问。如果情况允许，应该先和主宾协商，力求双方都方便。至少要提供几种时间上的选择，以显示诚意。

3. 时间控制

用餐时间有必要加以适当控制。应注意以下两个问题：一是要尽量避开宾主双方不方便的时间，如重要的活动日、纪念日、节假日，一方不方便的日子或忌日等；二是要对用餐的具体时长进行必要的控制，既不能匆匆忙忙走过场，也不能拖拖拉拉耗时间。正式宴会用餐时间应为1.5~2小时，非正式宴会与家宴用餐时间应为1小时左右。

4. 地点选择

商务用餐地点选择非常重要，选择地点时应着重注意以下三点。

（1）环境幽雅。宴请不仅为了"吃东西"，也要"品文化"。用餐地点档次过低，环境不好，即使菜肴有特色，也会使效果大打折扣，尽量要选择清静优雅的地点。

（2）卫生良好。确定地点要看卫生状况。用餐地点过脏过乱，不仅卫生让人担心，而且还会破坏用餐情绪。

（3）交通方便。要充分考虑交通，公共交通线路、停车场、预备交通工具等都应事先考虑。总之，宴请活动的地点要根据宴请活动目的、性质、规格、形式以及主人意愿和实际可能恰当选择，既不能"装穷"，也不可"摆阔"，讲究"一切从实际出发"，以让客人感到光彩、舒服为最佳选择。

（二）宴请座次礼仪

排座次是宴请礼仪中最重要的一项内容，关系到客人身份和给予的礼遇。中餐席位的排列在不同情况下存在差异。可分为桌次排列和位次排列两个方面。

1. 桌次排列

中餐宴请采用圆桌居多，圆桌排列尊卑次序又有以下两种情况。

（1）两桌组成的小型宴请。可采取两桌横排或两桌竖排的形式。两桌横排，桌次以右为尊，以左为卑（左和右的位置由面对正门的位置确定）；两桌竖排，桌次以远为上，以近为下（远和近是以距离正门的远近而言）。

（2）三桌及以上宴请。安排桌次主要有"面门为主""右高左低""各桌同向"三项基本的礼仪惯例。"面门为主"，指每张餐桌上以面对宴会厅正门的正中座位为主位，通常应请主人在此就座。"右高左低"，指每张餐桌上除主位外，其余位次的高低应以面对宴会厅正门为准，右侧的位次高于左侧的位次。"各桌同向"，指举行大型宴会，其他各桌的主陪之位均应与主桌主位保持同一方向。此外还应兼顾各桌与主桌的距离。距离主桌越近，桌次越高；距离主桌越远，桌次越低。餐桌形状大小要基本一致。主桌可以略大，其他餐桌不要过大或过小。

为使赴宴者及时、准确地找到所在的桌次，可在请柬上注明所在桌次，宴会厅入口应摆放宴会桌次排列示意图，安排引位员引导来宾就座，或在每张餐桌上摆放桌次牌号（用阿拉伯数字书写），方便来宾就座。为了便于来宾准确无误地在各自的位次上就座，除招待人员和主人要及时加以引导指示外，可在桌面正前方事先放置醒目的姓名座位卡。

2. 位次排列

每张餐桌的具体位次也有主次尊卑区分。位次排列的基本方法有以下四种，往往同时发挥作用。

(1)主人应面对正门在主桌就座。

(2)多桌时每桌都要有一位主桌主人的代表。位置一般和主桌主人同向，有时也可面向主桌主人。

(3)各桌位次的尊卑根据该桌距离主桌远近而定，以近为上，以远为下。

(4)各桌距离该桌主人相同的位次，讲究以右为尊。

就是以该桌主人面向为准，右为尊，左为卑。每张餐桌安排10人以内，通常为双数，如6人、8人、10人。人数过多，不容易照顾，可能显得拥挤。

根据上述位次排列的基本方法，圆桌位次的具体排列可以分为以下两种具体情况，都与主位有关。

(1)每桌一个主位的排列方法。特点是每桌只有一名主人，主宾在右首就座。

(2)每桌两个主位的排列方法。特点是主人夫妇在同一桌就座，男主人为第一主人，女主人为第二主人，主宾和主宾夫人分别在男女主人右侧就座。主宾身份高于主人，为表示尊重，也可安排其坐主人位，主人坐主宾位。

(三)制定菜单礼仪

根据我国的饮食习惯，与其说是"请吃饭"，还不如说"请吃菜"，所以菜单制定马虎不得。

1. 制定菜单原则

最好每位客人都有菜单，如果做不到，至少两套餐具之间摆上一份菜单。菜单可以摆在餐具的左边或餐桌中央。在家里可以用菜单架，使菜单直立，以便观看。菜单印刷尽量美观，颜色以淡雅为好，可以印上企业标志或广告语。

2. 制定菜单礼仪

宴请前要对菜单再三斟酌。着重考虑哪些菜可用、哪些菜不能用。

3. 优先菜肴

(1)特色菜宴。请外宾用餐选有特色的代表性菜肴尤为重要。龙须面、炸春卷、煮元宵、狮子头、蒸饺子、烤白薯、土豆丝、炒豆芽、鱼香肉丝、宫保鸡丁、胡辣汤、麻婆豆腐、榨菜肉丝汤等具有鲜明中餐特色的菜肴，受到很多外国人的推崇。

(2)招牌菜。凡名声在外的餐馆，都有招牌菜，高档餐馆尤其如此。上本餐馆的招牌菜，能说明主人的细心和对被请者的尊重。

(3)本地特色菜。各地菜肴风味不同，"南甜，北咸，东辣，西酸"。上海的"小绍兴三黄鸡"、天津的"狗不理包子"、西安的"老孙家羊肉泡馍"、成都的"龙抄手""赖汤圆"、湖南的"毛家红烧肉"、开封的"灌汤包子"、云南的

"过桥米线"、西双版纳的"菠萝饭",都在国内久负盛名。在宴请上这些特色菜,要比"千人一面"的食物更受好评。

(4)拿手菜。举办家宴,主人可以露一手,做几个拿手菜。所谓拿手菜不一定十全十美,只要主人亲自动手,就足以让客人感觉到尊重和友好。

4. 注意饮食禁忌

当安排菜单时,还须考虑来宾的饮食禁忌,特别要高度重视主宾的饮食禁忌。饮食方面的禁忌菜肴不宜选择,通常有以下四个方面。

(1)宗教饮食禁忌。对此不能疏忽大意。贸然违反宗教饮食禁忌,会带来很大的麻烦。

(2)个人饮食禁忌。有些人在饮食上有些禁忌,要了解清楚,不宜触犯。

(3)职业饮食禁忌。有些职业在饮食方面有特殊禁忌,如驾驶员工作期间不得喝酒。

(4)地区饮食禁忌。不同地区的人饮食偏好不同,安排菜单时要兼顾。湖南人喜辣,山西人偏酸。安排菜肴时要考虑饮食习惯,不强人所难。

(四)安排菜序礼仪

中餐宴席上菜的大致顺序如下:

1. 茶

在酒店用餐时,等餐时可以先上茶(非必需)。

2. 冷盘

冷盘又称为冷拼、冷碟、凉菜或开胃菜,具有开胃佐酒之功用,须在开席前放置于餐桌上。一般而言,冷盘的形式有单盘、双拼、三拼、什锦拼盘或花色拼盘等。

3. 热炒

热炒也称为热菜,一般排在冷菜后、大菜前,起承上启下的过渡作用。它多是速成菜,以色艳、味美、爽口为特点,一般是2~4道,口味变化多端,造型引人入胜,可以用于下饭或佐酒,多以煎、炒、烹、炸等快速烹调方法制成。

4. 主菜

主菜又称大菜,是宴席中最重要的组成部分。主菜通常有头菜(整席菜品中原料最好、质量最精、名气最大的菜肴)、热荤大菜(包括山珍菜、海味菜、肉畜菜、禽蛋菜等)组成,数量根据宴席的档次和需要而定。

5. 甜品

甜品包括甜汤,如冰糖莲子、银耳甜汤等。

6. 点心

一般大宴不供米饭，而以糕、饼、团、粉、面、包子、饺子等为主食。

7. 米饭

客人需要，可上米饭。

8. 水果

可上一些爽口、消腻的水果供宾客享用。

在中餐宴席上，需要注意，不管什么风味，上菜次序大致相同：先凉后热，先炒后烧；咸鲜清淡先上。需要注意的是，中餐宴席上菜的顺序并非一成不变，如水果有时可以算在冷盘里，点心可以算在热菜里。较浓的汤菜，应该按热菜上；贵重的汤菜如燕窝等可为热菜中的头道。

中餐上菜的基本原则是拼盘先上，鲜嫩清淡的菜品先上，名贵的菜品先上，本店的名菜先上，容易变形、走味的菜先上，时令季节性强的菜先上。

(五) 用餐时的礼仪

主人宣布宴席开始后方可用餐，用餐时的礼仪表现一个人的教养。参加宴会要做到餐饮适量、举止文雅。

(1)取菜时，不要在公用的菜盘内挑挑拣拣。要是夹起来又放回去，就显得缺乏教养。多人桌用餐，取菜要注意相互礼让，依次而行，取用适量，绝不能狼吞虎咽。夹不到的菜，可以请人帮忙，不要起身甚至离座去取。

(2)用餐时嘴里不要发出咀嚼的声音。喝汤、饮酒时也尽可能不要发出刺耳的声响，以免破坏他人的食欲，同时也影响自己的形象。不要把食物含在嘴里说话。

(3)可以劝人多吃一些，或是品尝一下菜肴。但切勿越俎代庖擅自为他人夹菜、添饭。这样做既不够卫生，也可能让人为难。

(4)用餐时，不要当众梳理头发、补妆、宽衣解带或脱袜脱鞋等。如有必要，可以去化妆间或洗手间整理衣着。

(5)用餐的时候不要离开座位，四处走动。如有事要离开，先和旁边的人打个招呼，说声"失陪了""我有事先行一步"等。

(六) 中餐餐具使用礼仪

和西餐相比较，中餐的一大特色是就餐餐具有所不同。下面主要介绍平时易出现问题的餐具的使用。

1. 筷子

作为中餐最主要的餐具，总的来说，使用筷子有以下忌讳和讲究。

（1）忌舔筷，不论筷子上是否残留着食物，都不要去舔。用自己舔过的筷子去夹菜，会让别人倒胃口。

（2）忌迷筷，下筷之前要弄清楚自己想吃什么，不能手拿筷子，在餐桌上四处游寻，拿不定主意。

（3）忌敲筷，用筷子敲打碗筷或桌子是很失礼的，因为只有乞丐乞食的时候才会敲打碗筷。

（4）忌挥筷，交谈时，要暂时放下筷子，不能一边说话，一边挥舞筷子。

（5）忌插筷，不要把筷子直插在食物上面，因为这种插法只有在祭奠死者的时候才会使用。

（6）忌掏筷，不能将菜从中间掏开，这样会显得很没有教养，也不卫生。

（7）忌跨筷，停止用餐时，要将筷子放在桌面上，不能把筷子放在碗碟之上。

（8）忌剔筷，筷子是用来夹取食物的，用筷子剔牙、挠痒或夹取食物之外的东西都是失礼的。

2. 勺子

勺子的主要作用是舀取菜肴、食物。有时，用筷子取食时，也可以用勺子来辅助。尽量不要单用筷子去取菜。用勺子取食物时，不要过满，免得溢出来弄脏餐桌或自己的衣服。暂时不用勺子时，应放在自己的碟子上，不要把它直接放在餐桌上，或是让它在食物中"立正"。用勺子舀取食物后，要立即食用或放在自己的碟子里，不要再把它倒回原处。而如果取用的食物太烫，可以先放到自己的碗里，等晾凉了再吃。不要把勺子塞到嘴里，或者反复吮吸、舔食。

3. 食碟

食碟的主要作用是用来暂放从公用的菜盘里取来享用的菜肴，用食碟时，一次不要取放过多的菜肴，不吃的食物残渣、骨头、鱼刺等不要吐在地上和桌上，也不能直接从嘴里吐在食碟上，而要用筷子夹放到碟子旁边。

4. 水杯

水杯主要用来盛放清水或牛奶、果汁等软饮料，不要用它来盛酒，另外，喝进嘴里的东西不能再吐回水杯。

5. 湿毛巾

在正式宴会用餐前，服务员一般会为每位用餐者送上一块湿毛巾。它只能用来擦手。擦手后，应该放回盘子里，由服务员拿走。有时候，在正式宴会结束前，会再上一块湿毛巾。和前者不同的是，它只能用来擦嘴，却不能擦脸、抹汗。

6. 牙签

尽量不要当众剔牙。非剔不可时，用另一只手掩住口部，剔出来的东西，不要当众观赏或再次入口，也不要随手乱弹、随口乱吐。剔牙后，不要长时间叼着牙签，更不能用来扎取食物。

三 西餐宴请礼仪

随着对外交流的日益深入，西餐宴请也越来越多。掌握西餐的礼仪，在必要的场合才不至于出意外。

(一)西餐宴请类别

1. 鸡尾酒会

鸡尾酒会形式简便活泼，便于人们交谈。招待品以酒水为重，略备点心、面包、香肠等小食品，放在桌上、茶几上，或者由服务生以托盘端饮料和点心给客人。客人可以随意走动。举办时间一般是17：00到19：00。近年来，国际上各种大型活动前后往往都要举办鸡尾酒会。这种场合最好手拿一张餐巾纸，以便随时擦手，用左手拿杯，随时可伸出右手与人握手。吃完不要忘记用纸巾擦嘴、擦手。用过的纸巾丢到指定位置。

2. 晚宴分为隆重的晚宴和便宴两种

(1)隆重的晚宴。根据西方国家的习惯，隆重的晚宴也就是正式宴会，基本上都安排在20：00以后举行。举行这种宴会，说明主人对宴会的主题很重视，或为了某项庆祝活动等。正式晚宴一般在请柬上注着装要求，要排好座次。其间有祝词或祝酒，有时安排席间音乐，或小型乐队现场演奏。

(2)便宴。便宴是一种简便的宴请形式。这种宴会气氛亲切友好，适用于亲朋好友之间。有的便在家里举行，服装、席位、餐具、布置等不必太讲究，但仍然有别于一般家庭晚餐。根据西方国家的习惯，晚宴一般邀请夫妇同时出席。要仔细阅读邀请函，看清楚是邀请一个人还是要求携带伴侣。回复邀请时，应告诉陪同人员的名字。

(3)自助餐。自助餐可以是早餐、中餐、晚餐，甚至是茶点。也是招待会上常见的一种宴请形式。有冷菜也有热菜，连同餐具放在条桌上。根据宴请客人数量不同，一般在室内或院子、花园里举行。场地太小或没有服务员，招待比较多的客人时，自助餐是最好的选择。自助餐开始应排队等候取用食品。取食物前，先拿一个放食物用的盘子。要坚持"少吃多跑"的原则，一次不要拿太多，可以多拿几次。用完餐后将餐具放到指定位置。

(二)西餐宴请座次礼仪

西餐对于座次也很讲究。越是正式场合，座次就显得越是重要。与中餐相比，西餐的座次排列既有相同之处，也有不同之点。

1. 座次排列规则

绝大多数情况下，西餐座次更多地表现为位次。极其隆重的盛宴才涉及桌次。西餐位次应依照约定俗成、人所共知的常规进行。基本规则有以下六点。

(1)恭敬主宾。西餐中主宾极受尊重。即使用餐的来宾中有人在地位、身份、年龄方面高于主宾，但主宾仍是主人关注的中心。排定位次时，应请男女主宾分别紧靠女主人和男主人就座。

(2)女士优先。西餐礼仪里，女士处处受到尊重。排定位次时，主位一般应请女主人就座，而男主人须退居第二主位。

(3)以右为尊。排位时以右为尊是基本方针。就某一特定位置而言，右位高于左位。

(4)面门为上。又叫迎门为上，面对正门的座位在序列上高于背对餐厅正门的座位。

(5)距离定位。西餐位次的尊卑，与其距离主位的远近密切相关，离主位近的座位位次高于离主位远的座位。

(6)交叉排列。中餐宴请时经常会看到熟人尤其是恋人、配偶一起就座，西餐宴请时这种情景便不复存在。正式的西餐宴会，排列位次时要遵守交叉排列原则。男女交叉就座，生人熟人交叉就座。用餐者的对面和两侧，往往是异性，而且还有可能与其不熟悉。这样做据说最大的好处是可以广交朋友。不过，这也要求人数最好是双数，并且男女人数各半。

2. 座次排列礼仪

西餐餐桌有长桌、方桌和圆桌。有时还会拼成其他各种图案。不过，最常见、最正规的当数长桌。

(1)长桌。长桌排位有两种主要就座法：一是男女主人在长桌中央对面而坐，餐桌两端可以坐人，也可以不坐人；二是男女主人分别就座于长桌两端。当用餐人数较多时，还可以参照以上办法，以长桌拼成其他图案，以便安排所有客人就座。

(2)方桌。方桌排位，就座于四面的人数应相等。一般每侧两人，一桌 8 人。排列时，男女主人与男女主宾对面而坐，所有人均与恋人或配偶坐成斜对角。

(3)圆桌。圆桌排位并不多见，隆重而正式的宴会里尤为罕见。具体排列基本上是各项规则的综合运用。主人面对门在主人位就座，右侧坐主宾；双主人时，第一主人坐在面对门的位置，第二主人(女主人)坐在第一主人对面，主宾和二号宾客分坐主人右侧。女主人是第一次序，女主人就座后其他人才能就座；女主人展开餐巾表示宴会开始；女主人拿起刀叉后其他人才可以吃；女主人把餐巾放在桌上表示宴会结束。

(三) 安排菜序礼仪

1. 开胃菜

开胃菜也可称为头盘、头道，一般有冷盘和热头盘之分，常见的品种有鱼子酱、鹅肝酱、熏鲑鱼、鸡尾杯、奶油鸡酥盒、焗蜗牛等。

2. 汤

汤大致可分为清汤、奶油汤、蔬菜汤和菜泥汤四种。各国著名的代表性的汤有法国的洋葱汤、法国的海鲜汤、美国的蛤肉汤、意大利的蔬菜汤、俄罗斯的罗宋汤等。

3. 副菜

通常水产类菜肴与蛋类、面包类、酥盒菜肴均称为副菜。西餐吃鱼类菜肴讲究使用专用的调味汁，品种有鞑靼汁、荷兰汁、美国汁和水手鱼汁等。

4. 主菜

主菜主要包括畜肉类菜肴、禽肉类菜肴。其中最受欧美人欢迎、最有代表性的是牛肉或牛排，搭配使用的调味汁主要有黑椒汁、红酒汁、蘑菇汁、白尼丝汁等。禽肉类菜肴的原料取自鸭、鹅，禽肉类菜肴最有代表性的当推鸡肉，花样繁多。适用于禽类的烹调方法较多，主要调味汁有咖喱汁、奶油汁等。

5. 蔬菜类菜肴 (蔬菜沙拉)

蔬菜类菜肴可以安排在肉类菜肴之后，也可以与肉类菜肴同时上桌，蔬菜类菜肴在西餐中称为沙拉。与主菜同时搭配的沙拉，称为生蔬菜沙拉，一般用生菜、番茄、黄瓜、芦笋、卷心菜、洋葱、玉米粒、球形甘蓝等新鲜蔬菜制作。沙拉配用的调味汁有酸性和油性两种。酸味来自柠檬汁、酸黄瓜、果醋等。油性来自橄榄油和色拉油。主要的调味汁有法国汁、千岛汁和沙拉酱等。

6. 甜品

西餐的甜品是主菜后食用的，可以算作第六道菜。从真正意义上讲，它包括所有主菜后的食物，如各种甜点心、冰淇淋、奶酪和水果点心等。

7. 咖啡

饮咖啡一般要加糖和淡奶油。

(四) 用餐时的礼仪

1. 仪态端庄

用西餐时，要挺直身体坐正，上臂和背部要靠到椅背，腹部和桌子保持约一个拳头的距离，两脚交叉的坐姿最好避免。西餐进餐过程中，不要解开纽扣、拉松领带，如主人请客人宽衣，男宾客可脱下外套搭在椅背上。西餐餐桌上不可化妆，不要擤鼻涕。用餐时打嗝是不礼貌的行为，万一发生此类事件，应立即向周围的人道歉。

2. 优雅就餐

要优雅用餐，每次进食不宜过多，应细细品尝。取菜时，最好每道菜都吃一点。取食物时，不要站起来，可请别人帮助传递食物。当侍者依次为客人上菜时，走到你的左边，才轮到你取菜。如果侍者站在你右边，就不要取，那是轮到你右边的客人取菜。当女主人要为你添菜时，你可以将盘子连同放在上面的刀叉一起传递给她或者交给服务员。如果她不问你，你就不能主动要求添菜，那样做很不礼貌。用餐完毕，客人应等女主人从座位上站起后再一起随着离席。在进餐中或宴会结束前离席都不礼貌。起立后，男宾应帮助女宾把椅子归回原处。餐巾放在桌上，不要照原来的样子折好，除非主人请你留下吃下顿饭。

3. 礼貌言谈

进餐时，始终保持沉默是不礼貌的，应该同身旁的人有所交谈，但一味地只同自己熟识的一两个人交谈，或只同一侧的邻座无休止地交谈，或别人说话时插嘴、搭话，都是失礼的行为。在咀嚼食物时不要讲话，即使有人同你讲话也应咽下口中食物后再回答。谈话时可以不放下刀叉，但不可拿着刀叉在空中摇晃。

(五)西餐餐具使用礼仪

西餐所用的餐具主要是刀、叉、餐匙、餐巾等。在正规的西餐宴会上，通常都讲究吃一道菜换一副刀叉，品尝每道菜肴时，都要使用专门的刀叉，不可乱用。根据食物的不同，刀叉的形状也不同，有吃鱼专用的刀叉、吃肉专用的刀叉、挑抹黄油专用的餐刀、吃甜品所用的刀叉等。刀叉的摆放一般是餐刀在右，餐叉在左，均是纵向摆放在餐盘的两侧，方便用餐者使用。叉如果不是与刀并用，叉齿应该向上。如果不懂某种形状的刀叉如何使用，只要记住依次从两边由外侧向内侧取用即可。

1. 刀

宴席上最正确的拿刀姿势是：右手拿刀，手握住刀柄，拇指按着柄侧，食指则压在柄背上。除了用大力才能切断的菜肴或刀太钝之外，食指都不能伸到刀背上。另外，不要伸直小指拿刀，有的女性以为这种姿势才优雅，其实这是错误的。刀是用来切割食物的，不要用刀挑起食物往嘴里送。

如果用餐时，有三种不同规格的刀同时出现，一般正确的用法是：带小锯齿的那一把用来切肉制食品；中等大小的刀用来将大片的蔬菜切成小片；而那种小巧的、刀尖是圆头、颈部有些上翘的小刀则用来切开小面包，然后用它挑些果酱、奶油涂在面包上面。切割食物时双肘下沉，前臂应略靠桌沿，否则会令他人觉得你的吃相十分可怕，而且正在切割的食物可能也会飞出去。

2. 叉

叉子的拿法有背侧朝上及内侧朝上两种，要视情况而定。

(1)背侧朝上的拿法和刀子一样，以食指压住柄背，其余四指握柄，食指尖端大致在柄的根部，如果太靠前，外观不好看，太往后，又不太能使劲，硬的食物就叉不进去。

(2)叉子内侧朝上时，则如铅笔拿法，以拇指、食指按柄上，其余三指支撑柄下方。拇指和食指要按在柄的中央位置，如果太靠前，会显得笨手笨脚。左手拿叉，叉齿朝下，叉起食物往嘴里送，如果吃面条类软质食品或豌豆，叉齿可朝上。动作要轻，捡起适量食物一次性放入口中，不要拖拖拉拉叉起一大块，咬一口再放下，这样很不雅。叉子捡起食物入嘴时，牙齿只碰到食物，不要咬叉，也不要让刀叉在齿上或盘中发出声响。吃体积较大的蔬菜时，可用刀叉来折叠、分切。较软的食物可放在叉子平面上，用刀子整理一下。

使用刀叉要注意：不要动作过大，影响他人；切割食物时，不要弄出声响；切下的食物要刚好一口吃下，不要叉起来一口一口咬着吃；不要挥动刀叉讲话，也不要用刀叉指人；掉落到地上的刀叉不可捡起再用，应请服务员更换一副。如果在就餐中需暂时离开一下，或与人交谈，应放下手中的刀叉，刀右、叉左，刀口向内、叉齿向下，呈"八"字形状放在餐盘上表示菜尚未用毕。但要注意，不可将其交叉放置呈"十"字形状，西方人认为这是令人晦气的图案。如果吃完了，或者不想再吃了，可以刀口向内，叉齿向上，刀右、叉左，并排放在餐盘上。这样做表示不再吃了，可以连刀叉带餐盘一起收走。

3. 餐匙

在正式场合下，餐匙有多种，小的是用于喝咖啡和吃甜点心的；扁平的用于涂黄油和分食蛋糕；比较大的用来喝汤或盛碎小食物；最大的是公匙，用于分食汤，常见于自助餐。汤匙和点心匙除了喝汤、吃甜品外，绝不能直接舀取其他主食和菜品。进餐时不可将整个餐匙全部放入口中，应以其前端入口。餐匙使用后，不要再放回原处，也不要将其插入菜肴或"直立"于餐具中。

4. 餐巾

一般来说，餐巾放在餐盘的正中或叉子的旁边。大家坐下后，可以将餐巾放在胸前下摆处，不要将餐巾扎在衬衣或皮带里。也可以将餐巾平铺到自己并拢的大腿上。如果是正方形的餐巾，应将它折成等腰三角形，直角边向膝盖方向；如果是长方形餐巾，应将其对折，然后折口向外平铺在腿上。餐巾的打开、折放应在桌下悄然进行，不要影响他人。

餐巾有保洁作用，防止菜肴、汁汤落下来弄脏衣服；也可以用来擦嘴，通常用内侧，但不能用其擦脸、擦汗、擦餐具；在需要剔牙或吐出嘴中的东西时，可用餐巾遮掩口部，以免失态。如果餐巾掉在地上，应另要一块。暂时离席，餐巾应放在本人所坐的椅面上，而不是桌子上，因为放在桌上就表示：我不再吃了，可以撤掉。

礼仪知识巩固 ✏

一、判断题（判断下述行为是否符合用餐礼仪，正确的做法画√，错误的做法画×）

1. 与客户吃饭时用一支筷子去叉馒头。（　　）

2. 一般来说，中餐宴请外宾的桌次安排以右为上，当餐桌分左右时，以面门为尊，右桌为上。（　　）

3. 在宴请用餐时，将骨头、食物残渣等吐在餐桌上。（　　）

4. 中餐宴请的座次安排是主人面对正门，当有两位主人时，两人可相向而坐，一人对门，另一人背门。（　　）

5. 在宴请用餐时，遇到自己喜欢吃的菜会连夹三次以上，吃完后还当众剔牙。（　　）

6. 在和客户吃饭时，长时间与他人打电话。（　　）

二、单选题

1. 使用餐巾时，应将其（　　）。

A. 铺在大腿上　　　　　　　　B. 压在盘子下

C. 挂在胸前　　　　　　　　　D. 围在脖子上

2. 餐巾可以用来（　　）。

A. 擤鼻涕　　　B. 擦桌子　　　C. 擦餐具　　　D. 擦嘴

3. 吃西餐安排座位时，女性主宾应坐在（　　）。

A. 男主人左侧　　　　　　　　B. 男主人右侧

C. 女主人左侧　　　　　　　　D. 女主人右侧

张先生和王小姐是一对情侣，一天，他们相约去一家高档西餐厅吃晚餐，他们做出如下行为：

(1)走进西餐厅，张先生不等服务生带位，就自己找了一个靠窗的位置坐下。

(2)入座时，张先生体贴地为王小姐拉开椅子，等王小姐从座位左侧入座后，自己才坐下。

(3)坐好后，两人打开桌上的餐巾。

(4)张先生将餐巾对折，铺在大腿上。

(5)王小姐今天穿了一条新裙子，为了怕弄脏前襟，王小姐将餐巾一角掖在领口，让餐巾像围兜一样挂在胸前。

(6)张先生不小心将桌上的汤匙碰落在地上，他立刻自己捡起来，顺手用餐巾擦了擦。

(7)服务生送上菜单，张先生和王小姐开始点餐，张先生要了法式煎鹅肝、罗宋汤、T骨牛排、冰激凌和咖啡，王小姐点了凯撒沙拉、奶油蛤蜊汤、香煎鳕鱼排、菲力牛排、水果拼盘和咖啡。

(8)等待上菜的过程中，两人发现桌上摆放了面包，于是一人拿起一个大面包，伸进黄油碟子里蘸了蘸，一边聊天，一边咬着面包吃。

(9)第一道菜很快上来了，面对小小一块鹅肝，张先生顺手拿起左手边最靠近盘子的一把叉子将鹅肝整个叉起来送到嘴边，咬了一半吃掉，将剩下的一半又放回盘中。

(10)王小姐则拿起最右侧的刀和最左侧的叉子，将大片的蔬菜切成小块吃。

(11)吃完了鹅肝，张先生用餐巾擦了擦嘴，并将弄脏的部分折在里面。

(12)王小姐看着干净精美的餐巾，舍不得弄脏它，于是拿出纸巾擦嘴。

(13)服务生端上了两人点的汤，张先生拿起右手边与餐刀并排的汤匙喝汤，用汤匙从内往外舀汤。

(14)汤快喝完时，王小姐将汤盘向外微微倾斜，以便舀到盘底的汤。

(15)张先生的牛排和王小姐的鳕鱼排都端上来了，张先生拿起盘子两边最内侧的一副刀叉开始切割牛排。

(16)王小姐也使用同样的刀叉吃鳕鱼排。

(17)张先生从牛排的最左边开始切，切下一小块放进嘴里，吃完之后再切一小块。

(18)王小姐对着鱼排左切一刀右切一刀，将鱼排全部切成小块，再一块一块吃。

（19）用餐过程中，两人不时交谈，张先生说到兴起，手拿刀叉比划着。

（20）这时，王小姐的手机响了，王小姐说了一声抱歉，将刀叉呈"八"字形放在盘子里，餐巾折起放在椅面上，起身离开座位到外面去接电话。

（21）张先生塞牙了，于是他找服务生要了牙签，坐在座位上剔牙。

（22）吃完菜后，两人将刀叉并排放在盘中，王小姐将刀叉放在6点方向，张先生将刀叉放在4点方向。

（23）两人开始享用甜品。王小姐的水果拼盘里有葡萄和西瓜，她一边吃，一边将瓜子和葡萄籽直接吐进盘子里。

（24）该喝咖啡了，张先生热情地帮王小姐加糖，他用镊子夹起方糖，直接放进王小姐的杯子里。

（25）王小姐觉得咖啡比较烫，就端起来吹了吹。

（26）餐厅的咖啡杯很小巧，于是两人都用右手拇指和食指捏住杯把，端到嘴边喝。

（27）喝完了咖啡，丰盛的晚餐结束了，张先生和王小姐将餐巾简单地折叠，放在桌上，相携离开了餐厅。

资料来源：编者根据相关资料整理得到。

讨论分析：

1. 在享用西餐的过程中，张先生和王小姐的这27项行为，哪些符合礼仪规范？哪些不符合礼仪规范？

2. 请解释原因，对不符合礼仪规范的行为提出如何改进。

礼仪实训4-3-1 小组聚餐汇报

实训目标：全面考核学生对中餐餐宴礼仪的掌握和应用情况。

实训地点：餐厅

实训内容：小组聚餐礼仪汇报（PPT展示）

（1）展示内容：小组成员、聚餐时间、人数、地点、氛围、礼仪观察（优点和不足分析）、聚餐心得和体会等。需提供并展示不少于五张的聚餐照片或视频作为支撑材料。

（2）展示时间：3~5分钟。

（3）主讲人：1~2人。

（4）各小组投票选出最佳表现组。

（5）学生自评分享。

（6）小组互评分享。

（7）教师点评。

注意：该项目可提前两至三周布置给学生。或者上完理论课后进行实践，在下一节课上进行汇报分享。

礼仪实训 4-3-2 中餐宴会礼仪情景模拟实训

实训目标：通过动手操作，增强对中餐宴请礼仪的认识和应用能力。

实训地点：实训室或教室。

实训步骤：

模拟情景：某公司需要组织公司的十周年庆典，庆典在希尔顿酒店举行，举办庆典及宴会多功能厅在 3 楼，有电梯直达。要求嘉宾傍晚 6 点 30 分到场。各组学生各自按照抽取的身份分工进行以下内容的模拟。

(1)人物：公司运营总监、总监秘书、行政经理、公司前台、嘉宾 A、嘉宾 B、嘉宾 C、嘉宾 D。

(2)公司组织方礼仪考查点：①怎样邀请客户(会务礼仪)；②如何安排中餐宴会的细节(桌次、座次安排)；③如何接待(公务接待礼仪、电梯礼仪、名片礼仪、商务礼仪)；④如何着装(职场着装)；⑤如何送客。

(3)嘉宾方礼仪考察点：①怎样答复邀请(会务礼仪)；②如何着装(职场着装)；③怎样就餐(就餐礼仪)；④怎样告别(公务接待)。

(4)各组互相打分，阐述理由。

(5)每组派 1~2 名代表上台进行总结。

(6)学生投票选出最佳表现组。

(7)学生自评分享。

(8)小组互评分享。

(9)教师点评。

礼仪实训 4-3-3 西餐用餐礼仪情景模拟实训

实训目标：通过动手操作，增强对西餐用餐礼仪的认识和应用能力。

实训地点：实训室或教室。

实训步骤：

(1)分组选择扮演的角色(若干男女顾客、侍者)，准备道具模型。

(2)在教师的指令下模拟吃西餐的全过程，包括：①进入西餐厅；②入座；③点餐；④用餐(面包、前菜、汤、主菜、甜点、饮料)；⑤中途上厕所；⑥电话响了；⑦塞牙了；⑧用餐完毕；⑨离席。

(3)演员自评，各组互相打分，打分依据如表 4-4 所示。

(4)学生自评分享。

(5)小组互评分享。

(6)教师点评。

表 4-4　西餐用餐礼仪考核

学生姓名：　　　　班级：　　　　学号：

考核内容		分值	自评分	小组评分	实际得分
入座		5			
餐具的使用	顺序及方法	5			
	暂停用餐时摆放	5			
	用餐完毕时摆放	5			

考核内容		分值	自评分	小组评分	实际得分
餐具的使用	喝汤的动作	10			
	切食物的动作	10			
	叉食物的动作	10			
	吃面包的动作	5			
	吃水果的动作	5			
	喝咖啡的动作	5			
餐巾的使用	入座后	5			
	中途离开时	5			
	用餐结束	5			
仪态表现		20			
合计					

第五章

商务会务礼仪

本章导论 --- ❯

  商务人员在其日常工作中必不可少所要做的一件事情，就是要组织会议或者参加会议。因此，会议自然而然地成为商务活动的有机组成部分之一。会议又称集会或开会。在现代社会里，它是人们从事各类有组织活动的一种重要方式。在一般情况下，会议是指有领导、有组织地使人们聚集在一起，对某些特定的议题进行商议或讨论的集会。了解和掌握商务会务礼仪的要求和规范，将提高商务会务活动参与人员的办事效率，促进商务会务活动的顺利开展，最终有效达成商务会务活动的既定目标，使商务会务活动取得圆满结果。本章知识要点如图 5-1 所示。

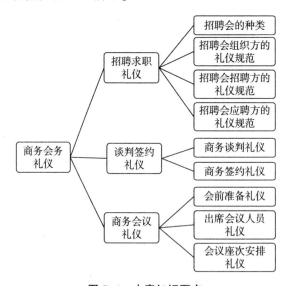

图 5-1　本章知识要点

本章引导案例 --

　　刘×是某大学商学院人力资源管理专业的毕业生。毕业后应聘到一家劳务派遣公司任办公室主管。不久，公司领导决定召开庆祝公司成立 10 周年暨表彰大会，具体工作由办公室主任交由刘×全权负责。接到任务后，刘×既兴奋又紧张，兴奋的是领导将这么重要的工作交给他来做，说明领导对他的肯定和器重；紧张的是他从来没有做过筹办正式大型会议方面的工作，怎么样做好还真没有把握。如果你是刘×的好朋友，你对刘×有什么好的建议呢？

　　资料来源：编者根据相关资料整理得到。

　　商务会议是讨论和解决商务问题的会议，是商务活动最重要、最频繁的内容之一。会议是一种非常有效的商务沟通的方式和手段。面对面的交流可以传递更多及时的信息，需要协作的工作更需要会议进行协调、安排与推进。筹办、主持或者参加有效的商务会议，遵守商务会议的礼仪规范，对于商务人员来说十分重要。筹办会议时，筹办人员各方面都要考虑周全。会议的主持人要有良好的控制能力。出席人员的仪态、精神要与会议的内容、主题相吻合。重要会议往往是商务人员表现才华的机会，又是其礼仪修养和业务水平的表演舞台，应特别留心。

第一节　招聘求职礼仪

一　招聘会的种类

　　招聘会又叫现场招聘会。属于正式、正规的招聘人才的会务活动。大部分招聘会具有特定的主题，例如，"应届毕业生专场""研究生学历人才专场""IT 类人才专场"等，通过这种毕业时间、学历层次、知识结构等的区分，企业可以很方便地选择适合的专场设置招聘摊位进行招聘。一般来讲，招聘会有以下四种。

(一)应届毕业生专场现场招聘会

　　应届毕业生专场现场招聘会即校园招聘会，一般由学校就业办公室或省市毕业生就业指导中心在每年 6~8 月或 11~12 月举办，主要面向即将毕业的应届生，这种招聘会通常职位数量主要针对应届毕业生，参展的学生很多。

(二) 大型综合现场招聘会

大型综合现场招聘会一般选址在大型的展览中心，如罗湖人才市场。可以吸引几百家甚至上千家各种行业和类型的公司前来现场招聘人才，通常这种招聘会参展人数万计。

(三) 行业人才现场招聘会

特定行业的人才招聘会，如 IT 类人才招聘会等，前来的求职者也多以该行业和职业类型为求职目标。

(四) 中高级人才现场招聘会

中高级人才现场招聘会面向群体通常为 3~5 年以上工作经验的中高级人才。此类招聘会通常也称为邀约式面试，即企业发布招聘职位，招聘会举办方通过电话、短信、网络等邀约面试人员在指定日期参会。此类招聘会通常企业知名度较大，年薪较高。现场也会对求职者有所要求。此类招聘会暂不适用于应届毕业生。

二 招聘会组织方的礼仪规范

组织方作为招聘会的举办和组织单位，是招聘会的核心，应遵守以下七种礼仪规范和流程。

(一) 确定招聘会的时间、场地安排

提前告知招聘单位招聘会的时间、场地安排，请他们做好准备。

(二) 招聘单位招聘信息的发布和宣传

(1) 网上信息发布。招聘会官网、各大就业网发布招聘会信息和招聘单位的招聘信息。

(2) 现场信息发布。在会场内外、固定地点进行宣传海报和横幅的张贴、悬挂。

(三) 为招聘单位提供特色化的前期服务

进一步电话沟通确认是否需要提前预订住宿酒店和是否需要订票服务，

以及是否需要提前制作宣传横幅并在校内悬挂，还有是否需要接送站、是否需要代为张贴公司宣传海报，等等。

(四)招聘会的前期准备工作

每场招聘会指派一名专责联络人，负责现场协调指挥和人力、物资的调配。原则上要提前 1 小时开放招聘会场，并组织相关人员布置好现场；音响和投影设备要求提前半小时务必调试到位；如需接站的，要及时、妥善安排好专人接站；至少提前半天时间电话确认招聘单位是否能准时到达会场，如有变故一定要及时在网上和现场进行通知，确保每场招聘会能如期正常举行。

(五)招聘会现场的协助服务

现场至少需要 2 名工作人员(需要佩戴胸牌)进行协助，包括秩序的维护、代发宣传资料、在互动环节中帮助传递话筒、简历收取、笔试面试名单的发布和通知，以及尽可能地满足招聘单位提出的任何合理的要求等。可分区间设立问询处、报名登记处、应聘人员填表处、休息处。还要准备足够的茶水、饮料和杯子。

(六)笔试、面试过程的服务

笔试和面试场地要有明显标识，并要指派专人引导招聘单位和求职者到达具体笔试和面试地点；负责维持现场秩序，协助招聘单位监考和面试工作。

(七)回访

通过现场或电话进行沟通，询问招聘效果和下一步招聘计划。

三 招聘会招聘方的礼仪规范

招聘方作为招聘会的参加单位，是招聘会的重要参与者，应遵守以下礼仪规范和流程。

(一)招聘单位在招聘前，应做好以下准备工作

1. 树立"求才若渴"的理念

在社会主义市场经济大潮中，企业的竞争实际上就是人才的竞争，一家企业拥有了优秀的生产经营团队、科研技术团队、企业管理团队，这家企业

就拥有了立于不败之地的竞争优势。我们要有刘备"三顾茅庐"的耐心和信心，为企业选聘最优秀的人才。但有的单位在招聘中摆出一副高高在上的姿态，认为"我叫你做事是一种布施和恩赐，我叫你怎么做，你就得怎么做"。这种观念是不对的。招聘单位要明白，办企业，就必须请人做事，请精英帮助管理，员工是来支持和帮助你的，企业绝不是恩人，员工也不是乞丐。别人不到你这里做事，在其他地方同样可以找到工作。但你没有员工，怎么开展生产经营呢？所以，招聘单位要放下架子，以真诚的态度对待每一位应聘者，不要让人才从自己身边溜走。

2. 挑选"伯乐识马"的招聘人员

企业派出的招聘人员，一定要是思想健康、作风正派、善于发现和使用人才的中坚力量。天下"宝马"很多，但伯乐不多。有的人虽然具有伯乐的洞察力，但没有伯乐的境界，他们怕选了优秀人才将来会抢走自己的饭碗。这些人败坏了企业的形象，撵走了真正的人才，给企业的生产与经营造成了破坏性的影响。

一般聘请的人员，大致可以分为三类，招聘不同类别的人员应有不同的招聘方案。

(1)在生产一线的普通工人。普通员工的招聘，只要符合条件，进行一般的面试就可以了。

(2)专业技术人员。专业技术人员的招聘，除了面试外，还要进行现场技术演示，以确定其是否具备了胜任的条件。

(3)公司高级管理人员的招聘，则应由公司负责人主持面试。因此，负责招聘的人员除了有本单位劳动人事部门的工作人员外，还要有专业对口的技术人员与单位负责人。每次招聘的对象不同，参与招聘的工作人员也要有相应的变动。

3. 制订招聘方案

招聘单位应根据工作需要和岗位空缺情况，制订详细的招聘计划，如所需普通员工的数量、专业技术人员的数量，以及高级管理人员的数量。根据招聘计划，明确招聘范围，如对所聘人员在年龄、性别、文化程度、专业技术以及地域上的要求。高级管理人员还有对其职称和以往从事工作经历的要求。招聘方案还应包括报名方式、报名起止时间、报名与面试的时间和地点等。

4. 配合招聘会组织者，做好公示广告宣传

招聘单位要在招聘前半个月利用本单位的门户网站、招聘会、人才市场、新闻媒体发布公示广告。公告的内容主要包括招聘岗位、人员数量、招聘范

围、工资福利等。招聘公告覆盖面要广，尽可能让更多的人知晓。一般情况下，精英人才都比较忙，投放一两次广告不一定被他们看到。只有反复公示，才会引起他们的注意和重视，企业才能招到更多更优质的人才。

5. 提前到达场地，准备好资料

招聘场地主要是指报名与面试场地。为了简化程序、提高效率，一般将报名与面试同步进行。在招聘会现场，需要提前到达本单位展台，将展台尽可能布置得热烈、隆重、功能齐全，因为这是未来的员工和公司的第一次接触，要给他们留下美好的印象。展台醒目处悬挂招聘横幅和介绍公司实况的图文广告、报名登记注意事项等。有条件的话，可以准备足够的茶水、饮料和杯子。资料准备主要是印制"××公司招聘人员报名表""××公司聘请人员登记表"和聘用合同、聘书等。

(二)招聘单位在招聘会中，应注意以下礼仪

1. 重视仪容仪表

单位派出去的招聘工作人员，代表的是企业形象。企业在考察应聘员工，应聘人员也在观察企业。而应聘人员第一眼所能看到的只是这家企业招聘人员的仪容、仪表和气质风度。所以，招聘人员要重视自己的仪容仪表，按照重大商务活动的要求来修饰自己的仪容和着装。男士梳理好发型、刮净胡须，着正装；女士可化淡妆，穿套装。如果公司有统一制服，穿工作制服也是一种不错的选择。

2. 态度和蔼可亲

应聘人员都是企业的客人，作为主人的招聘人员，对客人要以礼相待，热情和蔼。应聘人员报名、填表、参加面试的时候，招聘人员要点头微笑表示欢迎，如"欢迎你光临我们的招聘会""祝你好运连连，早日成为我们团队的一员"等。无论从礼仪规范出发，还是为本单位利益着想，都应礼貌待人，创造和谐融洽的面试氛围。

3. 资料收集有序，管理到位

对应聘者提交的求职信和简历要专门保管好，不可随地一扔。对于表现较好的应聘者的材料可以单独放好，便于招聘会结束后联系应聘者。

4. 提问客观实在

为企业招聘人才，要从本单位的实际出发，突出重点。各个单位面试的角度不同，方法有异，但都应围绕企业的生存与发展这个中心设问。在招聘面试中，不要提一些与招聘目标无关的刁钻古怪的问题。有的招聘人员为了显示自己的高明，往往提一些普通人很少接触的问题，弄得场面很尴尬。这

样做既不礼貌，又无必要。

5. 热情又有礼貌地送别

面试结束时，不管是否打算录用，招聘人员对每一位应聘人员都要热情又有礼貌地送别。面试结束，招聘人员应起身主动与应聘人员握手，说一些客气的话，如"谢谢你的配合，今天面试很愉快"，送到门口后再喊下一个进场。千万不要板着脸，冷冰地说"你的面试结束了，可以走了"这类伤感情的话，不管怎样，应聘人员参加面试，除了求职之外，也是对公司的关心与支持，理应受到礼貌对待。

(三) 招聘单位在招聘后期应遵循以下礼仪要求

1. 初定录用人员名单

根据笔试、面试和专业技术的演示情况，初步评定录用人员。既然是公开招聘，目的是广揽人才，加速企业的发展。因此，在评选过程中，要坚持招聘标准，尊重应聘人员成绩。既要有任贤不避亲的担当，又要防止拉亲带故等现象发生。

2. 健康检查

根据法律规定和工作需要，有的企业还要进行身体健康检查，如高空高温作业的企业、饮食服务行业、食品加工业、幼教和演艺行业等。体检按考试总成绩从高到低等额确定人选。体检应在三级以上综合性医院进行。有行业标准的按照行业标准执行；没有行业标准的按类似行业的标准执行；也可以参照公务员录用体检通行标准执行。体检不合格的名额从原落选者中由高分到低分选择递补。

3. 发录用通知书

经过一系列的考试、考评、体检，最后确定了聘用人员，接下来的工作就是发录用通知书。可以通过电话、短信和邮件等方式告知应聘者获得录用，录用通知书可以在单位的门户网站或相关媒体上发布，也可以在单位办公楼前或人才市场张榜公布，但礼貌的做法是发书面通知书。企业录用的高级管理人员或专业技术人员，则要以聘书的形式聘请。聘书要由单位负责人或委派相关方面的高级主管送达。

4. 签订劳动合同

应聘者录用以后，要与聘用企业签订劳动合同。作为企业要关心爱护自己的员工；作为劳动者要服从企业的管理，积极参与企业的生产经营。这种相互尊重的礼仪行为，以书面协议的形式固定下来，成为劳资双方共同遵守的契约条文。

四　招聘会应聘方的礼仪规范

应聘方作为招聘会的招聘对象，是招聘会的重要参与者，应遵守以下礼仪规范和流程。

(一)参加招聘会的技巧

1. 事先充分了解企业

求职者最好事先了解企业所在行业及行业发展情况、企业规模、产品等，重点研究此次招聘会的招聘职位，根据自身条件选择合适的应聘职位，对号入座，不要到现场"抓瞎"，引起招聘人员不满。

2. 做好简历准备

根据企业对该职位的要求，修改简历内容。将简历中罗列的自身能力、技能等信息，根据职位要求加以修改和突出。

3. 准备个人资料(复印件即可)

除求职信和简历外，还应当准备一些能够反映个人情况的其他资料(由于招聘会现场人数较多，为避免遗失，请携带资料的复印件)。具体如下：

(1)可供说明自身条件的材料，如个人照片、学校推荐表或推荐信、体检表、身份证、毕业证书、学位证书、成绩单等。

(2)说明自身水平的材料，如资格证书(外语、计算机等级证书等)，荣誉证书，著作、论文，参加社会实践、毕业实习的鉴定材料，推荐信，引荐信，等等。

(3)如果是跳槽应聘，除以上必需的资料外，简历、自荐信或引荐信的内容应侧重于工作经历、个人能力的阐述，忌空洞罗列，最好要用有人情味的字眼，体现做事态度、敬业精神以及品德修养。

4. 赶早不赶晚

很多招聘会供需比例大大失衡，一些企业透露，现场录取率仅10%，竞争非常激烈。有时企业会贴出"××职位已满"的告示，因此求职者宜赶早不赶晚。

5. 仔细聆听宣讲会

求职者进入现场，最好能先仔细观看企业的宣传介绍和文化介绍，把握企业的用人特点和招聘特点。根据经验，大多职位面试时都会询问"企业在行业内排名、销售业绩、员工晋升机制、企业价值观"等问题。此外，有些企业喜欢有创新力的人才，有些则青睐忠诚的员工，有些强调团队精神，有些看重稳定安分，只有事先了解企业偏好，才能在面试时有的放矢。

(二) 求职信书写礼仪

求职信又称自荐信或自荐书，是求职者向用人单位介绍自己情况以求录用的专用性文书。多数招聘单位都要求求职者先寄送求职材料，通过求职材料对众多求职者有大致的了解后，再通知面试或面谈人选。因此，求职信写得好坏以及是否注意写作与递送的礼仪将直接关系到求职者能否进入面试。

1. 格式规范

求职信属于书信类，其基本格式也应当符合书信的一般要求。基本格式包括收信人的称呼、正文、结尾、署名、日期和附录六个方面。

(1) 称呼。求职信的目的在于求职，带有"私"事公办的意味，因此，称呼要求严肃谨慎，不要过分"套近乎"或阿谀、唐突。称呼一般使用职衔等泛尊称，如"尊敬的××经理""尊敬的××公司负责人"等。求职信不管写给什么身份的人，都不要使用"××老前辈"等不正规的称呼。称呼之后的承启问候语以简洁、自然为宜，通常使用"您好"之词，以体现对收信人的敬意。

(2) 正文。求职信的中心部分是正文，形式多种多样，但内容都要求说明求职信息的来源、应聘职位、个人基本情况、工作成绩等事项。①写出信息来源渠道，例如，"得悉贵公司正在拓展省外业务，招聘新人，昨天又在《××商报》上读到贵公司的招聘广告，因此，有意角逐营业代表一职"。切忌在信中出现"冒昧""打搅"之类的客气话。如果目标公司并没有公开招聘人才，写一封自荐信去投石问路，则可以说"久闻贵公司实力不凡，声誉卓著，产品畅销全国。据悉贵公司欲开拓海外市场，故冒昧写信自荐，希望加盟贵公司。我的基本情况如下……"这种情况下用"冒昧"两字就显得很恰当、有礼貌。②正文中要简明扼要地介绍自己与应聘职位有关的学历水平、经历、成绩等，使对方从阅读之始就对你产生兴趣、好感，但这些内容不能代替求职简历。③应说明自己具备胜任职位的各种能力，这是求职信的核心部分。这一部分要力证自己具有专业知识、社会实践经验和与工作要求相关的特长、兴趣、性格和能力等。在介绍自己的特长和个性时，一定要突出与所申请职位有联系的内容，不要写无关之语。

(3) 结尾。结尾一般应表达两个意思：希望对方给予答复，并盼望能够得到参加面试的机会。可以用表示敬意、祝福之类的词句，如"顺祝愉快安康""深表谢意"等，也可用此致之类的通用词。在结尾还要写明应聘者的详细通信地址、邮政编码和联系电话，以方便用人单位与应聘者联系。

(4) 署名。署名时一定要亲笔签名，而不是打印字体。按照中国人的习惯，直接签上自己的名字即可。国外一般都在名字前写上"你诚挚的""你忠实的""你信赖的"等形容词，但这种表达方式在中国不适合。

（5）日期。日期写在署名的右下方，应用阿拉伯数字书写，年、月、日都要写上。

（6）附录。求职信一般要与学历证、职称证、获奖证书、身份证等复印件一同递交。

求职信应力求内容清楚准确，言简意赅。冗长的求职信会让招聘方觉得求职者喜欢浪费时间、做事不干练。通常，招聘的工作人员工作量大、时间宝贵，过长的求职信会增加招聘人员对求职者的反感。求职信应重点突出，在内容完整的前提下，尽可能简明扼要，不要写无关紧要的说明；应该多用短句，每段只表达一个意思。求职信的内容控制在一页之内为宜，最多不超过两页。

2. 祝颂

祝颂语要真诚。正文后的问候祝颂语虽然字数不多，却表达了写信人对收信人的祝愿和尊敬。祝颂语有格式上的规范要求，一般分两行写，上一行前空两格，下一行顶格。祝颂语可以套用约定俗成的句式，如"此致""敬礼"之类的语句，也可以使用一些对收信人的真诚祝愿，如"秋安"等。

3. 信封称呼用尊称

通常，收信人首先看到的是求职信封，因此，要注重信封的书写。信封的主要内容除了要清楚、准确地写明收信人的地址及邮政编码、收信人姓名、发信人的地址及姓名以外，还要恰当地选用对收信人的礼貌称呼。应根据收信人的职衔或泛尊称写上"经理""负责人"或"先生""女士"等。如果应聘者是按照应聘单位的要求通过网络寄送求职信，就无须信封，但要注意网络邮件的礼仪。

求职信与个人简历不一样，简历主要叙述求职者的客观情况，重在展示自身经历。而求职信主要表达求职者的主观愿望，更集中突出个人的特征与求职意向，从而打动招聘人员的心，是对简历的简洁概述和补充。求职材料的摆放顺序是求职信在前，简历在后。

求职信并不是必需的，有很多招聘单位对求职信不感兴趣，主要是因为大多数求职信都是表决心的套话，千篇一律。所以，在求职信中一定要传递在简历中难以传递的、用人单位十分关注的信息。如果没有这样的信息，就不用写求职信，可直接发简历。

参加招聘会，可以不带求职信，但必须准备个人简历。

(三)个人简历书写礼仪

个人简历也叫履历表，是求职材料中重要的材料之一。"简"即写作原则，行文简洁明了；"历"为写作内容，阐述你做过什么。简历主要用来反映求职者个人信息、学历资历、工作经验等，目的是让对方更具体地了解自己，帮助求职者获得面谈的机会。一般来说，个人简历包括以下五个部分。

1. 个人基本信息

简历中的个人基本信息包括姓名、性别、年龄、籍贯、政治面貌、毕业院校及专业、联系方式（电话号码和电子邮件）等内容。纸质版的简历最好加上自己的免冠彩色1寸标准证件照片。

2. 教育背景

如果求职者已经有全职工作经验，一定要把工作经历放在此项前面；如果是应届毕业生，就把教育背景放在第一位。从最高学历开始写起，依次往下类推，并注明取得学位的日期。教育背景也包括接受过的相关培训，写这一项时要注意与所申请职位的关联性。

3. 技能水平

技能水平部分简要描述自己的技能特长，包括专业技能、计算机和外语水平。与职位相关的职业资格证书具有说服力，含金量大的证书应放在前面。

4. 工作经历及工作业绩

如果是应届毕业生，可以把在校期间参加的社会实践、兼职打工、社团活动和学生干部活动等经历写上。尽管这些活动或经验可能是短期的、不成熟的，但可以不同程度地反映一个人的志趣、社交能力、组织协调沟通能力和人格成熟度等个性特征，这些正是用人单位考察的重点。应届毕业生的实践经历主要体现在其从中学到的技能，培养和锻炼的素质和能力。在描述工作或实践经历时，尽量使用专业术语，不要害怕用人单位看不懂，他们本身期望看到这些技能关键词。

非应届毕业生应按照时间倒序的方式列出曾经就职过的公司名称、担任过的职务、主要工作内容、起止时间等。求职简历不同于工作简历，不仅要反映自己能做什么、做过什么，还要反映做得如何。过去的工作成绩是雇主评判你未来表现的依据。业绩最好量化成数字或百分比，这样更可靠、具体和客观。非应届毕业生在工作经历中填写在该工作岗位取得的业绩或者提高的技能。

5. 自我评价

根据个人特长，结合求职目标及个人期望的工作职位，进行工种、职位等适合程度的自我评价。

(四) 求职面试礼仪

1. 面试前的礼仪

人们对一个人各方面的评价往往依赖于初次印象。在对一个人的第一印象构成中，55%取决于外表，包括服装、个人面貌体形、发色等；38%是如何自我表现，包括语气、语调、手势、站姿、动作、坐姿等；7%是所讲的内容。面试属于与他人的初次会面，面试前服饰、仪容等外表礼仪的准备对求职者十分重要。

(1)着装正式，干练利索。参加面试的应聘者，应给人以稳重、干练的感觉。男士宜穿合体的深色西装和浅色衬衣，系领带；穿深色袜子和深色皮鞋，皮鞋以黑色为佳，尽量不要选择有攻击性感觉的尖头款式皮鞋；皮带和包的颜色与皮鞋相同；不要将钥匙、手机、零钱等放在西服套装的口袋中。女士得体的衣着以西装套裙为佳，裙子不可过短或皮质面料；应穿黑皮鞋、肤色长筒丝袜；不佩戴昂贵的或者颜色鲜艳、造型夸张的饰品，饰品的数量不超过三件。不论是男士还是女士，都不宜穿着新衣服去面试，因为这样可能会因自己不习惯而变得不自信，七八成新的服装最自然妥帖。

(2)妆容得体，整洁大方。应聘者不宜留个性、时尚的发型(演艺界等除外)，应提前5天左右理发。男士在面试前要修剪鼻毛、胡须和指甲。女士须化淡妆，这是对面试官和自己的尊重。淡妆无须涂眼影、画眼线，但一定要画眉和涂色彩适中的口红或唇膏；头发要梳理整齐，简单、大方的盘发或短发造型为佳。应聘者不论是男士还是女士，最好不要喷洒香水。

(3)注意细节，饮食合理。面试前要仔细检查鞋袜、衣服的扣子、拉链、衣领、袖口等处是否完好和整洁。注意合理饮食，面试前不能喝酒或吃异味食物，避免出现腹泻、口臭等现象，以免影响面试的效果。

(4)充分准备，调整心态。面试前，应聘者要通过各种渠道充分了解应聘单位的信息，做好流畅应答面试官提出的与应聘单位相关问题的准备。如果不清楚自己的住处到面试单位的具体线路，应聘者可以在面试前几天实地勘察一次，做到乘车或者开车线路及车况心中有数，把握好面试时路途所用时间，避免因迟到而失去工作机会的结果。充分的准备能增添应聘者的自信心，有了自信心，心态就会放松，从而有利于面试时更好地发挥自己的水平。面试时，切忌有家人或朋友陪伴，因为这说明面试者心态紧张，缺乏自信，独立能力不强。

2. 面试中的礼仪

(1)遵时守信。遵时是职业道德的基本要求。提前10~15分钟到达面试地点效果最佳；提前半小时以上到达，会被视为没有时间观念和缺乏自信心；面试时迟到，不管是什么理由，都会被视为缺乏自我管理和约束能力的表现。如果面试者守时，一方面可以表示面试者的诚意和对应聘企业及面试官的尊重；另一方面，提前到场还可以稳定情绪，有助于增强面谈效果。如果是因突发事情不能按时参加面试，应迅速与面试方取得联系，尽量减少因迟到带来的负面影响，这种做法有时也会给面试官留下面试者判断力果断的正面印象。

（2）注重细节，仪态大方。讲究细节礼节既反映出一个人的良好道德修养，也是对他人的尊重。整齐得体的仪表、自然大方的谈吐、文明礼貌的举止、热情真诚的态度是面试成功的一半。面试中的礼仪细节主要表现在以下九个方面：①面试者到达招聘企业后，对遇见的职员都应礼貌问候。在面试官未到达面试会场前，招聘人员会指示面试者在等候室等候。求职者在未得到示意不随意乱坐。②当面试时，应先力度适中地敲门，征得许可后方可进入。要神态自然，面带微笑，举止大方地向面试官问好，得到面试官明示坐下时，要说"谢谢"再落座。③当面试官没有握手之意时，不要主动伸出手，要遵从"尊者先伸手"的原则。当面试官的手朝你伸过来之后，你的握手应坚实有力，面带微笑，双眼直视对方。不要用拥抱式握手，这种方式在外资企业看来不够专业。④随身所带的包不能随意摆放，可放在座椅的右侧地上；如果是小包，还可放置在座椅后。如果需要递交材料，应起座，微微欠身，双手递上。⑤保持良好的姿态。落座以坐满椅子的2/3为宜，抬头挺胸，上身略微前倾。面试时不可以做小动作，如折纸、转笔、摸头发、摸耳朵等行为会显得很不严肃。用手捂嘴是一种紧张的表现，应尽量避免。⑥谈话时要专注，正确使用眼神交流。眼睛要适时地注视对方，不要乱瞟面试官桌上的材料。如果有多名面试官在场，在关注与你交谈的面试官的同时，也要常用目光扫视一下其他面试官，以示尊重。⑦不要随意打断面试官的讲话。对面试官的话，要认真倾听并适时点头或答话呼应，反应要适度。⑧在回答面试官的提问时，口齿要清楚，说话音调平静，音量适中。回答问题要层次分明、简洁明了，少用虚词、感叹词，不要使用简称、方言、口头语。当不能回答某一问题时，应如实告诉面试官，含糊其词和胡吹乱侃必然失败。⑨在面试过程中，应将手机关机，这既是对面试官的尊重，也以免自己因手机震动而尴尬和情绪不稳，从而影响面试效果。

3. 面试后的跟进礼仪

（1）礼貌告别。①当面试结束时，可以强调自己对应聘该项工作的热情，并感谢对方抽时间与自己进行交谈，礼貌地道声"再见""再会""谢谢"等。②起身离座后，将座椅轻手推至原位置。不要背对着面试官离开，应侧身打开门，面带微笑再次面对面试官道别，然后轻关房门。③当面试结束时，如果面试官当场表态可以接受你的应聘，要向对方致谢，并表示将为应聘单位尽心尽力工作的信心。④当面试结束时，如果面试官没有表态接受你，不要逼着对方当场表态。⑤当面试结束时，如果面试官当场表示不能接受，也不要失态；相反，要表示理解对方，礼貌告别。

（2）跟进致谢。为了加深招聘人员的印象和增加求职成功的可能性，面试后的两三天内，求职者最好给招聘企业写封信表示感谢。感谢信要简洁，不要超过一页纸。信的开头应提及自己的姓名、简况以及面试的时间，并对招聘人员表示感谢；感谢信的中间部分要重申对应聘职位的兴趣；信的结尾可以表示对自己的信心以及为应聘企业效力之心。

（3）及时询问。通常，在面试两周后或在面试官许诺的通知时间到了后，还没有收到对方的答复，可主动打电话到应聘企业的人事部门查询。

礼仪知识巩固

判断题（正确的做法画√，错误的做法画×）

1. 参加招聘会，求职者人到就可以了，无须携带简历和求职信。（　　　）

2. 在面试中，可以直接询问面试结果。（　　　）

3. 发聘书，应由要由单位负责人或委派相关方面的高级主管送达。（　　　）

☆ 礼仪案例分析

介绍信

　　某公司经理解释他为什么要录用一个没有任何人推荐的小伙子时说："他带来了许多介绍信。他神态清爽、服饰整洁；在门口蹭掉了脚下带的土，进门后轻轻地关上了门；当他看见残疾人时主动让位；进了办公室，其他的人都从我故意放在地板上的那本书上迈过去，而他很自然地俯身将书捡起并放在桌子上；他回答问题简洁明了、干脆果断，这些难道不是好的介绍信吗？"

　　资料来源：编者根据相关资料整理得到。

分析讨论：

1. 经理说的"介绍信"指的是什么？

2. 这些"介绍信"介绍了小伙子的哪些优点？

3. 小伙子在应聘中遵守了哪些礼仪规范？

礼仪实训5-1-1 求职准备模拟

实训内容：求职准备。
实训目的：通过动手操作，增强求职技能。

实训步骤：

(1)教师依次展示招聘启事任务(或挑选其中一个启事)：某外企招聘客户服务业务代表，某国企招聘行政主管，某企业招聘人力资源助理，某企业招聘财务会计，某企业招聘销售业务员……

(2)学生根据自己的兴趣选择不同的招聘岗位，撰写一封中文求职信和一份个人简历。

(3)将选择相同招聘岗位的学生分为一组，讨论参加面试的服装。

(4)各组推荐一篇优秀的求职信和个人简历。

(5)每组派一个代表上台介绍优秀的求职信和个人简历及服装搭配。

(6)教师进行点评。

礼仪实训 5-1-2 模拟招聘会

实训内容：展望未来，动手为多年后的自己设计一张符合规范、个性鲜明的名片。

实训目的：通过模拟情景剧，增强对求职和招聘的理解。

实训步骤：

一、课前

(一)课前学生活动

(1)学生基于模拟招聘会的招聘方、应聘方和组织方的任务分配，自主认领模拟招聘会任务。主办者负责准备招聘会的活动策划；招聘者负责准备招聘材料、企业宣传材料；求职者负责准备个人求职材料等。

(2)进行组内分工。

(3)完成个人分配到的任务。

(二)课前教师活动

(1)指导各小组的任务分配工作，特别指导主办方的活动策划。

(2)确认各小组的参展情况，教师对三方组织进行单独指导。

(3)邀请学院领导、教师和企业 HR 莅临现场指导工作。

二、课中

(一)课中学生活动

(1)各小组按照任务分工举行模拟招聘会。学生在进行模拟招聘会的过程当中，全身心地扮演着主办者、招聘者和应聘者的角色。主办者全力做好招聘会安保、场地维护以及活动宣传等工作；招聘者尽力做好布置企业招聘展台、主导面试、微笑服务等工作；求职者努力向各个招聘组推销自己。

(2)学生投票评选出金牌招聘方和最佳求职者。

(3)学生填写表 5-1"商务礼仪课程学生课堂学习质量评价主办方用表"，表 5-2"商务礼仪课程学生课堂学习质量评价应聘方用表"，表 5-3"商务礼仪课程学生课堂学习质量评价招聘方用表"。

(二)课中教师活动

(1)教师和企业招聘人员从商务礼仪的仪表礼仪、仪态礼仪、接待礼仪、会务礼仪等方面对学生进行观察和评价。

(2)评价及颁奖环节：①学生自评分享；②学生互评分享；③企业招聘人员点评；④颁奖环节：为金牌招聘力和最佳求职者颁奖；⑤教师点评。

三、课后汇总及反馈

(1)汇总商务礼仪课程学生课堂学习质量评价，填写表 5-4"商务礼仪课程学生课堂学习质量评价及反馈"。

(2)将汇总表以电子版的形式反馈给学生，帮助学生查漏补缺，有的放矢地提升自我。

表5-1　商务礼仪课程学生课堂学习质量评价主办方用表

（主办方学生个人自评/组长评组员/教师评价）

姓名：_____　学号：_____　所在学院和班级：_____　授课教师_____

任务角色(请打钩)：

我是模拟招聘大赛的：招聘方(　)　应聘方(　)　组织方(　)

我是小组的：组长(　)　组员(　)

分类(分值)	评价细则	得分
仪容仪表 (30分)	着装标准，符合商务礼仪要求(5分)	
	妆容自然美观，头发干净整洁(5分)	
	表现得体的站姿、坐姿、蹲姿等(5分)	
	精神饱满，表情自然亲和(5分)	
	态度端正，谦虚有礼，体现服务热情(10分)	
团队贡献 (30分)	积极主动，服从安排(5分)	
	踊跃提出意见和建议，为活动出谋划策(5分)	
	保质保量地完成小组分配的任务(10分)	
	时刻与小组保持协调一致(10分)	
现场表现 (40分)	运用正确的见面礼、握手礼等礼仪规范(5分)	
	举止自然得体，端庄大方(5分)	
	态度端正，展现较高的职业形象和素养(10分)	
	热情大方，积极与应聘方和招聘方沟通(10分)	
	反应迅速，能够及时发现并解决问题(10分)	
总分		
礼仪表现的 优点及不足		

表5-2 商务礼仪课程学生课堂学习质量评价应聘方用表
（招聘方评价应聘方/应聘方学生自评/教师评价）

姓名：_____ 学号：_____ 所在学院和班级：_____ 授课教师：_____
任务角色(请打钩)：
我是模拟招聘大赛的：招聘方( ) 应聘方( ) 组织方( )
我是小组的：组长( ) 组员( )

分类(分值)	评价细则	得分
仪容仪表 (30分)	着装标准，符合商务礼仪要求(5分)	
	妆容自然美观，头发干净整洁(5分)	
	表现得体的站姿、坐姿、蹲姿等(5分)	
	精神饱满，表情自然亲和(5分)	
	态度端正，谦虚有礼，体现求职热情(10分)	
现场表现(40分)	运用正确的见面礼、握手礼等礼仪规范(5分)	
	着装得体，举止自然，端庄大方(5分)	
	认真倾听，积极应答，展现较高的职业素养(10分)	
	语言表达流畅，逻辑清晰(10分)	
	面带微笑，与面试官保持眼神交流(10分)	
求职礼仪 (30分)	对所应聘公司和职位有充分了解(5分)	
	简历材料简洁美观、信息完整(10分)	
	求职信和简历的格式正确，内容简练明确(10分)	
	有明确的自我定位和发展预期(5分)	
总分		
礼仪表现的 优点及不足		

表5-3　商务礼仪课程学生课堂学习质量评价招聘方用表
（应聘方评价招聘方/招聘方学生自评/招聘方组长评组员/教师评价）

姓名：＿＿＿＿＿　学号：＿＿＿＿＿　所在学院和班级：＿＿＿＿＿＿＿＿　授课教师：＿＿＿＿＿

任务角色(请打钩)：

我是模拟招聘大赛的：招聘方(　)　应聘方(　)　组织方(　)

我是小组的：组长(　)　组员(　)

分类(分值)	评价细则	得分
仪容仪表 (30分)	着装标准，符合商务礼仪要求(5分)	
	妆容自然美观，头发干净整洁(5分)	
	表现得体的站姿、坐姿、蹲姿等(5分)	
	精神饱满，表情自然亲和(5分)	
	态度端正，谦虚有礼，体现工作热情(10分)	
现场表现 (40分)	运用正确的见面礼、握手礼等礼仪规范(5分)	
	着装得体，举止自然，端庄大方(5分)	
	认真倾听，积极应答，展现较高的职业素养(10分)	
	招聘问题设置合理，体现专业性(10分)	
	面带微笑，与应聘者保持眼神交流(10分)	
招聘过程设计 (30分)	企业简介完整，岗位和待遇设置合理(5分)	
	招聘海报有创意、录用通知书设计简洁美观(5分)	
	小组分工明确，成员各司其职(10分)	
	招聘环节设置和过程强调公平公正，择才从优(10分)	
总分		
礼仪表现的 优点及不足		

表5-4 商务礼仪课程学生课堂学习质量评价及反馈

姓名		学号		授课教师	
所在学院 和班级				模拟招聘会 任务角色 （请打钩）	招聘方（ ） 应聘方（ ） 组织方（ ） 组　长（ ） 组　员（ ）
评价项目		学生商务礼仪课堂学习质量评价标准			得分
评价主办方 （主办方学生个人 自评/组长评组员/ 教师评价）	仪容仪表 （30分）	(1)着装标准，符合商务礼仪要求(5分)		学生个人自评得分	
		(2)妆容自然美观，头发干净整洁(5分)			
		(3)表现得体的站姿、坐姿、蹲姿等(5分)			
		(4)精神饱满，表情自然亲和(5分)			
		(5)态度端正，谦虚有礼，体现服务热情 (10分)			
	团队贡献 （30分）	(1)积极主动，服从安排(5分)		组长评组员得分	
		(2)踊跃提出意见和建议，为活动出谋划策 (5分)			
		(3)保质保量地完成小组分配的任务(10分)			
		(4)时刻与小组保持协调一致(10分)		教师评分	
	现场表现 （40分）	(1)运用正确的见面礼、握手礼等礼仪规范 (5分)			
		(2)举止自然得体，端庄大方(5分)			
		(3)态度端正，展现较高的职业形象和素养 (10分)		最终平均分	
		(4)热情大方，积极与应聘方和招聘方沟通 (10分)			
		(5)反应迅速，能够及时发现并解决问题 (10分)			
评价应聘方 （招聘方评价应聘方/ 应聘方学生自评/ 应聘方组长评组员/ 教师评价）	仪容仪表 （30分）	(1)着装标准，符合商务礼仪要求(5分)		招聘方评价应聘方得分	
		(2)妆容自然美观，头发干净整洁(5分)			
		(3)表现得体的站姿、坐姿、蹲姿等(5分)			
		(4)精神饱满，表情自然亲和(5分)			
		(5)态度端正，谦虚有礼，体现服务热情 (10分)			

评价项目		学生商务礼仪课堂学习质量评价标准		得分
评价应聘方 (招聘方评价应聘方/ 应聘方学生自评/ 应聘方组长评组员/ 教师评价)	现场表现 (40分)	(1)运用正确的见面礼、握手礼等礼仪规范(5分)。	应聘方学生自评得分	
		(2)着装得体，举止自然，端庄大方(5分)		
		(3)认真倾听，积极应答，展现较高的职业素养(10分)		
		(4)招聘问题设置合理，体现专业性(10分)	教师评分	
		(5)面带微笑，与应聘者保持眼神交流(10分)		
	求职礼仪 (30分)	(1)对所应聘公司和职位有充分了解(5分)	最终平均分	
		(2)简历材料简洁美观、信息完整(10分)		
		(3)求职信和简历的格式正确，内容简练明确(10分)		
		(4)有明确的自我定位和发展预期(5分)		
评价招聘方 (应聘方评价招聘方/ 招聘方学生自评/ 招聘方组长评组员/ 教师评价)	仪容仪表 (30分)	(1)着装标准，符合商务礼仪要求(5分)	应聘方评价招聘方得分	
		(2)妆容自然美观，头发干净整洁(5分)		
		(3)表现得体的站姿、坐姿、蹲姿等(5分)		
		(4)精神饱满，表情自然亲和(5分)		
		(5)态度端正，谦虚有礼，体现服务热情(10分)		
	现场表现 (40分)	(1)运用正确的见面礼、握手礼等礼仪规范(5分)	招聘方学生自评得分	
		(2)着装得体，举止自然，端庄大方(5分)		
		(3)认真倾听，积极应答，展现较高的职业素养(10分)		
		(4)招聘问题设置合理，体现专业性(10分)		
		(5)面带微笑，与应聘者保持眼神交流(10分)		
	招聘过程设计 (30分)	(1)企业简介完整，岗位和待遇设置合理(5分)	教师评分	
		(2)招聘海报有创意、录用通知书设计简洁美观(5分)		
		(3)小组分工明确，成员各司其职(10分)	最终平均分	
		(4)招聘环节设置和过程强调公平公正，择才从优(10分)		
学生商务礼仪表现的优点及不足				
学生商务礼仪能力的提高和改进方向及措施				

第二节　谈判签约礼仪

一　商务谈判礼仪

(一) 商务谈判的基本原则

1. 平等互利原则

参加商务谈判的企业或组织，无论大小强弱，在法律地位上，均享有平等的权利，并履行相应的义务。实际上，商务谈判一旦成功，双方的切身利益就表现为相互依赖、相互制约的关系。而且，这种相互依存性越强，就越能体现出谈判双方在以后的互惠性。

2. 友好协商原则

在商务谈判时，经常会发生争议，有优势的谈判者甚至会采用强制、要挟、欺骗等手段。这些都不是谋求谈判成功的良策。正确的做法应该是双方进行友好的协商。因为无论对方有无诚意，即使存在争议，但只要有一线希望，友好协商就有可能促使谈判达到良好的结果。

3. 依法办事原则

商务谈判不仅关系到谈判双方的利益，还涉及国家与社会的整体利益，所以谈判双方在进行谈判或签订合同的过程中，必须遵守国家的有关法律和政策。那些与法律相违背的谈判，即使出自谈判双方的自愿并且意见一致，也是不允许的。

4. 时效性原则

商务谈判要讲究时效，要保证谈判的效率和效益的统一。目前市场信息千变万化，这就更要求谈判双方善于在谈判中抓住时机，尽量避免不必要的拖延，在高效率中完成谈判。

5. 最低目标原则

商务谈判时要力争达到最高目标，但谈判的结果不可避免地要使双方就某些方面做出适当让步。特别是谈判双方如果是初次接触和合作，就更应避免过高的要求和苛刻的条件。商务谈判只要达到了最低目标就应是成功的。遵循商务谈判原则是谈判获得成功的基础。双方通过谈判达成协议，彼此都必须感到有所得，而不是一方独胜。

6. 人事分开原则

在谈判会上，谈判者在处理己方与对手之间的相互关系时，必须要做到人事分开，各自分别而论。即要求商界人士与对方相处时，务必要切记朋友归朋友，谈判归谈判，对于两者之间的界限不能混淆。商务谈判并不是人与人之间的一场战争，因此商界人士对它应当就事论事，不要让自己对谈判对手主观上的好恶妨碍自己解决现实的问题。商界人士在谈判会上应当理解谈判对手的处境，不要向对方提出不切实际的要求，或是一厢情愿地渴望对方向自己施舍或回报感情。商界人士在谈判会上，对"事"要严肃，对"人"要友好。

(二)商务谈判过程中的礼仪

商务谈判过程一般分为三个阶段：谈判的准备阶段、谈判的进行阶段和谈判的结束阶段。每个阶段都有其需要注意的礼仪规范和要求。

1. 商务谈判的准备阶段

商务谈判是一项十分复杂的工作，很容易受到主观、客观、可控与不可控等多方面因素的影响。商务人员一定要在谈判前做好充足的准备，调查清楚各种情况，制订出不同的谈判方案，做到未雨绸缪、成竹在胸。

(1)人员组织。一个优秀的商务谈判班子是谈判取得成功的关键因素。通常需要根据具体的情况组建一个相应的谈判小组，还可以聘请有关专家作为顾问、观察员。根据谈判阶段和议题性质的变化，可以调整小组的人员。要注意小组人员不宜太多，以免内部难以沟通。当小组人员所具备的专业知识不足以应付某些细节的谈判时，还应当安排一个主要由专家组成的工作小组进行小型专题谈判，并及时将谈判结果向谈判小组汇报。一个有效的谈判小组，要求做到组织结构合理，能够相互协调互补，包括知识、能力、性格、谈判风格、年龄以及经历等方面的协调互补，以发挥最佳的整体效益。一般来说，一个比较理想的谈判人员应该具备这样的个人素质：有能力同本企业或组织里的同事友好合作，并且赢得他们的信任；理解相关专业的知识结构，并掌握一般的谈判规则和技巧；具备敏锐的商业判断力以及洞察对方的观察力；具备良好的心理素质；品格正直，稳健、幽默，拥有良好的风度气质。

(2)资料的准备。商务谈判资料的准备是指商务谈判对所需要的文字、图表、数据、音像等资料进行的收集和整理。除了要收集对方公司的商业信誉、财务状况、产品或服务的技术特征、质量、市场供求情况、价格等有关信息和资料外，还要收集关于己方的相关资料，具体包括需要向对方提供的有关文件、证据资料和供己方谈判人员使用的相关资料，以及商务公关谈判期间有可能要用到的实物。此外，在开始谈判之前还要明确谈判的目标，并且依此制订出具体的谈判方案。总之，获取信息是商务谈判的前奏。商务谈判的准备工作在一定程度上就是商务信息的收集、分析和整理的过程。在信息化高度发达的今天，每一个商务人员都应高度重视对各种信息的收集、整理和分析。

2. 商务谈判的进行阶段

一般来讲，在商务谈判过程中，内容的叙述大体包括"入题"和"内容阐述"两个部分。

(1)商务谈判的入题。这个阶段的主要任务就是使双方能够相互认识，并营造一种愉快的洽谈气氛。一般来说，不论正式或非正式的场合，用自我介绍的形式入题都较为理想。通过简短的介绍，双方可以互相了解参与谈判者的背景资料，如姓名、学历、工作职务等。每一次商务谈判都有其独特的谈判气氛。有的冷淡、对立、紧张；有的松松垮垮、旷日持久；有的则平静而又严谨。一般来说，理想的谈判气氛应该是真诚、轻松、认真、合作而又积极的。为了营造理想的谈判气氛，在谈判入题阶段，商务谈判人员可以通过一些轻松、非业务性的话题来为谈判做好气氛的铺垫。例如，可以从题外话、从"自谦"入题，还可以通过介绍己方谈判人员以及自己的基本情况入题。

(2)商务谈判的内容阐述。谈判入题后，谈判双方要阐明自己的立场和观点，进行开场阐述。这是商务谈判的重要环节。一般来说，谈判开场阐述必须至少简明扼要地说明三个问题：一是己方的目的，即自己所代表的企业或组织希望通过谈判所要达到的最终结果；二是己方的首要利益，也就是谈判中的关键问题；三是己方的立场，就是要向对方表明己方企业或组织在谈判中的基本立场和态度。谈判开始后，要注意控制好谈判的议程，尽量争取主动权。能够很好控制谈判议程的商务人员，往往能够明确而又系统地陈述问题，并且能够适时地做出有利于自己的决定。商务人员可以用横向洽谈或者纵向洽谈的方式来安排谈判议程。前者是指几个议题同时摆上桌面进行讨论，同步取得进展，然后一起向前推进商务谈判进程。后者是指谈判时先集中解决好某一问题，然后继续下一个问题。例如，企业与对方代表谈判关于解决产品质量造成公众伤亡的突发事件，一般就可以包括这样一些议题，如解释、赔偿、保证。商务公关人员可以针对这些议题一起或者逐个地与公众代表进行谈判。又如，一项商品买卖一般包含四个议题：价格、交货条件、付款条件和商品的质量。如果这项谈判采用横向谈判的方式，就需要相继就这四个议题提出条件，接着同时展开磋商。

商务谈判的目的就是使谈判双方各自代表的企业或组织能够实现有利于己方的目标，所以谈判中一定会存在不同的意见，谈判双方也难免要产生冲突，这是整个商务谈判过程中最为紧张的阶段。此时，商务人员要尽可能地列举事实，劝说对方接受自己的观点。在谈判交锋阶段，商务人员应该坚定自己的立场，有勇有谋，朝着自己所要求的目标逼近。同时也要有资料和心理上的准备，随时回答对方的质询，陈述自己的理由，要保持冷静，尽量避免发生对商务谈判没有帮助的争执。否则，只会使双方的立场越来越对立，无法拟订出满足双方利益的解决方案。实际上，妥协是商务谈判不可缺少的部分。一项成功的商务谈判往往包含了多次的妥协与让步。但是在妥协时，要掌握好妥协的范围、方式以及时机，坚持"施受原则"。也就是说，虽然谈判某一方要对某些事情做出妥协，但也应该会因此而得到其他方面的补偿。

3. 商务谈判的结束阶段

商务谈判中，双方经过交锋或妥协，如果认为已经基本达到自己的既定目标，便可以拍板表示同意。然后，由双方代表在协议书上签名，谈判就可以结束了，接下来就是检查、监督协议条款的执行工作，这一阶段，商务谈判人员一定要注意这些事项。在商务谈判的结束阶段，谈判双方都会有一种如释重负的轻松和愉快感，并会产生一定的感情共鸣。这时，谈判桌上刚才还唇枪舌剑、往来交锋的对手，可能立刻就会变成好友。谈判双方都应该真诚、热烈地祝贺交易合作或谈判结果的成功。但是不宜重述谈判过程的有关细节，这样可以显示出谈判双方的公关修养及气度。

协议一经签署便具有了法律效力，所以协议的文字要精确和规范。与谈判小组中的绝大多数公关谈判代表相比，此时，起草协议的技术人员正处于紧张的工作状态。这一环节似乎仅限于一些纯粹技术性的工作，但实际上却是事关谈判的根本。这就要求协议起草者采取谨慎、认真的工作态度，对协议内容加以最后的规范化。这一过程中，如果遇到问题应当及时反映，并在确有必要时使谈判双方再次坐下来就一些细微环节重新进行讨论。在谈判代表返遣之前应对谈判进行系统性的总结，并形成文字资料备案，以便日后查找。

测试

测测你是谈判高手吗？

1. 你认为商务谈判(　　)。

A. 是一种意志的较量，谈判双方一定有输有赢

B. 是一种立场的坚持，谁坚持到底，谁就获利多

C. 是一种妥协的过程，双方各让一步，一定会海阔天空

D. 双方的关系重于利益，只要双方关系友好必然带来理想的谈判结果

E. 是双方妥协和利益得到实现的过程，以客观标准达成协议可得到双赢结果

2. 在签订合同前，谈判代表说合作条件很苛刻，按此条件自己无权做主，还要通过上司批准。此时你应该(   )。

A. 说对方谈判代表没有权做主就应该早声明，以免浪费这么多时间

B. 询问对方上司批准合同的可能性，在决策者拍板前要留有让步余地

C. 提出要见决策者，重新安排谈判

D. 与对方谈判代表先签订合作意向书，取得初步的谈判成果

E. 做出让步，以达到对方谈判代表有权做主的条件

3. 为得到更多的让步，或是为了掌握更多的信息，对方提出一些假设性的需求或问题，目的在于摸清底牌。此时你应该(   )。

A. 按照对方假设性的需求和问题诚实回答

B. 对于各种假设性的需求和问题不予理会

C. 指出对方的需求和问题不真实

D. 了解对方的真实需求和问题，有针对性地给予同样假设性答复

E. 窥视对方真正的需求和兴趣，不要给予清晰的答案，并可将计就计促成交易

4. 谈判对方说明几家竞争对手的情况，向你施压，说你的价格太高，要求你做出更多的让步，你应该(   )。

A. 更多地了解竞争状况，坚持原有的合作条件，不要轻易做出让步

B. 强调自己的价格是最合理的

C. 为了争取合作，以对方提出竞争对手最优惠的价格条件成交

D. 问：既然竞争对手的价格如此优惠，你为什么不与他们合作

E. 提出竞争事实，说对方指出的竞争对手情况不真实

5. 当对方提出如果这次谈判你能给予优惠条件，保证下次给你更大的生意，此时你应该(   )。

A. 按对方的合作要求给予适当的优惠条件

B. 为了双方的长期合作，得到未来更大的生意，按照对方要求的优惠条件成交

C. 了解买主的人格，不要以"未来的承诺"来牺牲"现在的利益"，可以其人之道还治其人之身

D. 要求对方将下次生意的具体情况进行说明，以确定是否给予对方优惠条件

E. 坚持原有的合作条件，对对方所提出的下次合作不予理会

6. 谈判中对方有诚意购买你的整体方案的产品(服务)，但苦于财力不足，不能完整成交。此时你应该(　　　)。

A. 要对方购买部分产品(服务)，成交多少算多少

B. 指出如果不能购买整体方案，就以后再谈

C. 要求对方借钱购买整体方案

D. 如果有可能，协助贷款，或改变整体方案。改变方案时要注意相应条件的调整

E. 先把整体方案的产品(服务)卖给对方，对方有多少钱先给多少钱，所欠之钱以后再说

7. 对方在达成协议前，依次提出许多附加条件，要求得到你更大的让步，你应该(　　　)。

A. 强调你已经做出的让步，强调"双赢"，尽快促成交易

B. 对对方提出的附加条件不予考虑，坚持原有的合作条件

C. 针锋相对，针对对方提出的附加条件提出己方相应的附加条件

D. 不与这种"得寸进尺"的谈判对手合作

E. 运用推销证明的方法，将已有的合作伙伴情况介绍给对方

8. 在谈判过程中，对方总是改变自己的方案、观点、条件，使谈判无休无止地拖下去。你应该(　　　)。

A. 以其人之道还治其人之身，用同样的方法与对方周旋

B. 设法弄清楚对方的期限要求，提出己方的最后期限

C. 节省自己的时间和精力，不与这种对象合作

D. 采用休会策略，等对方真正有需求时再和对方谈判

E. 采用"价格陷阱"策略，说明如果现在不成交，以后将会涨价

9. 在谈判中双方因某一个问题陷入僵局，有可能是过分坚持立场之故。此时你应该(　　　)。

A. 跳出僵局，用让步的方法满足对方的条件

B. 放弃立场，强调双方的共同利益

C. 坚持立场，要想获得更多的利益必须坚持原有谈判条件不变

D. 采用先休会的方法，转换思考角度，并提出多种选择以消除僵局

E. 采用更换谈判人员的方法，重新开始谈判

10. 除非满足对方的条件，否则对方将转向其他的合作伙伴，并与你断绝一切生意往来，此时你应该(　　　)。

A. 从立场中脱离出来，强调共同的利益，要求平等机会，不要被威胁吓

倒而做出不情愿的让步

    B. 以牙还牙，不合作拉倒，去寻找新的合作伙伴

    C. 给出供选择的多种方案以达到合作的目的

    D. 摆事实，讲道理，同时也说明合作的目的

    E. 通过有影响力的第三者进行调停，赢得合理的条件

【对应分数】

1. A-2分；B-3分；C-7分；D-6分；E-10分。

2. A-2分；B-10分；C-7分；D-6分；E-5分。

3. A-4分；B-3分；C-6分；D-7分；E-10分。

4. A-10分；B-6分；C-5分；D-2分；E-8分。

5. A-4分；B-2分；C-10分；D-6分；E-5分。

6. A-6分；B-2分；C-6分；D-10分；E-3分。

7. A-10分；B-4分；C-8分；D-2分；E-7分。

8. A-4分；B-10分；C-3分；D-6分；E-7分。

9. A-4分；B-6分；C-2分；D-10分；E-7分。

10. A-10分；B-2分；C-6分；D-6分；E-7分。

【测验结果】

得分95分以上：谈判专家。

得分90~95分：谈判高手。

得分80~90分：有一定的谈判能力。

得分70~80分：具有一定的潜质。

得分70分以下：谈判能力不合格，需要继续努力。

资料来源：刘砺，荆素芳，扶齐. 商务礼仪实训教程[M]. 北京：机械工业出版社，2015.

(三) 商务谈判的座次礼仪

谈判的座次，因双边会谈和多边会谈而有所不同。

1. 双边会谈

通常用长方形或椭圆形的桌子，宾主相对而坐。长方形桌子摆放主要有两种形式可供酌情选择。

（1）横桌式。横桌式座次排列，是指谈判桌在谈判室内横放，客方人员面门而坐，主方人员背门而坐。除双方主谈者居中就座外，各方的其他人士则应依其具体身份的高低，各自先右后左、自高而低地分别在己方一侧就座。双方主谈者的右侧之位，在国内谈判中可坐副手，而在涉外谈判中则应由译

员就座。记录人员一般安排在后面就座。

（2）竖桌式。竖桌式座次排列，是指谈判桌在谈判室内竖放。具体排位时以进门时的方向为准，右侧由客方人士就座，左侧则由主方人士就座。在其他方面，则与横桌式排座相仿。

2. 多边会谈

举行多边谈判时，为了不失礼，按照国际惯例，一般均以圆桌为谈判桌，即所谓圆桌会议，这样可以淡化尊卑界限。多边谈判也可采取分组排列的方式就座。只在座席前设立一个发言席，由主谈代表轮流上台发言，其他人员面对发言席分组而坐。无论何种谈判，有关各方与会人员都应尽量同时入场、同时就座。如果哪一方先到，可先在休息室休息，待全体到齐后，一同入场就座。主方人员不应在客方人员之前就座。

二　商务签约礼仪

签约仪式通常是指订立合同、协议的各方在合同、协议正式签署时正式举行的仪式。企业之间通过谈判，就某项商务活动达成协议时，一般都要举行签约仪式。举行签约仪式不仅是对谈判成果的一种公开化、固定化，而且也是有关各方对自己履行合同、协议所作出的一种正式承诺。

（一）签约仪式的准备

1. 确定参加人员

参加签约仪式的人员基本上应是双方参加会谈的全体人员。一般礼貌的做法是出席签约仪式的双方人数大体相等，级别一般也是对等的。有时为表示对本次商务谈判的重视或对谈判结果的庆贺，双方更高一级的领导人也可出面参加签约仪式。

2. 协议文本的准备

谈判结束后，双方应组织专业人员按谈判达成的协议做好文本的定稿、翻译、校对、印刷、装订、盖火漆印或单位公章等。作为东道主，其应为文本的准备工作提供准确、周到、快速、精美的方便条件和服务。

3. 签约场所的选择

签约仪式举行的场所一般视参加签约仪式的人员规格、人数，以及协议中的商务内容重要程度等因素来确定。多数是选择客人所住的宾馆、饭店，或者东道主的会客厅、洽谈室作为签约仪式的场所。有时为了扩大影响，也可商定在某个新闻发布中心或著名会议、会客场所举行。

(二) 签约场地的布置

签约仪式的会场布置包括两个方面内容：一是签约仪式会场的装饰；二是签约仪式的座次礼仪。

1. 签约仪式会场的装饰

(1)签约仪式的会场要庄严、整洁、清净。

(2)室内应铺设地毯，一般正规的签约桌都是长方形，桌面铺设暗红色的绒布，桌后放两把椅子，供双方签约人入席就座。

(3)签约桌上，应事先放好待签的合同文本以及签约笔、吸墨器等签约时所用的文具。

(4)需要在签约仪式会场布置双方国旗或标志的，应遵循礼宾序列。

2. 签约仪式的座次礼仪

签约时各方代表的座次，是由主方代为排定的。一般来说，签约仪式的座次排列方式主要有以下三种。

(1)多边式。当各方签约时，签约人员的座次按英文名称首字母顺序排列。排名最前的国家或单位居中，然后按顺序先右后左依次排列。参加签约的随员按身份高低从前向后就座于本单位对应的位置上。

(2)并列式。并列式的座次排列是最常见的排列方式。签约桌面门横放，座位的安排是主左客右。双方助签人员分别站立在各自签约人的外侧。双方其他随员，依照职位的高低，站立于己方签约人身后，客方自左至右、主方自右至左地依次列成一行。一行站不完时，可遵照"前高后低"的惯例，排成两行、三行或四行。原则上，双方随员人数，应大体上相近。

(3)相对式。相对式的座次排列，也是常见的排列方式。和并列式不同的是，双方其他的随员，按照一定顺序在己方签约人的正对面就座。

3. 签约仪式程序礼仪

在具体操作签约仪式时，可以依据以下基本程序进行运作。

(1)宣布仪式正式开始。有关各方人员步入签约厅，在各自既定的位置上各就其位。双方签约人同时入座，助签人在其外侧协助打开合同文本和笔。

(2)正式签署合同文本。通常的做法是首先签署应由己方所保存的文本，然后再签署应由他方所保存的文本。依照礼仪规范，每一位签约人在己方所保留的文本上签约时，应当名列首位。因此，每一位签约人均需首先签署将由己方所保存的文本，然后再交由他方签约人签署。此种做法，通常称为"轮换制"。它的含义是在文本签名的具体排列顺序上，应轮流使有关各方均有机会居于首位一次，以示各方完全平等。

（3）交换各方已经签好的合同文本。各方主签人起身离座至桌子中间，正式交换各自签好的合同文本，同时热烈握手，互致祝贺，并互换签约用笔，以作纪念。其他人员则热烈鼓掌，以表示祝贺之意。

（4）饮香槟酒庆祝。交换合同文本后，全体成员可合影留念，服务接待人员及时送上倒好的香槟酒。各方签约人员和成员相互碰杯庆祝，当场干杯，将气氛推向高潮。这是国际上通行的一种增加签约仪式喜庆色彩的常规性做法。

（5）有序退场。签约仪式完毕后，先请双方最高领导者退场，然后请客方退场，最后是主方退场。签约仪式结束。

签约仪式以半小时为宜。一般情况下，商务合同正式签署后，应提交有关方面公证才正式生效。

礼仪知识巩固

判断题（涉及商务谈判和签约，正确的做法画√，错误的做法画×，并思考原因）

1. 签约仪式的文本可用普通 A4 纸打印。（　　　）

2. 商务谈判中，碰到熟人，可请求熟人不忘旧情，对自己手下留情。（　　　）

3. 签署文本时，应先签署由己方保存的文本，然后再签署由他方保存的文本。（　　　）

★ 礼仪案例分析

一方完胜的谈判导致双方利益受损

某工会领导人以"经济谈判毫不让步"而闻名。在一次与报社业主进行的谈判中，他不顾客观情况，坚持强硬立场，甚至两次号召报业工人罢工，迫使报业主满足了他提出的全部要求。报社被迫同意为印刷工人大幅度增加工资，并且承诺不采用排版自动化等先进技术，防止工人失业。结果是工会一方大获全胜。但是却使报业主陷入困境。先是三家大报社被迫合并，接下来便是倒闭，数千名报业工人失业。

资料来源：刘砺，荆素芳，扶齐. 商务礼仪实训教程[M]. 北京：机械工业出版社，2015.

分析讨论：

谈判成功的标准到底是什么？

礼仪实训 5-2-1 商务谈判和签约模拟实训

实训内容：商务谈判和签约。

实训目的：通过实训，增强学生商务谈判和签约礼仪的应用能力。

实训物品：谈判桌椅、中外国旗、标的物、文件夹、纸、笔等。

实训步骤：
(1)将学生分成训练小组。
(2)每组设计商务谈判情境，进行商务谈判实训。
(3)商务谈判后，进行商务签约实训。
(4)操作过程中，要充分体现商务谈判和签约的原则、态度和语言礼仪，并注意得体的服饰、恰当的姿态和面部表情。
(5)学生进行相互评价。
(6)教师最后总结点评操作中的共性、个性问题。

注意：该实训应提前两至三周布置给学生，请学生提前学习相关理论知识，准备实训内容。

第三节　商务会议礼仪

一般商务会议可以简单地分为企业内部会议和企业外部会议。企业内部会议主要是研究如何降低生产成本、提高生产效率，多生产物美价廉的畅销产品。因为这些都是内部的事务，除庆功会、表彰会举办得隆重些外，其他可以通过利益驱动的机制来调动员工的积极性，用不着劳师动众。外部会议的参加者是经销商和消费者，不敢怠慢。因此，外部会议就要举办得隆重、热烈些，如展览会、答谢会等。组织召开一般商务会议有其应当遵守的礼仪要求和规范。

一　会前准备礼仪

(一) 撰写会议方案

会议方案主要包括以下内容。

1. 会议主题
召开此次会议的目的和意义。

2. 会议名称
根据主题拟定会议名称。

3. 参会人员

包括邀请的上级领导、行业代表、经销商、客户代表，以及主办方的领导和工作人员等。

4. 会议时间

指会议召开时间与延续时间。

5. 会议地点

包括会场地点、住宿地点以及乘车路线。

6. 会议负责人

负责所有的会务工作。

7. 会议程序

包括来宾签到、大会开幕、主持人致欢迎辞、领导讲话、代表发言、会议结束、发纪念品等。

8. 会议文件

包括会议通知、邀请函、请柬、签到表、产品意见建议表、产品介绍资料、订货意向书、购销合同等。

9. 会场布置

包括会场格调、主席台布置、会标横幅、准备桌椅茶水、会场外悬挂大型彩色气球与广告条幅等。

10. 会议用品

包括纸、笔等文具，视听器材，背景音乐，产品样品，纪念品等。

11. 会务工作

安排外地前来参加会议人员报到、住宿、餐饮、娱乐，安排汽车接送来宾等。

12. 宣传报道

邀请新闻传播媒体采访、报道大会实况。

每次会议的性质、内容不同，会议方案要根据实际情况作相应的调整。

(二)设立会务机构

商务活动中大型会议的参会人员多，事务也很多，如会场准备、与会人员签到、大会报告、会议资料发放、住宿、宴请、娱乐、外地人员的迎来送往等。靠临时安排几个人负责会务很难周全，稍有不慎，就会得罪客人。必须成立大会秘书处，下设会务组、资料组、宣传组、保卫组、后勤保障组，职责明确，各司其职，才能有效保证会议的顺利召开。

1. 会务组

会务组负责发送会议通知、请柬，大、小会场的布置，如摆放桌椅、名牌、布置会议主席台、备足茶水饮料、室外悬挂彩球条幅等。会务组还负责会议期间的车辆使用，如外来人员的接送、参观旅游用车等。

2. 资料组

资料组负责起草大会报告和主持人讲话稿，收集、整理、印发会议资料，如代表发言、会议简报等；负责签到，发放大会资料和纪念品等。

3. 宣传组

宣传组主要负责邀请报刊、电视、网络传播媒体采访、报道大会实况。这是扩大会议影响的一项重要工作。企业举办会议的，目的是推介产品，扩大知名度，提高市场占有率。新闻报道具有一定的客观性和真实性，值得信赖。

4. 保卫组

保卫组主要负责大会期间的安全保卫，防止出现偷盗、食物中毒、扰乱会场等问题的发生。

5. 后勤保障组

后勤保障组主要负责与会人员的住宿、餐饮、宴请、娱乐和物资供应。

(三) 准备会议用品

现代化的会议离不开各种辅助器材，在召开会议之前，就应该把各种辅助器材准备妥当。

1. 桌椅、名牌、茶水

桌椅是最基本的设备，可以根据会议的需要摆成圆桌型或报告型，如果参加会议的人数较多，一般应采用报告型，不需要准备座位牌；如果参加会议的人比较少，一般采用圆桌型，并且要制作座位牌，即名牌，让与会人员方便就座。会议上的茶水饮料最好用矿泉水，因为每个人的口味不一样，有的人喜欢喝茶，有的人喜欢喝饮料，还有的人喜欢喝咖啡，所以如果没有特别的要求，矿泉水是最能让每个人都接受的选择。

2. 签到簿、名册

签到簿的作用是帮助了解到会人员的数量以及身份，一方面使会议组织者能够查明是否有人缺席，另一方面能够使会议组织者根据签到簿安排下一步的工作，例如，就餐、住宿等。印刷名册可以方便会议的主席和与会人员尽快地掌握各位参加会议的人员的相关资料，加深了解，彼此熟悉。

3. 黑板或白板、笔

在有的场合，与会人员需要在黑板或白板上写字或画图，从而说明问题。虽然现在视听设备发展得很快，但是传统的表达方式依然受到很多人的喜爱，而且在黑板或白板上表述具有即兴、方便的特点。此外，粉笔、万能笔、板擦等配套的工具也必不可少。

4. 各种视听器材

随着现代科技的发展，投影仪、幻灯机、录像机、镭射指示笔或指示棒等视听设备陆续产生，给人们提供了极大的方便。在召开会议前，必须先检查各种设备是否能正常使用，如果要用幻灯机，则需要提前做好幻灯片。录音机和摄像机能够把会议的过程和内容完整记录下来，有时需要立即把会议的结论或建议打印出来，这时就需要准备一台小型的影印机或打印机。

5. 资料、样品

如果会议属于业务汇报或产品介绍，那么有关的资料和样品是必不可少的。例如，在介绍一种新产品时，单凭口头泛泛而谈是不能给人留下深刻印象的，如果给大家展示一个具体的样品，结合样品一一介绍它的特点和优点，那么给大家留下的印象就会深刻得多。

二　出席会议人员礼仪

商务会议，尤其是中型、大型会议，是很正式、庄重的场合，无论是会议举办方还是参加者，都要注重仪容仪表，讲究文明礼貌。

(一)主持人礼仪

会议主持人是大会瞩目的焦点，作为与会人员的表率，在开会之前更应用心修饰一番。

(1)主持人应着装整洁、精神饱满、大方庄重，切忌不修边幅、邋里邋遢。主持人走上主席台时，应步伐稳健有力，行走的速度因会议的性质而定，一般来说，欢快、热烈的会议步频应较快，纪念、悼念性的会议步履应较慢。

(2)入席后，如果主持人是站立主持，应双腿并拢，腰背挺直。持稿时，一只手持稿的底中部，另一只手五指并拢，自然下垂。双手持稿时，应与胸齐高。采用坐姿主持时，应身体挺直，双臂前伸，两手轻按于桌沿。主持过程中，切忌出现搔头、揉眼、盘腿等不雅动作。

(3)主持人应口齿清楚，言谈思维敏捷，简明扼要。主持人应根据会议性质调节会议气氛，或庄重，或幽默，或沉稳，或活泼。

(4)主持人在开会期间对会场上的熟人不要打招呼，更不能寒暄闲谈，可在会议前，或会议休息时间点头、微笑致意。

(二)会议发言人礼仪

会议发言有正式发言和自由发言两种，前者一般是领导报告，后者一般是讨论发言。

1. 正式发言者

正式发言者应衣着整齐，走上主席台时应步态自然、刚劲有力，体现一种成竹在胸、自信自强的风度与气质。发言时应口齿清晰、讲究逻辑、简明扼要。要时常抬头扫视一下会场，不能只顾低头读稿，旁若无人。发言完毕，应对听众的倾听表示谢意。

2. 自由发言者

自由发言者应根据会议的安排，按顺序发言。发言篇幅不宜太长，观点应明确，与他人有分歧时，应以理服人，态度平和，讲究文明礼貌。如果有会议参加者向发言人提问，应礼貌作答。对不能回答的问题，应机智而礼貌地说明理由。对提问人的批评和意见应认真听取，即使提问者的批评是错误的也不应失态。

(三)与会者礼仪

会议参加者应注意以下五种礼仪。

(1)衣着整洁，仪表得体，不卑不亢，落落大方。

(2)遵守时间，准时入场，进出有序。在本地开会，应提前10分钟到达会场，以便有充裕的时间签名、领取材料，并找到就座之处。前往异地参加会议，最好提前一天报到，以便熟悉有关情况。

(3)维持秩序。①各就各位。当出席正式会议时，应在指定之处就座。未获许可时，不要另择座位。②保持安静。除正常的鼓掌外，严禁出现任何噪声。中途退场应轻手轻脚，不影响他人。③遵守规定。对有关禁止录音、录像、拍照、吸烟以及使用移动电话等会议的具体规定，要认真遵守。

(4)专心听讲。当他人发言时，不应心不在焉，更不得公然忙于他事，不应与旁边的人窃窃私语，或是肆无忌惮地接打手机、发送短信，也不应打呵欠、皱眉头、摇头晃脑、指指点点。

(5)支持他人。当自己听取他人发言时，除适当地进行记录外，应注视对方，并在必要时以点头、微笑或掌声表达对对方的支持之意。

三 会议座次安排礼仪

(一)小型会议座次安排

小型会议一般指参加者较少、规模不大的会议。它的主要特征是全体与会者均应排座,不设立专用的主席台。小型会议的排座,目前主要有以下三种具体形式。

1. 自由择座

基本做法是不排固定的具体座次,而由全体与会者完全自由选择座位就座。

2. 面门设座

一般以面对会议室正门之位为会议主席之座,即尊位。通常会议主席坐在离会议门口最远的桌子末端。主席两边是参加公司会议的客人和拜访者的座位,或是给高级管理人员、助理坐的,以便能帮助主席分发有关材料、接受指示或完成主席在会议中需要做的事情。

3. 依景设座

所谓依景设座,是指会议主席的具体位置不必面对会议室正门,而是应当背依会议室之内的主要景致所在设座,如字画、讲台等。其他与会者的排座则略同于前者。

(二)大型会议座次安排

大型会议一般是指与会者众多、规模较大的会议。如企业职工代表大会、报告会、经验交流会、新闻发布会、庆祝会。它的最大特点是,会场上应分设主席台与群众席。前者必须认真排座,后者的座次则可排可不排。

1. 主席台排座

大型会场的主席台一般应面对会场主入口。在主席台上的就座之人,通常应当与在群众席上的就座之人呈面对面之势。在其每一名成员面前的桌上,均应放置双向的名牌。主席台排座具体又可分作主席团排座、主持人座席、发言者席位。

2. 主席团排座

主席团,在此是指主席台上正式就座的全体人员。按照惯例,排定主席团位次的基本规则有三个:一是前排高于后排;二是中央高于两侧;三是右侧高于左侧。判断左右的基准是顺着主席台上就座的视线,而不是观众视线。

3. 主持人坐席

会议主持人的具体位置有三种方式可供选择：一是居于前排正中央；二是居于前排的两侧；三是按其具体身份排座，但不宜令其就座于后排。

4. 发言者席位

在正式会议上，发言者发言时不宜就座于原处发言。发言席的常规位置有两种：一是主席团的正前方；二是主席台的右前方。

5. 群众席排座

在大型会议上，主席台之下的一切座位均称为群众席。群众席的具体排座方式有两种。

(1) 自由式择座。即不进行统一安排，而由大家各自择位而坐。

(2) 按单位就座。是指与会者在群众席上按单位、部门或者地位、行业就座。它的具体依据，既可以是与会单位或部门的汉字笔画的多少、汉语拼音字母的前后，也可以是其平时约定俗成的序列。按单位就座时，若分为前排与后排，一般以前排为高，后排为低；若分为不同楼层，则楼层越高，排序便越低。在同一楼层排座时，又有两种普遍通行的方式：一是以面对主席台为基准，自前往后进行横排；二是以面对主席台为基准，自左而右进行竖排。

 知识拓展

会议工作流程

一、会前工作流程

确定会议主题与议题→确定会议名称→确定会议规模与规格→确定会议时间与会期→明确会议所需设备和工具→明确会议组织机构→确定与会者名单→选择会议地点→安排会议议程和日程→制发会议通知→制作会议证件→准备会议文件材料→安排食住行→制订会议经费预算方案→布置会场→会场检查

二、会中工作流程

报到及接待工作→组织签到→做好会议记录→会议信息工作→编写会议简报或快报→做好会议值班保卫工作→做好会议保密工作→做好后勤保障工作

三、会后工作流程

安排与会人员离会→撰写会议纪要→会议的宣传报道→会议总结→催办与反馈工作→会议文书的立卷归档

资料来源：魏凯林. 实用商务礼仪[M]. 北京：清华大学出版社，2017.

礼仪知识巩固

多选题

1. 在召开会议之前，就应该把各种辅助器材准备妥当，包括(   )。

A. 桌椅、名牌、茶水   B. 签到簿

C. 黑板、白板、笔   D. 资料、样品

2. 召开大型会议必须成立大会秘书处，下设(   )、后勤保障组，职责明确，各司其职，才能有效保证会议的顺利召开。

A. 会务组   B. 资料组   C. 宣传组   D. 保卫组

3. 会议参加者应注意(   )等礼仪。

A. 衣着整洁   B. 遵守时间   C. 维持秩序   D. 专心听讲

★ 礼仪案例分析

请柬发出之后

某机关定于某月某日在单位礼堂召开总结表彰大会，发了请柬邀请有关部门的领导光临，在请柬上把开会的时间、地点写得一清二楚。接到请柬的几位部门领导很积极，提前来到礼堂。一看会场布置不像开表彰会，经询问才知道，今天上午礼堂召开报告会，某机关的总结表彰会更换地点了。几位领导感到莫名其妙，每个人都很生气，抱怨改地点了为什么不重新通知？一气之下，都回家去了。

资料来源：编者根据相关资料整理得到。

讨论分析：

1. 这个案例告诉商务人员会议准备时应注意什么？

2. 应该如何发布会议通知？

礼仪实训5-3-1 组织和安排会议

实训内容：组织和安排会议

实训目的：通过实训，增强学生组织和安排会议的应用能力。

实训要求：

小林是某公司总经理秘书，公司要召开年终总结表彰大会，负责人把会议准备和组织工作交给他。假如你是小林，请安排组织本次会议，并列出要点。

参考文献

［1］金正昆. 商务礼仪教程(第六版) ［M］. 北京：中国人民大学出版社，2019.

［2］李兰英，肖云林，葛红岩，郑陵红. 商务礼仪(第二版)［M］. 上海：上海财经大学出版社，2012.

［3］刘砺，荆素芳，扶齐. 商务礼仪实训教程［M］. 北京：机械工业出版社，2015.

［4］刘民英. 商务礼仪(第二版)［M］. 上海：复旦大学出版社，2020.

［5］罗茜. 商务礼仪［M］. 武汉：华中科技大学出版社，2019.

［6］徐建华，罗阿玲. 现代商务礼仪教程［M］. 北京：科学出版社，2016.

［7］魏凯林. 实用商务礼仪［M］. 北京：清华大学出版社，2017.

附 录

附录一　课程内容和课时安排建议

章节	任务	实训	建议课时安排
第一章 商务礼仪概述	（一）商务礼仪的内涵	拍照留存学员素颜照	2
	（二）商务礼仪的功能	填写性格与职业匹配分析表	
	（三）商务礼仪的原则	商务礼仪重要性采访及分享	
第二章 商务形象礼仪	（一）仪容礼仪	学员仪容互查并填写"仪容互查检查表"	2
	（二）仪表礼仪	学员个人职场形象展示及互评，填写"职场形象设计评价评分表"	2
	（三）仪态礼仪	1. 站姿训练 2. 坐姿训练 3. 行姿训练 4. 蹲姿训练 5. 眼神训练 6. 微笑训练 7. 手势训练 8. 商务服务礼仪综合考核 （拍照留存学员礼仪习后照）	6
第三章 商务言谈礼仪	（一）称谓礼仪	称谓游戏：记住他人的名字	2
	（二）言谈礼仪	1. 言谈礼仪实训一——接待言谈实训；言谈禁忌实训，有主题言谈实训 2. 言谈礼仪实训二——公众演讲实训	
	（三）赞美和倾听	赞美游戏：我们是一家人	

章节	任务	实训	建议课时安排
第四章 商务交往礼仪	(一)见面礼仪	学员自制商务名片	2
	(二)联络礼仪	1. 邮件礼仪实训 2. 商务交往礼仪模拟情景剧表演	2
	(三)宴请礼仪	1. 小组聚餐汇报 2. 中餐宴会礼仪情景模拟实训 3. 西餐用餐礼仪情景模拟实训	4
第五章 商务会务礼仪	(一)招聘求职礼仪	1. 求职准备模拟 2. 模拟招聘会	4
	(二)谈判签约礼仪	商务谈判和签约模拟实训	2
	(三)商务会议礼仪	组织和安排会议	2
期末总结考查			2

附录二 礼仪知识巩固答案

第一章

第一节(第 007 页)

多选题

1. AC

2. ABCD

3. ABCD

第二节(第 015 页)

多选题

1. ABCD

2. ABC

第三节(第 022 页)

单选题

1. D

2. A

3. D

第二章

第一节(第039页)

判断题

(1)(×)

(2)(√)

(3)(√)

第二节(第056页)

讨论题

1. 与会的男士和女士在这样的商务场合下应该穿戴正式得体的服装。一般来说，男士可以穿西装、正装或商务休闲装，女士穿套装、正装或者裙装。衣着要整洁、干净，颜色以深色调为主，避免过于花哨和暴露。

2. 商务着装的TPOP原则是"专业、得体、适合场合、个性张扬"。①专业。参会人员应该穿着符合商务场合的正式服装，展现出专业素养和职业形象。②得体。服装选择应该得体，不过于夸张或庸俗，符合场合的庄重和正式程度。③适合场合。根据商务酒会的性质和活动举办的地点，选择合适的服装风格，确保与整体氛围协调一致。④个性张扬。尽管需要穿戴正式，但仍可在服饰的搭配上展现一些个人特色，如配饰的选择、颜色的搭配等，以展现个人品味和风格。

总之，商务着装应该体现出专业、得体，并与场合相适应，同时也可以适度展现个人的品位和个性。

第三节(第071页)

思考题

1. 商务人员可以通过以下方法和途径来提高个人礼仪修养：

(1)学习商务礼仪知识。了解并学习商务礼仪的基本规范和原则，包括穿着仪态、言谈举止、社交礼仪等方面的知识。可以通过阅读相关书籍、参加培训课程或借助互联网资源进行学习。

(2)观察模仿优秀榜样。关注身边或行业内的成功商务人士，观察他们的仪态举止、沟通技巧和人际交往方式，并从中学习借鉴，模仿他们的行为。

(3)培养良好的形象意识。注重外表形象的维护，从穿着、发型、妆容、仪态举止的细节上下功夫，保持整洁得体、符合职业要求的形象。

(4)提升综合素质。提升自身的综合素质，包括业务能力、沟通能力、领导力、团队合作等方面，这些方面素质的提高将有助于在商务场合中展现出更好的礼仪修养。

(5)不断反思和改进。反思自己在商务场合中的表现，接受他人的建议和反馈，及时改进不足之处，不断提高自身的礼仪修养水平。

（6）参加专业培训和工作坊。参加商务礼仪培训班、研讨会或工作坊，通过专业的指导和实践训练，全面提升个人礼仪修养。

（7）经验积累与实践锻炼。积极参与各种商务活动和社交场合，通过实践来提升个人礼仪修养，从中学习并改进自己的表现。

总之，提高个人礼仪修养需要不断地学习、观察、模仿，并结合实际情况进行不断的反思和改进。这样可以逐步提升自身在商务场合中的形象和素养，增强职业竞争力。

2. 在保持得体的站姿、坐姿和蹲姿时，可以注意以下礼节：

（1）站姿。保持挺拔而放松的姿势，双脚并拢或稍微分开并与肩同宽。腰部要挺直，肩膀放松，手臂自然下垂，不要交叉或放在口袋里。目光自然前视，不要四处张望或垂头低目。

（2）坐姿。坐下时，以直立的姿势慢慢移动至椅子边缘，避免懒散或半倚的姿势。脚尽量平放或略微交叠，不要张开过大或交叉。脊椎挺直，避免驼背或搭在椅背上。双手可以轻轻放在大腿上或紧握桌边，但不要摆弄物品或放在桌面上。

（3）蹲姿。蹲下时，身体放松，臀部尽量贴近脚跟。双脚自然分开，与肩同宽。身体重心要平衡，不要前倾或后仰。不要用手支撑地面，除非需要扶持。无论是站姿、坐姿还是蹲姿，都要注意保持端庄、得体和舒适的姿势。这不仅有利于身体健康，也能展现出自信、专业的形象。在特定场合中，还要根据礼仪要求做出相应的调整，例如，正式场合需更加庄重，非正式场合可以稍微放松一些。

3. 微笑和眼神在商务场合中非常重要，它们可以有效地传递友好、自信和专业的信息。以下是微笑和眼神在商务场合中使用的两点建议：

（1）微笑。自然而真诚的微笑可以建立良好的人际关系，增强亲和力。在与他人交流和接触时，适时地展示微笑，但不要过度或夸张。在正式场合下，微笑可以帮助缓解紧张气氛，但也要注意场合的严肃性，选择适当的时机和方式。接受别人的微笑时，应给予回应，表达友好和尊重。

（2）眼神。与对话者保持眼神交流是表达聆听和尊重的重要方式。通过目光接触，展现出真诚和专注的态度。在商务谈判或会议中，保持目光平稳而坚定，展现自信和决心，但同时也要注意不要过于咄咄逼人或显得傲慢，避免长时间凝视或过度频繁地眨眼，这可能会给人不安或迷惑的感觉。注意不要让眼神交流过于侵扰对方，避免造成不适。

总之，微笑和眼神在商务场合中是有效的非语言沟通工具。适当运用微笑和眼神交流可以增强与他人的互动效果，树立个人的良好形象，并与他人建立起信任感和具有合作意愿的商业关系。

第三章

第一节（第 087 页）

填空题

1. 庄重　规范

2. 误读　误会

3. 行业性

4. 职称性

5. 学衔性

第二节（第 097 页、098 页）

情境判断题

1.（×）

2.（×）

3.（×）

4.（√）

5.（√）

第三节（第 106 页、107 页）

简答题

1. 赞美的作用是：

（1）赞美是表现尊重的最佳方式。

（2）赞美是激励人的最佳动力。

2. 赞美的基本原则包括：

（1）赞美要真诚。

（2）赞美要具体。

（3）赞美要适时得体。

（4）赞美要因人而异。

（5）多赞美那些需要赞美的人。

3. 各抒己见即可。

4. 倾听的技巧包括：

（1）主动积极。

（2）体察对方的感觉。

（3）不要匆忙下结论。

(4)关怀、了解和接受对方。

(5)全神贯注地聆听。

第四章

第一节(第 124 页)

判断题

1. (×)

2. (×)

3. (×)

第二节(第 141 页)

单选题

1. C

2. D

第三节(第 161 页)

一、判断题

1. (×)

2. (√)

3. (×)

4. (√)

5. (×)

6. (×)

二、单选题

1. A

2. D

3. B

第五章

第一节(第 179 页)

判断题

1. (×)

2. (×)

3. (√)

第二节(第 195 页)

判断题

1. (×)

2.（×）

3.（√）

第三节（第 203 页）

多选题

1. ABCD

2. ABCD

3. ABCD

后 记

中华文明，生生不息。礼仪文化，源远流长。

自 2012 年我开始讲授"商务礼仪"，距今已超过十年了。十多年来，通过不断修炼内功，推动教学创新，商务礼仪课程也有幸获得宁夏回族自治区一流课程和宁夏回族自治区美育项目等诸多荣誉，庆幸不辱育人使命。

中华泱泱五千年积淀下来的优秀礼仪文化，足以支撑国人商务交往中的文化自信，展现个人风采，体现中国气质。于是我将课程总目标凝练为两个字："礼"与"美"。希望通过学习"商务礼仪"课程，学生能够在行为上做到"知礼、学礼、明礼、践礼、传礼"，成为彬彬有礼的君子，在思想上能够"发现美、接近美、成为美、创造美、传播美"，达到美美与共的境界。

为了更好地辅助教学，帮助学生学习、理解和实践商务礼仪，达成"彬彬有礼·美美与共"的教学目标，我开始撰写《商务礼仪实训指南》讲义。后几经修订，终于在学校、学院、同行的大力支持下得以成书出版，服务于广大的读者朋友。能与更多的朋友一起领悟和感受礼仪的无穷魅力，这对我而言，是莫大的欣喜和鼓励。

如果说"中国梦"是由一个个平凡的你我实现的"个体梦"所组成的，那么"美丽中国"则是体现在一个个美丽的个体身上。一个美丽的国家一定是由美丽的人民所建设的。

文明之美丽，礼仪之优雅，见之倾心，触则难忘。

愿"彬彬有礼·美美与共"的理念能温润大家的一生！

再次感谢大家的鼓励、鞭策、帮助与支持！

2023 年于明湖湖畔

212